Healing and Happy Coaching

힐링과 행복코칭

Healing and Happy Coaching

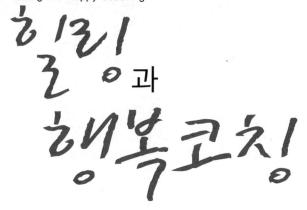

힐링과 행복코칭

오윤선 저

예영 B&P

머리말

　대한민국은 지난 반세기 동안 국민총생산(GNP), 국내총생산(GDP), 국민총소득(GNI) 지표가 세계인들이 놀랄 정도로 상승했다. 개인소득은 250배 이상 증가했고, 산업화와 민주화, 정보화를 동시에 이룬 지구촌의 유일한 국가로서 세계인들의 주목을 받게 되었다. 전 세계에서 교육열이 가장 높은 나라이면서 문맹률 또한 가장 낮으며, 대학 진학률은 1위를 차지하게 되었다. 그런데 이처럼 짧은 기간에 경이로운 기록을 세운 우리나라 사람들의 주관적인 행복지수는 OECD 국가 중 3년 연속 최하위권일 뿐만 아니라 자살률과 이혼율에서는 최상위를 달리고 있음을 본다.

　'소득은 늘었고, 학습의 기회는 더 많아졌으며, 물리적 환경은 더 편리하게 되었는데, 왜 행복하지 않을까?' 세계적인 행복연구자인 일리노이대 심리학교수인 에드 디너(Ed Diner)교수가 발표한 '한국인의 감정적 행복분석'에 의하면, 한국인은 130개 국가 중에서 행복감정이 116위에 그쳤고, 소득 상위 40개 국가 중에서는 39위이다. 우리가 경제발전에 비해서 행복감정이 이처럼 낮은 이유는 그 만큼 감정에 상처가 많음을 의미한다고 볼 수 있다.

　우리가 지향한 산업 고도화는 물질적 풍요를 가져다 주었지만, 많은 사람들의 정신적 여유와 안정을 앗아가게 되었다. 이러한 사회적 현상으로부터 탈피하고자 육체적 · 정신적 건강의 조화를 통해 행복하고 아름다운 삶을 영위하려는 사람들이 늘어나게 되었고, 2003년경부터 웰빙(Well-being)에 대한 열풍이 불기 시작하였다. 하지만 글로벌 경제위기와 더불어 경기부진이 장기화되면서 웰빙의 열풍은 2010년을 기점으로 힐링(Healing)이라는 트렌드 코드(Trend Code)로 급선회하게 되었다.

오늘날 웰빙과 힐링이라는 용어는 상업주의의 다양성의 옷을 입고 화두가 되었지만 정작 개인의 안녕과 행복 욕구를 충족시키는 데는 적절한 대안을 갖고 있지 못하고 있음을 본다.

저자는 지난 10년간 방송과 기업, 학교, 교회 등 다양한 직종을 대상으로 인간의 기본욕구인 행복에 대해서 강의해 왔다. 그리고 임상현장에서 수많은 사람들을 상담하면서 상처입은 마음들을 수선하는데 노력을 기울여 왔다. 이 과정 속에서 행복지수를 높이기 위한 프로젝트와 불행지수를 낮추기 위한 프로젝트에 대한 아이템을 가지게 되었고, 이러한 콘텐츠를 관계의 소통 코드로 적용해 보았다.

본서는 힐링과 행복지수를 높이기 위한 코칭 지침서이다. 목차 순서에 따라서 내용을 숙지하고 각종 검사지를 통해서 자신의 현 상황을 점검하고 적용하게 하였다.

본서의 전체 내용은 총 5장으로 구성되어 있으며, 1장 시대적 요구와 트렌드 코드에서는 행복, 웰빙, 힐링의 트렌드 코드와 심리치료, 영성지도, 코칭의 트렌드 코드에 대한 현상과 역사를 개괄적으로 다루었다. 2장 행복의 역사와 콘텐츠에서는 행복의 의미와 역사 그리고 행복에 대한 구성요소와 심리이론에 대한 배경적 설명을 하였다. 3장 행복지수 높이기 프로젝트에서는 12가지 주제에 따른 행복지수 높이기 콘텐츠를 구체적으로 기술하였고, 4장에서는 불행지수 낮추기 프로젝트 5가지를 기술하였다. 5장 힐링과 행복을 위한 소통 코칭은 적용편으로 의사소통과 직장 내의 소통, 동료친구와의 소통, 이성친구간의 소통, 부부간의 소통, 자녀와 부모 소통 코칭에 대해서 구체적으로 다루었다.

바라기는 이 책을 읽는 독자들이 모두 행복해질 수 있기를 기대한다. 그리고 자신이 행복해짐으로 주위 모든 사람들이 행복할 수 있는 축복의 통로가 되었으면 한다.

어려운 여건 속에서도 출판을 허락해주신 예영B&P 사장님과 직원들에게 깊이 감사드린다. 그리고 부족한 사람으로 하여금 학문에 눈을 뜨게 해주신 여러 은사님들에게 마음 속 깊이 감사를 드린다. 이 책이 나올 수 있도록 원고 정리와 수정에 도움을 준 사랑하는 성서대학교 대학원 기독교 상담학 박사과정 제자들(김미숙, 조영희, 황인숙)에게 진심으로 감사한다.

그리고 바쁜 연구 활동 때문에 충분한 시간을 함께 하지 못함에도 아무 불평 없이 이해해주고 응원해주는 사랑하는 아내와 나의 기쁨이 되는 세 자녀(별, 빛나리, 태양)에게 미안함과 고마움을 전한다.

2014. 3. 2

밀알관 연구실에서
마음수선공 오윤선

차 례

◆ **머리말 · 5**

 1장 시대적 요구와 트렌드 코드 · 11

　　1. 행복, 웰빙, 힐링의 트렌드 코드 · 13
　　2. 심리치료, 영성지도, 코칭의 트렌드 코드 · 22

 2장 행복의 역사와 콘텐츠 · 39

　　1. 당신의 행복지수는? · 41
　　2. 행복이란 무엇인가? · 45
　　3. 행복의 심리이론 · 63

 3장 행복지수 높이기 프로젝트 · 71

　　1. 의미지수 및 목표지수 높이기 · 73
　　2. 몰입지수 높이기 · 82
　　3. 낙관지수 높이기 · 88

4. 관계지수 높이기 · 100

5. 강점지수 높이기 · 106

6. 웃음지수 및 유머지수 높이기 · 119

7. 사랑지수 높이기 · 131

8. 감사지수 높이기 · 156

9. 용서지수 높이기 · 163

10. 영성지수 높이기 · 173

11. 명상(묵상)지수 높이기 · 181

12. 자원봉사 및 섬김지수 높이기 · 191

4장 **불행지수 낮추기 프로젝트 · 201**

1. 스트레스지수 낮추기 · 203

2. 분노지수 낮추기 · 213

3. 트라우마지수 낮추기 · 229

4. 비교의식 및 열등의식지수 낮추기 · 247

5. 불안지수 낮추기 · 261

5장 **힐링과 행복을 위한 소통 코칭 · 269**

　　1. 의사소통 코칭 · 271

　　2. 직장 내의 소통 코칭 · 293

　　3. 친구와의 소통 코칭 · 305

　　4. 이성친구간의 소통 코칭 · 312

　　5. 부부간의 소통 코칭 · 319

　　6. 부모와 자녀의 소통 코칭 · 333

◈ **참고문헌 · 365**

◈ **찾아보기 · 382**

제 1 장

시대적 요구와 트렌드 코드

1. 행복, 웰빙, 힐링의 트렌드 코드
2. 심리치료, 영성지도, 코칭의 트렌드 코드

1 시대적 요구와 트렌드 코드

1. 행복, 웰빙, 힐링의 트렌드 코드

1) 행복, 웰빙, 힐링

홀로 태평양과 대서양을 여러 차례 횡단한 마이클 플랜트 (Michael Plant)라는 세계적인 베테랑 요트 경주자가 있었다. 그는 새로운 항해 기록을 위해서 1992년에 코요테(The Coyote)라는 멋진 요트를 만들어 자동 무선 레이더와 위치 인식시스템(GPS) 등 최첨단 항해 장비를 설치하였다. 버튼만 누르면 10초 안에 인공위성에 요트 위치가 포착되면서 동시에 바다 한 가운데에 있는 요트를 지상의 구조 센터에 좌표로 표시되게 하는 최첨단 장비를 설치한 것이다.

그는 미국에서 대서양을 단독 횡단하여 유럽으로 가기 위해서 많은 사람들의 환호를 받으며 항해를 시작하였다. 그런데 항해를 시작한지 11일 만에 그의 최첨단 요트는 연락이 끊기고 실종되고 말았다. 여러 날을 수색한 끝에 포르투갈에서 남쪽으로 720Km 떨어진 바다 가운데 그의 요트인 코요테가 뒤집힌 채 떠다니는 것을 발견하였다. 조사 결과 그가 타고 있었던 요트 밑에 무게 중심을 잡아주는 밸러스트(Ballast)가 없었다는 사실을 알게 되었다. 플랜트는 배를 만들 때에 수면 위에 보이는 부분은 굉장히 신경을 썼지만 항해 중 큰 파도로 요트가 기울어 위험에 처하였을 때 복원해주는 밸러스트를 간과한 것이다. 밸러스트가 없는 요트는 풍랑이 없는 잔잔한 바다에서는 최상의 스피드를 내지만 큰 파도와 바람이 불면 힘없이 뒤집어지고 만다. 이렇듯 지금 우리사회는 밸러스트 장치 없이 스피드만을 추구하는 마이클 플랜트와 같은 삶을 추구하다가 삶의 풍랑 앞에서 중심을 잃고 위기 상황에 놓여 있는 자들을 많이 볼 수 있다.

우리는 산업화와 민주화와 정보화를 동시에 이룬 지구촌 유일한 국가로서 경이적인 경제 성장을 이루었다. 그 결과 객관적 삶의 질은 세계 각국과 비교해 볼 때 중상위의 위치를 차지할 수 있게 되었다. 하지만 우리의 주관적 삶의 질과 행복지수는 OECD 국가 중 가장 낮은 수준으로 평가되고 있다. 모든 것이 빠른 속도로 눈부시게 발전했음에도 불구하고 정작 삶은 고단하기만 하고, 버겁게 느껴지는 것이 지금 우리의 현실이다. 세계 최고의 자살률에 이어 이혼율과 음주율 그리고 저출산율은 우리 삶의 현실이 넉넉하지 못함을 보여준다고 할 수 있다.

21세기 세계화와 신자유주의 물결은 외환위기 이후 경제 성장을 우선시하는 우리에게 '발전주의적' 신자유주의 정책을 펼치게 하였고, 성과주의와 무한 경쟁이라는 경제적 패러다임을 형성하게 되었다. 따라서 사람을 능력과 수단으로 평가하게 되었고, 경쟁에서 뒤처지지 않기 위한 자기계발에 따른 스트레스는 여러 가지 심리적 질병을 가중시키게 되었다. 우리가 지향한 산업 고도화는 물질적 풍요를 가져다 주었지만, 많은 사람들의 정신적 여유와 안정을 앗아가게 되었다. 이러한 사회적 현상에 이어 육체적 · 정신적 건강의 조화를 통해 행복하고 아름다운 삶을 영위하려는 사람들이 늘어나게 되었고 2003년경부터 웰빙(Well-being)에 대한 열풍이 불기 시작하였다.

본래 웰빙은 1980년대 중반 유럽에서 시작된 슬로푸드(slow food) 운동과 1990년대 초에 느리게 살자는 기치를 내걸고 등장한 슬로비족(slow but better working people), 부르주아의 물질적 실리와 보헤미안의 정신적 풍요를 동시에 추구하는 보보스(bobos) 등의 형태였다. 그러나 2000년 이후부터의 웰빙은 '복지 · 행복 · 안녕'이라는 의미로 사용되면서 몸과 마음, 일과 휴식, 가정과 사회, 자신과 공동체 등 모든 것이 조화를 이루어 어느 한 쪽으로 치우치지 않은 상태를 의미하게 되었다.

2003년부터 우리사회에 거세게 불던 웰빙의 열풍은 2010년을 기점으로 힐링(Healing)이라는 트렌드 코드(Trend Code)로 바뀌게 되었다. 웰빙이 신체적 건강과 삶의 만족도 제고(提高)를 추구한다면, 힐링은 마음과 정신의 상처 치유를 강조하는 특징을 가지고 있다. 힐링에 대한 열풍이 불게 된 것은 글로벌 경제위기와 더불어 경기 부진이 장기화되면서 취업난 등 생존 경쟁에 내몰린 젊은 층을 중심으로 공감, 위로, 치유에 대한 욕구가 급증했기 때문이다.

웰빙은 경제적 · 사회적 안정기에 중산층을 중심으로 신체적 건강과 삶의 만족도를 높이기 위한 기본 의식주 중심의 친환경

주택, 유기농, 에코상품 등에 관심을 가졌다. 반면에 힐링은 경제적·사회적 침체기에 마음과 정신의 상처 치유를 위해서 전 소비층을 대상으로 의료, 문화까지 확장되어 심리치료, 멘토링, 종교 행사 등으로 확대되고 있음을 볼 수 있다. 오늘날 이런 힐링 트렌드를 반영해 멘탈케어, 요가, 명상, 스파 등의 힐링 비즈니스 또한 활발해지고 있음을 본다. 이러한 한국 힐링 열풍의 원인에 대해서 삼성경제연구소 이승철연구원(2013)은 "경제위기 후 저성장이 장기화되고, 1인 가구 확산과 고령화 진전 등으로 가족이나 친구로부터 받을 수 있는 일상적 배려와 위로가 적어졌으며, 사회에 대한 부정적 인식과 비관론이 확산되고, 정신과 신체의 실질적 치유 효과가 있는 힐링 상품에 대한 욕구가 커졌기 때문"이라고 하였다. 이러한 현상이 최근 몇 년 사이 힐링이라는 담론(談論)으로 한국사회에서 급속도로 퍼지게 되었다. 일상 곳곳에 확산되어 있는 힐링은 힐링푸드, 힐링투어 및 캠프, 힐링콘서트, 힐링뮤직, 힐링무비, 힐링피트니스, 힐링서적, 힐링관련 언론보도(칼럼/논단), 힐링 TV 프로그램(SBS 힐링캠프) 등 다양한 힐링 콘텐츠가 구성, 운영되고 있다. 브랜드 개념을 힐링으로 삼은 상품이 계속 출시되고 있으며, 정신과 치료에 예방·대체의학 등을 연계한 서비스에 대한 욕구 또한 증대되고 있음을 본다.

이렇듯 오늘날 시대적 상황과 트렌드에 따라 웰빙과 힐링의 열풍이 불고 있지만 결국 이 모든 것은 인간이 추구하는 행복욕구에서 비롯된다고 할 수 있다. 따라서 예측할 수 없는 미래적 상황 속에서 웰빙과 힐링에 이어서 어떤 또 다른 시대적 트렌드 코드가 나타날지는 알 수 없다. 이성과 과학의 힘이 동원될수록 더욱 편리한 세상이 도래하겠지만 죄성을 지닌 인간의 내면세계는 더욱 황폐해질 수밖에 없기 때문에 진정한 행복을 위한 갈망은 더 많아질 것이다. 그리고 이에 따른 자본주의 논리에 의해서 인간의 행복에 대한 욕구를 이용한 상업주의는 더욱 다양성의 옷을 입고 마케팅 전략에 나서게 될 것이다.

2) 시대적 트렌드 코드가 되고 있는 힐링

웰빙에서 힐링으로

우리나라에서 힐링에 대한 신드롬은 2010년 이후 확산되기 시작하였지만, 일본은 우리보다 앞선 1990년 중후반에 힐링에 대한 열풍이 불기 시작했다. 힐링에 대한 사회적 관심이 우리보다 일본에서 먼저 고조된 것은 장기적인 경제적 어려움을 먼저 겪었기 때문이다. 일본은 1985-1990년간 누적된 자산버블이 90년대 초 붕괴되어 저성장이 장기화 되면서 경제·정신적 어려움이 가중되었다. 따라서 행복하지 않은 사회에 대한 좌절과 분노를 위로하고 안식을 제공하는 개념으로 힐링의 열풍이 확산된 것이다.

한국에서 힐링의 열풍이 불기 시작하게 된 동기를 보면, 1인당 국민소득(GNI)은 2만 달러를 달성하였으나 금융위기로 저성장 우려가 확산되면서 사회도 각박해지기 시작했다. 따라서 잘 먹고 잘 사는 웰빙 이전에 공감, 위로, 치유에 대한 요구가 급증하게 되어 힐링이 확산된 것이다.

오늘날 힐링의 트렌드는 힐링 관련 상품과 힐링 산업으로 발전하게 되었는데, 우리보다 힐링 열풍이 빨리 불었던 일본은 릴랙세이션(Relaxation) 산업으로 스파와 휴양관광 등이 매우 활성화되어 글로벌 산업으로 성장하게 되었다. 한국에서의 힐링 산업은 멘탈케어, 명상/요가, 스파, 휴양관광으로부터 의료(정신약학, 정신질환 치료제 등), 소비재(힐링푸드, 힐링패션, 아로마화장품, 캠핑용품 등), 서비스(예술치료, 멘토링, 심리치료, 여행, 라이프컨설팅) 문화(힐링음악회, 힐링시네마, 힐링강연) 등 광범위한 힐링 상품이 출시되고 있음을 볼 수 있다.

힐링의 의미

오늘날 일반화 된 힐링이라는 용어는 다양하게 사용하고 있지만 힐링의 진정한 의미를 모르고 사용하고 있는 사람들이 대부분일 것이다.

힐링(healing)이라는 단어의 어원은 그리스어 테라피아(θεραπεία, therapeai)에서 시작된 것으로 '도움이 되다, 의학적으로 돕다, 병을 고치다' 라는 뜻에서 유래하였다. 힐링은 육체의 병을 고치는 것뿐 아니라 정신적인 병을 고치는 것을 포함하며 인격의 완전한 성숙을 저해하는 정신적 · 육체적 · 영적 억압으로부터 자유롭게 하여 모든 삶의 영역에서 정상적인 상태로 회복하도록 하는 것을 의미한다(임도희, 2008). 또한 힐링이란 전 존재를 온전하게 하는 것으로 인간을 구성하거나 인간이 속한 신체적, 정신적, 영적, 사회적 및 환경적 차원들이 모두 온전하게 되는 것을 의미한다(양정하, 2005). 오늘날 힐링이란 개념이 보편적으로 사용되고 있지만 치유를 의미하는 힐링은 일찍이 종교적 측면에서 널리 사용되어 왔음을 볼 수 있다. 특별히 성경은 힐링에 대해서 구체적으로 다루어지고 있음을 본다.

구약 성경에서 힐링에 관한 용어로는 '고치다, 온전케 하다, 치료하다, 원래 상태로 회복시키다, 용서하다' 라는 의미를 가진 '라파(rapha)' 라는 단어가 86회로 가장 많이 사용되고 있다. 그리고 상처를 덮는다는 의미의 '아루카(aruka)'와 상처를 덮어주고 싸매준다는 의미의 '차바쉬(chabash)' 등이 사용되었다.

신약성경 복음서에 사용되고 있는 힐링에 관한 용어는 데라퓨오(therapeuo)가 37회 사용되고 있으며, 다른 용어로는 이아오마이(iaomai), 소조(sozo), 아포카티스테미(apokathistemi), 디아소조(diasozo) 등이 사용되고 있는데, 이들 모두는 '치료하다, 상하지 않게 하다. 좋은 건강 상태에 있다' 등의 의미를 내포하고 있다(아가페 성경사전, 2003).

예수님의 3대 사역이라 불리는 '선포, 가르침, 치유' 중에서 치유는 매우 중요한 부분을 차지하고 있다. 4복음서의 19%가 예수님의 힐링 사역에 관한 내용으로 되어있으며, 예수님의 개인 또는 집단적 힐링의 방법은 말씀을 통한 힐링(눅 4:35), 안수를 통한 힐링(막 6:5), 말씀과 안수를 혼합한 힐링(눅 4:39), 침(saliva, 막 8:23-25)을 이용한 힐링, 원격(distance, 요 4:50) 힐링 등 다양한 방법을 사용하셨다. 복음서 이외에도 사도행전에 나타난 힐링의 현상들은 전체의 4.5% 정도 나타난다. 하지만 서신서에서는 초자연적인 힐링에 대한 관심이 적음을 볼 수 있다. 왜냐하면 서신서의 제한된 어휘의 문제도 있었겠지만 힐링이 각 지방 기독교 공동체에 주요 이슈가 되지 않았기 때문이라고 생각된다. 서신서들 가운데 힐링에 대해서 다루고 있는 부분에서 고린도전서 12장과 야고보서 5장이 주목되고 있는데, 고린도전서 12장 9절, 28절, 30절을 볼 때 힐링의 은사는 특정인들에게 주어진 것임을 볼 수 있다. 그리고 야고보서 5장 14절 병든 자에 대한 힐링에 대해서 병든 사람을 위하여 기도하고 주님의 이름으로 올리브 기름(elaion)을 발라주도록 되어있다.

역사 속의 힐링

3세기까지의 교회 역사에서 기독교인들은 기도와 안수를 통한 힐링을 선교를 위한 표준적인 방법으로 생각했다. 당시 역사 기록에는 많은 기적적인 병 고침 사건들이 담겨있다. 그러나 그 이후에 영적 체험을 통한 힐링에 대한 보고가 점점 드물어져 간다. 중세 시대에 큰 전쟁과 전염병이 전 유럽을 휩쓸었을 때도 기도의 힘으로 힐링 되었다는 기록은 거의 없다. 16, 17세기 종교개혁자들은 성경에 나타난 기적적인 힐링이 초대 교회에는 필수적인 부분이었다고 받아들이지만, 더 이상 일상생활에 필요한 중요한 부분이라고 생각하지는 않았다. 18, 19세기에서는 계몽주의(Enlightenment, 18세기 유럽의 합리주의 운동)의 영향 하에 영적 현실을 몸과 물질의 현실과 분리하여 생각하였고, 그 결과 신체적 건강의 문제들을 과학의 영역으로 분리시켰다. 그러나 당시 영적 힐링의 기대감이 낮았다고 하더라도 많은 기독인들은 아프고 병든 자들을 돌보는 일에 열심을 다했다. 21세기에 이르러 힐링은 전인치유(Wholistic Healing)를 지향하고 있다. 세계보건기구(WHO)도 건강을 '질병이 없는 상태를 넘어서 육체적, 정신적, 사회적으로 안녕한 상태' 라고 정의했다. 이는 지금까지 지배해 온 인간의 영혼과 육체를 분리하여 생각하는 헬라 철학적 인간관을 배격하고, 영혼과 육체의 유기적인 통일성과 연합성을 강조하는 히브리적이며 성경적인 인간관을 명백히 지지하는 개념이다. 따라서 현대 의학의 치유에 대한 개념 역시 질병을 치료하는 개념에서 개인의 다양한 필요를 충족시켜주는 즉, 전인적 건강의 상태 쪽으로 지향하고 있다. 인간이 살아가면서 가지고 있는 육체적, 정신적, 사회적 필요, 나아가 영적인 필요까지도 만족시키는 것이 온전한 힐링이라는 말이다.

최근에 미국 하버드 의과대학과 매사추세츠 공과대학(MIT)이 2020년까지의 공동연구 프로그램 계획을 발표했다. 그 내용은 '21세기는 물질의학을 넘어서 심신의학, 나아가 영적 치유에까지 이르러야 한다'는 것이다. '영적치유의 장을 만들어라'는 것이 그들이 내걸고 있는 캐치프레이즈(catchphrase)이며 이미 신앙과 치유의 관련성을 염두에 둔 의학교과서 편찬을 위한 준비까지 하고 있다. 인간은 '몸과 마음과 영으로 구성되어 분리할 수 없는 전인적인 존재'이기 때문에 모든 병은 발병 당시부터 정도의 차이는 있지만 서로 상호관계를 갖는다. 그러므로 전인치유는 이 모든 병을 포괄적이고 동시적이고 지속적으로 접근하게 하는 것이다.

오늘날 수많은 사람들이 몸과 마음의 고통을 호소하며 힐링을 원하고 있다. 이렇게 힐링이 트렌드가 되었지만 온전한 힐링이 이루어지지 못하고 있음을 볼 수 있다. 몸과 마음의 병을 앓게 되는 원인을 분석해보면 여러 가지 원인이 있지만, 그 많은 원인 가운데 가장 핵심적인 원인은 영성이 주는 에너지를 상실한 것이다. 따라서 온전한 치유자는 하나님이심을 기억하며, 현대인들의 삶의 변화를 위한 영적인, 정신적, 신체적 차원의 전인치유에 깊은 관심을 가지는 통합적인 힐링 사역이 이루어지도록 해야 할 것이다.

2. 심리치료, 영성지도, 코칭의 트렌드 코드

1) 상담심리 치료

오늘날은 전화나 매스컴을 통한 개인적 대화부터 법률, 병무, 융자, 세무, 유학 심지어는 예견, 투자, 피부미용 등과 같이 '개인적'이며 '개별적'인 대화를 모두 상담이라고 부른다 해도 지나친 표현은 아니다. 상담이란 말은 이론에 따라서는 물론이고 분야에 따라서 심지어 사람에 따라서도 크게 다르기 때문에 누구나가 쉽게 동의할 수 있는 정의를 내리는 것은 쉽지 않은 일이다. 여러 학자들의 상담에 대한 의견을 종합적으로 정리하면, "상담이란 도움을 필요로 하는 내담자와 전문적인 지식과 지식을 가진 상담자간의 대면관계에서 언어라는 매체를 가지고 여러 가지 인격적 성장을 도와주는 일련의 과정이다."라고 말할 수 있다.

상담심리학의 발달

상담의 역사는 오래되었지만 상담심리학의 역사는 짧다(Dawis, 1992)는 말이 의미하듯이 상담은 인간들이 집단생활을 하기 시작하면서부터 존재하였지만, 조직적이고 체계적인 학문의 연구 영역으로 발전하게 된 기간은 그다지 길지 않다. 상담심리학의 직접적인 이론적 배경의 출발은 1879년 독일의 라이프지히 대학에서 심리학실험실(psychology laboratory)을 개설한 빌헬름 분트(Wilhelm Wundt: 1832-1920)에게서 찾을 수 있다. 분트는 인간의 의식 내용과 정신의 구조(mental structure)를 최초로 실험적 방법으로 접근하였다. 즉, 자극(stimulus)에 대한 피경험자의 심상과 감각 및 관념의 자료가 어떠한 형식을 통해서 의식의 내용으로 연합되는가를 연구한 것이다.

'상담심리학'이란 용어가 처음 사용하게 된 것은 1908년 파슨즈(Parsons, 1908)가 진로 상담 때문에 고안한 것일 뿐, 심리학 영역이 아니었다. 전문적인 학문 분야로서 정체성이 확립된 1950년대 이전까지는 상담심리학의 태동기나 다름없었다.

세계 1차·2차 대전과 1930년대 경제공황으로 인한 문제 해결의 대안으로 상담심리학을 체계화시키는 계기가 되었다. 칼 로저스(Carl Rogers, 1902–1987)가 1940년대 말과 1950년 초에 최초로 자신의 상담면접의 사례집(case study collection)을 공개하여 상담과정을 객관적으로 연구 평가할 수 있게 함으로써 상담과 심리학을 통합하는 계기를 마련하였다. 그리하여 1943년에 미국심리학회의 17분과로 출범한 상담심리학(counseling psychology)은 1952년에 이르러서야 독립된 명칭으로 미국심리학회(American psychology Association)에서 사용되었다.

세계가 근대에서 현대로 바뀌면서 짧은 기간에 상담심리학은 비약적인 발전을 가져왔다. 상담심리학은 크게 대별하여, 스키너(Burrhus Frederic Skinner, 1904–1990)와 왓슨(John. B. Watson, 1878–1958)으로 대표되는 행동주의심리학과 프로이드(Sigmund Freud, 1856–1939)와 융(Carl G. Jung, 1879–1961), 아들러(Alfed Adler, 1870–1937), 에릭슨(Erik Erikson, 1902–1994) 등으로 대표되는 정신분석심리학, 로저스(Carl Roger, 1902–1988)와 매슬로우(Abraham Maslow, 1908–1970)에 의해 주도되는 인본주의심리학 그리고 초인격주의심리학(transpersonal psychology)의 4대 세력운동을 거치면서 발전해 왔다.

통합과 기독교 상담학의 발전

　상담이론과 기법에는 각 접근마다 나름대로 유용한 측면이 있기 때문에 한 이론을 따른다고 다른 이론을 배척해서는 안 된다. 사고, 감정, 행동 중 한 영역이 변화되면 다른 영역도 변화 되기 때문에 모든 영역을 아우르는 통합모델을 시도해야 한다. 왜냐하면 인간의 사고, 감정, 행동 중 어느 하나에 치우친 치료접근으로 통전적인 인간을 치료하기에는 바람직하지 않기 때문이다. 따라서 코리(Corey, 2001)는 통합적인 기법은 오랜 상담 경험을 통해서 점점 세련되어지는 장기적인 과업이라고 하였다.

　상담심리학의 발전은 기독교 공동체에 기독교 상담영역으로 확장하게 되어 다양한 영역에서 활용되고 있다.

　현대 기독교상담학의 시작은 정신분석학의 영향을 받아 종교와 의학의 관련성을 모색하고자 보스톤에 있는 임마누엘 감독교회를 중심으로 실시된 1905년 임마누엘 운동(Emanuel Movement)에서 비롯되었다. 심리학이 발달하는 초기에 목회자들이 심리학을 활용해서 교인들의 문제를 해결하고, 교인들을 돕는 목적으로 교회에서 심리학을 받아들이면서 기독교 상담으로 발전하게 된 것이다. 특히, 1936년 미국의 각 정신병원에서 전도하던 안톤 보이슨(Anton Boisen)은 자신이 정신병원에 입원하였던 산 경험을 토대로 『인간 정신의 탐구』(the exploration of the inner world)라는 책을 출판하여 정신치료와 종교에 관심을 갖고 있던 사람들을 자극시키는 한편, 신학생을 대상으로 임상목회 훈련 프로그램을 시작함으로써 목회상담에 새로운 기원을 수립하는 공헌을 남겼다. 그 후 그의 영향으로 미국 신학계는 목회심리학 및 목회상담학 같은 학과를 설치하게 되었다.

1940년대에 목회상담의 첫 세대인 힐트너(Seward Hiltner, 1909-1984)는 『목회상담』(Pastoral counseling)을 출판하였다. 그리고 1960년대 중반 크라인벨(Howard Clinebell, 1922-2005)에 의해서 쓰여진 『현대 목회상담학』은 기독교 상담학에 활기를 주었다. 크라인벨 이후 기독교 상담에 대한 연구가 매우 급진전 되어 1960년 후반부터 많은 연구 서적이 나왔다.

목회상담이 활발하게 활동할 무렵 호바르트 모우러(Hobart Mowrer, 1965), 폴 비츠(Paul Vitz, 1977), 윌리암 킬패트릭(William Kilpatrik, 1985)와 같은 학자들이 목회상담의 반기독교적 심리치료에 대해서 반대하는 입장을 취했다. 모어의 영향을 받은 아담스(Jay E. Adams)는 1970년대 『성경적 상담학 개론』(Competen to Counsel)이란 책을 통하여 심리학 수용을 배제하면서 권면적 상담을 펼침으로 기독교 상담이라는 새로운 영역이 시작되었다. 그리고 아담스 이후 콜린스(Gary Collins), 크랩(Larry Crabb), 커완(William Kirwan), 맥레모어(Clinton McLemore), 마이어(Paul Meier), 펙(Scott Peck)과 같은 통합주의자들은 신학과 심리학의 관계를 원수관계가 아닌 친구관계로 보게 되었다. 기독교와 심리학의 관계는 갈등과 긴장관계가 아닌 보완적이고 협조적이고 조화적인 관계일 수 있다는 것이다. 계시된 진리와 발견된 진리는 하나님께로부터 연유한 것이기 때문이다. 성경의 계시된 진리와 사회과학의 발견된 진리 사이에 갈등이 존재할 때 발견된 진리가 계시된 진리의 권위와 척도를 따라야 함은 두말할 나위가 없다. 따라서 기독교 상담에서의 통합은 신학을 지키면서 심리학의 학문적 결과들을 취사선택하여 신학에 유익을 가져오는 범위 내에서 심리학을 흡수하는 '흡수 통합유형' 이 가장 바람직하다고 본다(오윤선, 2007).

2) 영성지도

 1970년부터 북미와 유럽의 기독교계에서 주목받아 온 영성지도가 한국에서는 최근 들어 소개되었지만 확산되는 속도는 매우 빠른 것을 볼 수 있다. 영성지도가 무엇인가에 대해서는 광의의 개념과 협의의 개념으로 설명할 수 있는데 광의의 개념으로 영성지도(spiritual direction)는 한 사람의 크리스천이 다른 크리스천의 신앙생활 전반에 걸쳐 영적 성숙을 돕는 행위를 말한다. 이런 행위는 사도들의 성경적 사례와 그 후 특히 사막의 교부들인 압바(abba), 또는 암마를 거쳐 수도원이나 수도회에서 매우 보편화된 제도가 되었다. 특히 근대 영성지도의 전통으로서는 첫째 깔멜 수도회의 전통을 지닌 아빌라의 테레사(Teresa of Avila, 1515–1562)나 십자가의 성 요한(John of the Cross, 1542–1591)을 통하여 그 예를 엿볼 수 있다. 두 번째는 『영신수련』(The Spiritual Exercises)이라는 영성수련 안내서를 펼쳐냄으로써 영성지도의 확실한 기틀을 마련해준 로욜라의 이냐시오(Igantius of Loyola, 1495–1556)를 들 수 있다. 그리고 세 번째는 개혁자 중에서 존 칼빈(John Calvin, 1509–1564)으로부터 영성지도의 전통을 엿볼 수 있다. 이 가운데 로욜라의 이냐시오(Igantius of Loyola, 1495–1556)가 쓴 『영신수련』(The Spiritual Exercises)은 기독교 영성사에 나타난 영성지도의 결정체라 할 수 있다. 영성지도는 종교개혁 후에는 다양한 형태의 목회활동이나 소그룹 모임 등의 형태로 이어져 왔고, 영적 지도의 개념 또한 영적 가이드(spiritual guidance), 영적 친구(spiritual friendship), 영혼의 친구(soul friend) 등과 거의 같은 의미로 사용되었다(Leech, 2006).
 광의의 영성지도의 개념과 달리 협의의 영성지도의 의미는 최근 약 30-40년 전부터 새롭게 조명되기 시작한 특정한 형태의 영성운동, 즉 묵상생활과 기도(contemplative life and prayer) 및 영적 분별(spiritual discernment)을 주개념으로 하는 보다 체계적이고 구조화된 지도를 의미한다(이만홍, 2006). 이는 영성지도를 받고자 하는 피지도자들(directee)이 가지고 온 영적 체험, 특히 소명이나 기도생활, 하나님 표상 등에 관한 체험과 느낌들을 기도 가운데서 듣고 함께 성령님의 임재하심 가운데서 그 분의 뜻을 분별해 나가는 작업을 말한다. 그렇게 함으로써 피지도자의 묵상생활을 도우며, 스스로 성령님의 음성을 듣고 분별해 나가도록 영적 성숙을 돕는 것이다. 이 영성지도의 핵심은 '너희는 이 세대를 본받지 말고 오직 마음을 새롭게 함으로 변화를 받아 하나님의 선하시고 기뻐하시고 온전하신 뜻이 무엇인지 분별하도록 하라(롬12; 2)'라는 말씀처럼 두 가지, 즉 묵상기도(contemplative prayer)와 영분별(spiritual discernment)로 이루어져 있다.

그럼 왜 중세 후반 이후에 예수회 등 가톨릭의 극히 일부에서만 명맥을 유지해 온 영성지도가 1970년대부터 다시 관심을 끌기 시작하고 각광을 받고 있는가? 그 이유는 첫째로, 오늘날 기독교인들 가운데는 심리적 갈등으로 신앙의 전환기를 경험하는 사람들, 삶의 의미를 발견하기 위해서 역경의 한복판에서 다양한 종류의 상실들을 경험하고 있는 사람들, 자신의 기대나 타인의 요구, 심지어 하나님의 요구에 미치지 못한 상태로 자아인식의 변화를 경험하고 있는 사람들 등의 다양한 문제로 심리치료나 상담에 대한 관심이 증가하고는 있지만 심리치료와 상담의 한계를 자각하면서 전통 속에서 영성지도가 가지고 있는 새로운 치유와 성숙의 가능성에 눈을 돌리게 된 것이다(Koenig & Cohen, 2002). 둘째로, 현대는 삶의 공허함과 고독을 심각하게 겪는 시대이면서 동시에 개인적인 느낌과 경험으로 이를 극복하려는 체험의 시대이기도 하다. 하지만 현대의 다중화, 기계화, 정보화 등이 인간의 고립과 고독을 가중시켜 결국 교회 안에서조차 영적 갈급과 공허함에 허덕이게 되고, 이를 채워 줄 영적 체험을 더욱 추구하게 되면서 영성지도에 대한 필요성을 느끼게 되었다. 이에 따라 지난 80-90년대에 영성신학에 대한 관심이 고조되었고, 영적 성장, 영성훈련, 영성지도 등에 관한 주제를 다룬 책과 세미나들이 넘쳐나게 된 것이다. 이런 현상들은 결국 갈수록 심화되는 영적 갈급과 인간 존재의 공허함, 비인간화의 병폐 그리고 불안감과 병리현상들을 어떻게 교회가 치유해 나갈 것인가에 대한 심각한 질문과 책임감을 던져 주고 있는 것이다(Cornett, 1998).

3) 코칭(Coaching)

(1) 코칭의 개념이해

오늘날처럼 코칭에 대한 용어가 다양한 분야에 흔하게 사용 된 적은 일찍이 없었다. 코칭은 학자마다 바라보는 기본 철학이 다르고 활동 분야별로 다소 차이가 있음을 볼 수 있다. 본래 '코치(Coach)'의 어원은 1500년경 헝가리의 도시 '코치(Kocs)'에서 개발된 네 마리의 말이 끄는 '마차'에서 유래되었다. 당시 유럽 전역으로 퍼진 마차는 코치(kocsi) 또는 코트드지(kotdzi)라는 명칭으로 불렸는데, 영국에서는 코치(coach)라고 불리었다. 마차(코치, coach)는 승객을 출발지에서 목적지까지 데려다 주는 개별 서비스를 의미한데 반해, 기차(train)는 승객들이 역에서 승차하여 정해진 속도와 경로로 정해진 역까지 데려다준다는 의미에서 'training(집체교육)'의 어원이 된 것이다.

코칭의 기원

1840년대에는 영국 대학에서 학생의 수험지도를 하는 개인교사를 '코치'라고 부르기도 했지만, 오늘날 가장 잘 알려진 스포츠 분야에 코치라는 용어가 사용되기 시작한 것은 40년 뒤인 1880년대였다. 그리고 1950년대에 이르러서는 경영분야에서 '코치'라는 용어가 사용되기 시작하였다. 현대적 의미에서의 코칭은 1980년대 초반 미국의 토마스 레너드(Thomas J. Leonard)라는 재무설계사(Financial Planner)로부터 시작되는데, 그는 재무 설계사로 여피족의 재무 컨설팅을 하면서 아무것도 부족함이 없어 보이는 사람들에게도 도움이 필요하다는 것을 알았다. 그래서 그는 고객들의 재무관리뿐만 아니라 다양한 분야에 폭넓은 대화를 나누며 고객이 무엇을 선택할지 망설이고 있을 때 올바른 결정을 하도록 도와주고 때론 진정한 파트너가 되기도 하였다. 래너드의 이러한 활동에 대해서 한 고객이 그와 자신의 관계를 운동선수와 코치의 관계에 비유하면서 래너드의 활동을 코칭이라고 부르기 시작했다. 1980년대 중·후반에 이르러서 미국의 많은 기업들이 코칭을 도입하게 되면서 전문적인 코칭 비즈니스가 탄생되었고, 1992년에는 미국에 코치양성전문기관(Coach University)이 생겨나서 코치의 육성 프로그램을 제공하게 되었다. 그리고 1996년에는 국제코치연맹(International Coach Federation, ICF)이 창설되어 코치의 질을 유지하기 위한 다채로운 활동을 전개하게 되었다.

한국에서의 코칭은 2000년대 초반에 도입되어 오늘날 리더십과 인재육성, 개인의 경력, 인생에 걸친 코칭 등 여러 영역으로 발전해 가고 있다. 그리고 2003년에는 한국코치협회가 설립되었고, 2004년부터는 '대한민국 코치대회'가 해마다 열리고 있다.

코칭의 현대적 개념

그렇다면 현대적 의미로써 코칭은 무엇인가? 오늘날 코칭에 대한 정의는 연구자들마다 다양함을 알 수 있다. 다양한 개념들 가운데서 공통점을 중심으로 정리하면 다음과 같다.

첫째, 코칭은 피드백, 동기부여, 지원 등 다양한 기법을 가진 활동이라고 할 수 있다. 이러한 주장을 하는 사람들에게 있어서 코칭은 수행을 향상시키는 방법, 명확한 수행 기대, 수행 결과와 관련된 건설적인 피드백을 제공하고, 스스로 문제를 해결하고 수행을 향상시킬 수 있는 방법을 찾을 수 있도록 돕고, 그들의 가능성을 깨닫도록 하며 또 그것을 발휘하도록 돕는 것이다(Heslin, Vandewalle, Larham, 2006).

둘째, 조직 장면에서 바라보는 사람들은 코칭을 성장과 학습을 지원하고 가치를 부여하며 실질적인 경영을 통하여 높은 수행 작업 환경의 개발을 강조하는 조직적인 현상이라고 정의하였다 (Ellinger & Keller, 2003).

셋째, 코칭을 하나의 과정(process)으로 정의한 연구자들도 있다 (Stowell, 1986, Fournies, 1987). 이러한 주장을 하는 사람들은 코칭이란 리더가 토의나 대화로 개입 또는 중재하는 것으로 구체적인 기능이나 행동을 포함하며, 방향을 제시(direction)해주고 성과향상을 위해 개발(development)을 도와주고, 수행한 것을 평가(accountability) 및 피드백을 해주며, 고객과 지속적인 관계(relationship)를 갖는 일련의 과정이라고 정의한다.

넷째, 코칭은 기본적으로 일대일로 상호작용하는 과정이라고 정의한 연구자들도 있다(Garman, Whiston, & Zlatoper, 2002). 이러한 주장을 하는 사람들은 코칭이란 조직과의 연계가 없는 외부인이 조직의 맥락에서 내담자의 수행에 대한 일대일 자문을 제공하는 것이라고 주장한다. 국내에 코칭 연구자인 오인경(2003)은 코칭을 학습성과 향상을 목표로 코칭 과정을 수시로 모니터링하고, 동기 유발을 하며, 고객의 심신(心身)을 가장 가까운 위치에서 지원하는 역할이라고 정의하였다. 이선희(2007)는 리더십 코칭을 통해 일대일 관계를 바탕으로 전문적인 코치가 다양한 전문적인 방법을 이용하여 조직 리더가 가지고 있는 잠재력을 보다 효과적으로 발휘하는 방법을 학습하여 직무수행을 향상시킬 수 있도록 도와주는 과정으로 정의하였다. 그리고 김현수(2007)는 코칭을 개인이나 조직의 '현재성과수준'과 '목표성과수준'의 차이를 줄이는 과정이라고 정의하였으며, 이희경(2007)은 임원코칭에 초점을 두고 코칭을 임원 및 핵심 인재의 역량을 개발하여 조직의 중·장기 목표를 달성하고자 하는 실제적이고 개별적인 과정 중심의 성장 프로그램이라고 정의하였다.

국제코치연맹 ICF(2008)에서는 '코칭이란 일정 기준을 갖춘 코치와 고객 간의 전문적인 파트너십으로서 코치는 고객의 개인적 그리고 직업적 잠재력을 최대화시켜 그들의 성과와 삶의 질을 향상시킬 수 있도록 돕는 사람이다.'라고 한다.

이상 살펴본 연구자별 코칭에 대한 정의를 통합하여 정리해 보면, 코칭은 다양한 기법을 사용하여 고객이 스스로 그들의 잠재된 직무수행능력을 최대화시키기 위해 코치와 고객과의 일대일로 상호작용하는 하나의 과정을 통해 목표에 도달하게 하는 것이라고 정의할 수 있다.

(2) 크리스찬 코칭

21세기의 필수적인 리더십 형태인 코칭은 오늘날 교회에서도 많이 활용되고 있다. 크리스찬 코칭은 교회 안의 크리스찬 코치들로부터 코치 받는 사람(PBC: person being coached)들이 현재 처한 자리에서 하나님이 그들에게 원하시는 곳까지 이를 수 있도록 도와주는 것이다. 크리스찬 코치는 세속적인 코치들이 사용하는 기술을 사용하지만 그들과 다른 점은 성경적인 세계관을 가지고, 인간의 지혜가 아닌 하나님이 우리 존재 중심에 계시고, 하나님이 모든 코칭 사역을 위한 안내자가 되심을 믿는다. 그래서 PBC들이 자신의 가치관과 삶의 목적, 영적은사 그리고 하나님이 주신 장점을 명료화하도록 돕고, 하나님께서 허락하신 비전과 사명에 삶의 초점을 맞추게 한다(Collins, 2005).

크리스찬 코칭은 최근에 생긴 것이 아니고 성경 시대까지 거슬러 올라갈 정도로 오랜 역사를 지니고 있다.

요셉은 바로 왕의 꿈을 해석함과 더불어 미래에 일어날 일에 대한 대안도 제시하는 등 코칭을 했다. 그리고 이드로는 모세를 코칭한 대표적인 코치이다. 이드로는 모세에게 십부장, 오십부장, 백부장, 천부장의 리더를 세우게 하는 등 여러 측면에서 코칭을 하는 모습을 볼 수 있다. 포로에서 돌아온 공동체의 지도자요 무너진 예루살렘 성을 재건하는 일의 지도자였던 느헤미야의 코칭과 좋은 코치의 자질을 보여준 이사야의 코칭은 구약의 좋은 예라고 하겠다. 신약의 인물 가운데 바나바는 코치의 탁월한 성경적 모델이라 할 수 있다. 바나바가 좋은 코치라는 증거는 그가 다른 사람들을 사역할 수 있도록 세워주는 일을 했기 때문이다.

그런데 크리스찬 코칭의 최고의 모델은 예수님이라고 할 수 있다. 성경에는 예수님의 질문이 약 150회 정도 나오는데, 대부분 코칭과 관련된 질문들이었음을 본다. 예수님은 역사상 가장 탁월한 코치셨다. 예수님은 제자들을 가르치고 세우는 일에 코칭을 사용하셨다. 예수님을 만난 사람들의 생각과 행동이 변하고, 삶의 습관이 변했다. 그리고 인생이 변해 하나님 나라를 위해 순종했다. 이것은 예수님의 코칭이 제자들을 비롯한 많은 사람들에게 효과적으로 적용되었다는 증거이다.

크리스찬 코칭은 사람마다 각각의 재능과 은사가 있으며, 하나님의 독특한 디자인에 의해 창조되었음을 믿는다. 크리스찬 코칭은 각각의 은사와 재능 그리고 하나님의 의도와 계획을 스스로 발견하도록 돕는다. 또한 개인에게 임하는 성령의 역사와 비전을 발견하도록 곁에서 돕는다. 크리스찬 코칭은 하나님 나라 가치를 품어 비전을 갖게 하는 일이다.

개인의 가치이든 공동체의 가치이든, 크리스찬 코칭의 목표 또한 성경에서 제시된 하나님 나라를 지향한다. 일반적인 코칭이 개인의 행복과 자아실현 등을 목표로 전개되는 면이 강하지만, 크리스찬 코칭은 자신의 행복과 자아실현 등을 하나님 나라라는 큰 관점과 관련시킨다. 그러므로 크리스찬 코칭은 코치로 하여금 새로운 일과 사역 그리고 하나님의 거룩한 부르심에 응답해 효과적으로 사명을 감당하도록 필요한 것들을 갖추게 하여 준비시킨다.

(3) 코칭과 유사개념과의 차별성

코칭에 대한 다양한 정의가 있듯이 코칭과 유사개념들이 많기 때문에 혼동되는 경우가 있다. 가장 많이 혼동되는 개념으로는 멘토링(mentoring), 컨설팅(consulting), 카운슬링(counseling) 등이 있다.

멘토링(Mentoring)과 코칭

멘토(Mentor)란 말의 유래는 고대 그리스의 시인 호머(Homer)의 서사시 오디세이(Odyssey)에 나오는 이타카(Ithaca)왕 오디세우스의 친구의 이름에서 비롯되었다. 왕이 트로이(Troy) 전쟁에 나갈 때 아들 텔레마쿠스(Telemachus)를 멘토에게 맡기고 지도를 부탁하게 된다. 10년에 걸친 전쟁은 동맹군의 승리로 끝났고 오디세우스왕은 10년 더 오기아섬에서 휴양을 취한 후 이미 장성하여 왕이 된 아들 텔레마쿠스의 안내를 받아 귀국하게 된다. 20년 후 왕이 전쟁에서 돌아왔을 때 텔레마쿠스는 멘토의 지도를 통해서 왕의 자질을 갖춘 지혜롭고 현명한 사람으로 성장해 있었다.

이후로 멘토(Mentor)라는 이름은 지혜와 신뢰로 한 사람의 인생을 이끌어 주는 스승이자 안내자, 본을 보이는 선배, 비밀까지 공유할 수 있는 친구 등의 의미로 사용되기 시작되었다(김상균, 1997).

멘토링은 두 사람 사이에 이루어지는 긍정적이고 전진적(前進的)인 인격교류(人格交流)의 관계로써, 대인관계에서 있을 수 있는 사적(私的)이거나 공적인 베일을 벗고 서로 자신을 솔직하고 진솔하게 드러낸 상태에서 이루어지는 인격적인 교제이며, 삶을 배우는 양식이다.

멘토링에는 멘토링 관계에서 그 주체(主體)가 되는 멘토 외에 멘토의 지도와 도움을 받는 피교육자인 객체가 있는데, 그 대상을 멘티(Mentee), 멘토리(Mentoree) 혹은 프로테제(Protege)라고 한다. 멘토링은 이상적으로는 평생 지속되어져야 하는 혹은 장·단기간 계속되는 인간관계로써, 그 관계 속에서 멘토는 멘티의 특성과 잠재력을 발견하고 격려와 도움으로 멘티의 인생(人生)의 발전을 돕는 것이다.

그럼 멘토링과 코칭은 어떤 차이점이 있는가? 멘토링은 멘토와 멘티의 관계에 있어서 수직적이며, 상호작용의 인격적 개입이 더 깊이 일어나지만 코칭은 수평적 파트너십이며, 깊숙한 개입이 필요가 없고 (한국코치협회, 2006), 특정한 업무를 지원하며, 정서적인 격려를 제공하고, 최고 의사결정자를 소개해주는 등의 도움을 제공해주는 것을 의미한다(Northouse, 2000).

컨설팅(Consulting)과 코칭

컨설팅은 1960년대 선진국에서 시작되어 우리나라에는 1970년대 후반기에 도입되었다. 컨설팅은 '과제의 내용, 프로세스, 구조에 대한 책임을 맡고 이를 수행하는 사람들에게 과제수행에 대한 실제적인 책임을 갖지 않은 컨설턴트가 이들의 과제수행에 어떤 형태로든 도움을 제공하는 것'이라고 넓은 형태의 개념으로 정의할 수 있다(Steele, 1975).

좀 더 구체적인 정의를 살펴보면 컨설팅이란 특별한 훈련을 통해 일정한 자격을 갖춘 사람들이 고객과의 계약에 따라 독립적이고 객관적인 태도로 고객 조직의 경영상의 문제를 확인·분석하는 것을 도와주고, 이러한 문제에 대한 해결안을 고객에게 추천함으로써, 고객이 해결안의 실행에 대해 도움을 요청했을 때 이를 제공하는 어드바이스 서비스이다.'라고 볼 수 있다(Greiner &

Metzger, 1983).

한국코치협회(2006)에서 코칭은 그 해결책을 스스로 발견하게 하고 추후 스스로 재생산할 수 있도록 프로세스를 공유하고, 그 능력을 갖도록 하는 것에 목적을 두고 있다. 또한 컨설팅은 전문 전인 컨설턴트가 특정 문제점이나 현상을 분석하고 평가하여 해결책을 제시해주기 때문에 컨설팅 회사나 컨설턴트의 능력에 따라 성과는 큰 차이가 나기도 한다(김현수, 유동수, 한상진, 2008).

이상의 내용을 종합해 보면 컨설팅은 고객이 추구하고 목표를 달성할 수 있도록 도와주기 위해 분석 및 진단을 통해 고객에게 전문적으로 어드바이스 해주는 서비스이며, 자신의 문제에 대해 자기 스스로 최선의 해결책을 찾아내어 실천할 수 있도록 지원해주는 코칭과는 다른 개념이다.

카운슬링(Counselling)과 코칭

상담은 내담자와 상담자 간에 수용적이고 구조화된 관계를 형성한 후, 이 관계 속에서 내담자가 자기 자신과 환경에 대해 의미 있는 이해를 증진하도록 함으로써, 내담자 스스로가 효율적으로 의사결정을 하고 여러 심리적인 특성을 긍정적인 방향으로 변화시키도록 원조하는 과정을 뜻한다. 그러므로 상담의 목표는 궁극적으로 인간의 성장과 발달을 촉진하는 것이다. 즉 개인이 행복한 생활을 하는데 방해가 되는 행동을 감소·제거시켜 행동변화를 일으키고, 보다 적극적으로 정신질환을 예방함으로써 정신건강에 조력한다. 또한 내담자 문제해결에 도움을 주고 상담하는 동안 개인은 다양한 문제 상황에 대처하는 능력을 기른다.

비즈니스 코칭 핸드북(Business Coaching Handbook: NASA, 2006)에

따르면 카운슬링은 전문 카운슬러나 심리치료자가 내담자의 삶에 부정적인 영향을 주는 경험을 해결하기 위하여 지원해주는 것으로 과거 혹은 현재의 문제점에 초점을 두고 문제를 해결하고 심리적 안정을 위한 해답을 찾도록 도와주는 것을 말한다. 하지만 코치는 과거 혹은 현재의 고객이 당면한 문제점들을 깨달을 수 있도록 도와주며, 개인적/직업적 목표들을 달성할 수 있도록 도와주는 것으로 카운슬링이 과거 지향적인 면이 있는 반면, 코칭은 철저히 미래 지향적인 특성을 지닌다(한국코치협회, 2006). 구체적으로, 카운슬링의 특징은 심리적으로 어려움을 겪고 있는 사람들이 상담이나 심리치료 전문가를 찾아와 과거부터 현재까지 자신의 내면을 탐구할 수 있도록 도와주며 이를 해결할 수 있도록 적절한 조언이나 해결책을 제시하는 반면에 코칭은 고객의 현재 시점에서 미래에 관심을 가지고 심리적인 측면보다는 고객의 잠재성이나 행동의 변화를 지원하는 활동이라고 할 수 있다.

4) 심치치료, 영성지도, 코칭의 관계

서양의 심리학과 심리치료 분야에서는 그 한계를 극복하고 영적 영역으로의 확대를 위한 시도가 지난 수십 년 간 활발히 있어왔다. 반면에 현대의 영성지도 분야 또한 필연적으로 심층심리학의 영향을 심각하게 받고 있으며 인간의 치유와 성숙을 향하여 동행 내지는 통합의 압력을 받을 수밖에 없게 되었다. 심층심리학은 영적 영역을 포함한 인격의 발달과 구조에 대한 보다 체계적인 이해의 틀을 제공하게 되었으며, 영성지도의 현장에서 지도자와 수련자와의 관계에서 일어나는 현상들은 물론, 수련자와 하나님과의 관계에서 일어나는 현상을 이해하는데 이제까지 소홀했던 차원을 보완해주고 있다. 현대의 영성지도자들은 심층심리학을 배우고 응용하는데 그 어느 때보다 열심을 내고 있으며, 보다 진전된 형태의 영적 지도가 이루어지기 위한 필요성을 인정하고 있다(Sperry, 2003). 그리고 기독교 코칭은 크리스찬들이 처한 자리에서 하나님이 그들에게 원하는 곳까지 이룰 수 있도록 도와주는 것임으로 코칭을 통해서 그리스도의 풍성한 생명력을 수용하도록 도와준다면, 사람들의 삶에 강력한 영향력을 미칠 수 있게 될 것이다. 특히 인간의 기본 권리인 행복한 삶을 위해서 웰빙과 힐링을 추구하는 현대인들에게 심리치료와 영성지도를 포함한 통합적인 입장에서 행복 코칭을 통해 불행지수를 낮추고 행복지수를 높이는 프로젝트를 만들어 시행하는 것이 필요하다고 본다. 그리고 무엇보다 크리스찬 상담과 심리치료의 모델 되시며, 코치의 모델 되신 예수님을 롤모델 삼음으로 힐링과 행복을 만들어 갈 수 있을 것이다.

제 2 장

행복의 역사와 콘텐츠

1. 당신의 행복지수는?

2. 행복이란 무엇인가?

3. 행복의 심리이론

2 행복의 역사와 콘텐츠

1. 당신의 행복지수는?

　행복은 인간본성의 일부이자 인류의 보편적 염원이다. 우리는 누구나 자신의 행복을 추구하며, 때때로 자신의 행복과 무관한 다른 사람들의 행복을 바라기도 한다. 불행을 피하고 행복을 좋아하는 것은 모든 인간의 자연스러운 성향이다. 우리는 불행을 괴로움으로 여기고 그것으로 부터 벗어나고자 하며, 행복을 좋은 것으로 여기고 우리가 일생을 통해서 도달하고자 하는 최상의 궁극적인 것으로 이해한다. 이런 의미에서 자신이 행복해지기를 바라고 불행에서 벗어나고자 하는 것은 인간 본성의 일부라고 해야 할 것이다.

　행복에 대한 요구가 그 어느 때보다 높아진 오늘날 '행복' 이라는 단어는 각종 광고 문구를 가득 채우고 있음을 본다. 행복아파트, 행복도시, 행복기업, 행복상품, 행복한 참살이 식품, 행복을 주된 가치로 표방하는 지방자치단체나 기업들, 행복에 관련한 책 등 행복이라는 용어들은 무수히 사용되고 있다. 모두가 행복을 추구하고 있고, 행복한 삶을 위하여 힘들게 일하며 살아가고 있음에도 불구하고 행복지수가 낮은 이유는 무엇일까? 대한민국은 지난 반세기 동안 국민총생산(GNP), 국내총생산(GDP), 국민총소득(GNI) 지표가 세계인들이 놀랄 정도로 상승했다. 그런데 반세기 동안 개인소득이 250배 이상 증가한 대한민국 사람들의 행복지수는 OECD 국가 중 3년 연속 최하위권일 뿐만 아니라 사살률은 1위이다.

'소득은 늘었는데 왜 행복하지 않을까?' 미국의 경제학자 리처드 이스털린(Richard Easterlin)은 미국이나 유럽 등의 선진국보다 경제수준이 낮은 나라 국민들 가운데 이들 나라 국민들보다 행복지수가 더 높게 측정된 결과를 근거로 해서 소득이 일정 수준에 올라 기본적인 욕구가 충족되면 소득증가가 더 이상 행복에 영향을 미치지 않는다고 하였다.

특히 이스털린은 한국의 경우를 예를 들면서 1인당 국민소득은 늘어났지만 행복지수는 높지 않은 경우라고 하였다. 이스털린과 뜻을 함께하는 학자들은 1인당 국민소득이 2만 달러를 행복지수의 경계선으로 보고 있다. 1인당 국민소득이 2만 달러가 되기 전에는 소득이 늘어남에 따라 행복지수도 올라가지만 이 선을 넘어서면 결코 물질적 풍요가 전반적인 삶의 행복으로 이어지지 않는다는 것이다. 한국은 바로 이 시점에 왔기에 도달해 있기 때문에 소득은 늘어나고 생활수준은 향상되었지만 여전히 만족스럽지 않은 시점에 이르렀다는 것이다.

그리고 한국인들은 부정감정 지수가 다른 나라 국민들보다 높기에 행복지수가 더 낮다는 연구결과가 있다. 세계적인 행복연구자인 일리노이대 심리학교수인 에드 디너(Ed Diner) 교수는 130개 국에서 13만 7,214명을 대상으로 행복지수를 측정한 다음에 2010년 한국심리학에서 '한국인의 감정적 행복분석'에 대한 결과를 발표하였다. 그의 조사 발표에 의하면 한국은 130개 국가 중에서 행복감정은 116위에 그쳤고, 소득 상위 40개 국가 중에서는 39위를 했다. 이 조사에 따르면 한국 사람들은 행복하고 즐거운 감정보다 우울하고 무기력한 감정이 더 많은 것으로 나타났다. 경제발전에 비해서 행복감정이 낮은 이유는 그 만큼 감정에 상처가 많음을 의미한다고 볼 수 있다.

일반 행복척도

캘리포니아 리버사이드대학의 심리학교수인 루보머스키(Lyubomirsky, Sonja)가 고안한 일반 행복척도이다. 다음의 진술이나 질문을 읽고 당신을 가장 적절하게 묘사한다고 생각되는 숫자에 ∨표 하여 합산해서 자신의 행복지수를 체크해 보자.

---

(1) 나는 대체로 내 자신에 대해 이렇게 생각한다.
　① 매우 행복한 사람이다.
　② 행복한 사람이다.
　③ 조금 행복한 사람이다.
　④ 보통이다.
　⑤ 조금 불행한 사람이다.
　⑥ 불행한 사람이다.
　⑦ 매우 불행한 사람이다.

---

(2) 내 연배들과 비교했을 때 나는 내 자신을 이렇게 생각한다.

① 매우 불행하다.
② 불행하다.
③ 조금 불행하다.
④ 보통이다.
⑤ 조금 행복하다.
⑥ 행복하다.
⑦ 매우 행복하다.

(3) 어떤 사람들은 대체로 행복하다. 그런 사람들은 삶에서 어떤 일이 일어나든 상관없이 모든 것을 최대한 누리면서 삶을 즐기는 것 같다. 이 진술은 당신을 묘사하는데 어느 정도나 해당되는가?

① 전혀 즐기지 않는다.
② 즐기지 않는다.
③ 조금 즐기지 않는다.
④ 보통이다.
⑤ 조금 즐긴다.
⑥ 즐긴다.
⑦ 아주 많이 즐긴다.

(4) 어떤 사람들은 대체로 별로 행복하지 않다. 우울증을 앓는 것은 아니지만 그들이 마땅히 행복해야 할 만큼 행복해 보이지 않는다. 이 진술은 당신을 묘사하는데 어느 정도나 해당되는가?

① 나와 아주 가깝다.
② 나와 가깝다.
③ 나와 조금 가깝다.
④ 보통이다.
⑤ 조금 비슷하지 않다.
⑥ 비슷하지 않다.
⑦ 아주 비슷하지 않다.

2. 행복이란 무엇인가?

1) 행복의 역사적 이해

행복은 인간의 보편적인 염원으로 인류 역사와 함께 모두가 추구해 온 가치이다. 그래서 행복에 대한 논의는 지난 2000여 년 동안 수많은 철학자와 종교인들을 통해서 끊임없이 이루어져 왔음을 본다. 고대로부터 현재에 이르기까지 행복에 대한 다양한 생각과 입장들을 정리해봄으로써 우리들이 추구하고자 하는 행복을 좀 더 구체적으로 정리할 수 있게 될 것이다.

고대

고대의 행복관은 고대 그리스의 철학적 전통에 바탕을 둔 헬레니즘(Hellenism) 행복관과 기독교의 전통에 근거한 헤브라이즘(Hebraism) 행복관으로 구분할 수 있다.

첫째, 고대 그리스 철학자들은 이성적 사유와 성찰을 통해서 행복에 이르는 길을 발견할 수 있다고 믿었다. 따라서 서양철학의 아버지라고 하는 소크라테스(Socrates, 469-399 B.C.)는 "행복은 자기성찰을 통해서 성취되며, 이성적 능력을 통해 인간 삶의 핵심적 요소를 인식하고 실천하는 것"이라고 하였다. 그리고 이성과 직관에 바탕을 둔 진정한 지혜발견의 진리를 강조해온 소크라테스의 수제자 플라톤(Plato, 427-347 B.C.)은 감각적 쾌락을 추구하기보다 인생의 본질과 의미를 지향하는 현대의 행복관에 영향을 미치게 되었다. 자기실현적 행복관의 신구자 아리스토텔레스(Aristotle, 384-322 B.C.)는 최선의 삶은 일시적 욕망 충족보다 도덕적 완성이나 인격적 덕성구현이라고 하였다. 그래서 그는 12가지 덕성 계발(용기, 관용, 자존, 친밀, 재치, 정의, 절제, 희망, 온유, 정직, 양심, 고결)과 함양을 통해서 행복한 삶을 살 수 있다고 주장하였으며, 이와 같은 아리스토텔레스의 행복관은 오늘날 행복심리학자들이 주장하고 있는 강점과 덕성 계발의 근간이 되었다고 할 수 있다. 다시 말해서 고대 그리스인들에게 행복이란 일생 동안 수양해야 하는 시민의 덕목과도 같았다. 그러므로 그들은 시민의 덕목을 갖췄을 때 행복할 수 있다고 믿었다.

　그리스 시대 인물 가운데 키레네(Cyrene)의 아리스티포스(Aristippus, 435-360 B.C.)는 고통을 최소화하고 쾌락을 최대화하는 것이 행복의 관건이라고 주장하였다. 이후 에피쿠로스(Epicurus, 342-270 B.C.)는 이러한 주장을 발전시켜 쾌락주의를 제창하게 되었다. 에피쿠로스는 행복이란 권력투쟁의 정치적 세계부터 벗어나서 친구들과 어울리면서 안락한 상태에서 평온하게 머무름으로써 얻어지는 것이라고 하였는데, 오늘날 행복심리학에서 말하는 긍정정서와 주관적 만족은 그의 쾌락주의 전통을 이어받았다고 할 수 있다(Compton, 2005).

둘째, 헤브라이즘 전통의 행복관을 지향하는 자들은 신과의 관계를 중시하고 있다.

유대교에서의 행복은 하나님의 절대적 권위에 순종하면서 자기중심적이고 쾌락추구적인 행동을 억제하는 삶 속에서 얻게 된다고 본다. 하지만 기독교는 예수 그리스도를 통한 하나님 사랑과 이웃 사랑을 통해서 얻을 수 있다고 한다. 좀 더 구체적으로 성경에 나타난 행복을 살펴보면 영적이고 정신적 측면이 강조되고 있음을 볼 수 있다. 다윗은 구약 시편 1편에서 행복이란 율법을 묵상하고 실천하는 정의, 정로, 정행을 통해서 좋은 열매를 맺고 형통하게 되는 것이라고 말하고 있다. 이 내용은 시편 23편에서 더 잘 나타나고 있다. 그리고 모세가 기록한 신명기의 의도와도 일맥상통한다(신 10:13).

신약시대에 이르러 예수님은 마 5:3-10에서 행복은 심령(마음)의 문제요(마 5:3 οι πτωχοι τω πνευματι: 심령이 가난한 자), 심령(마음)의 문제는 영혼의 문제이며, 영혼의 문제는 성령으로 나고 성령으로 행하는 영적인 문제라고 한다. 다시 말해서 영혼이 거듭나야 심령이 변하고 심령이 변화되어야 행복하다는 원리이다.

그리고 사도 바울의 행복론은 구속사적 행복론으로 죄사함의 행복론이다(롬 4:5-8; 4:25-5:1, 2). 그는 예수 중심의 행복론자로 예수 그리스도를 아는 것이 가장 고상한 지식이므로 모든 것을 배설물로 여긴다고 고백을 하였다.

정리하면, 다윗은 구약 율법시대의 사람으로서 율법의 행함에 행복의 기준을 두는 반면, 바울은 신약 복음시대의 사람으로서

이신칭의(以信稱義)에 행복의 기준을 두었고, 율법을 성취하시고 복음의 주인이 되신 예수 그리스도를 통한 심령, 곧 마음의 변화, 성령화에 행복의 기준을 두었음을 볼 수 있다.

중세

기독교가 주도한 서양 중세시대에는 행복을 세속적인 쾌락과 반대되는 것으로 취급해왔다. 중세시대에는 오로지 신의 구원을 통해서만 존재하는 종교적인 의미의 하늘의 복(天福)이 존재했다. 중세의 하늘의 복은 개인적인 깃이었으나 규칙은 철저히 공동체적이었다.

중세시대에는 세속적인 쾌락의 위험을 경고하기 위해서 7대 죄악(분노, 질투, 나태, 교만, 성욕, 방종, 물욕)을 제시하였고, 이러한 죄악을 포기하도록 이끄는 미덕으로 4대 보편적 덕성(신중, 용기, 절제, 정의)과 3대 신학적 덕성(믿음, 소망, 사랑)을 제시하였다. 7가지 덕성은 내세에서의 구원과 영생을 얻기 위해서 하나님과의 관계 속에서 구현하며 살아가는데 최선의 것으로 보았다.

근세

17세기와 18세기 계몽시대는 현세의 삶에서 행복해질 수 있다는 새로운 기대를 가지게 되는 시대이다. 계몽사조는 행복을 이 지상의 삶에서 모든 인간이 열망할 수 있는 무언가로 여기게 만들었고, 초기에 사회적, 지적 엘리트들만의 영역에서 점차 넓게 퍼져나가게 된 것이다.

18세기 말에 이르러 행복은 미국과 프랑스에서 일어난 혁명과 더불어 동기를 부여하는 궁극적 목적으로써 널리 인정되었다. 토머스 제퍼슨(Thomas Jefferson, 1743-1826)은 독립 선언서를 기초하면서 행복추구권은 '자명한 진실'이라고 했으며, 1789년 인간과 시민의 인권선언을 했던 프랑스인들도 선언문의 서문 마지막 줄에 '모든 이의 행복'이라는 고귀한 목적을 명시했다.

18세기 철학자들은 행복의 개념을 하늘에서 지상으로 내려오게 하였고 근대정치의 존재이유, 즉 사회적이고 공동체적인 행복을 고안해 냈다(Michel Faucheux, 2002)

> 동양에서의 행복에 대한 논의는 개인의 쾌락이 곧 행복이 된다는 양주(楊朱)의 극단적 이기주의의 주장과 세계에 대한 평화와 사랑이 행복이 된다는 묵자(墨子)의 겸애설이 있다. 그리고 도가(道家)는 무위자연적인 것이 행복이 된다고 하였으며, 유가(儒家)는 인위적인 도덕적 함양이 행복이 된다고 하였다. 유학을 중시한 우리나라에서는 행복에 도달하기 위한 하나의 방법으로 수신지학(修身之學)에 대한 관심이 많았다. 마음과 몸을 닦는 수신지학은 좁게는 생활습관을 통해 자신을 바르게 하는 것이며, 넓게는 세상의 이치를 궁리하고 이에 따라 마음을 바르게 하고 몸을 닦아 남에게 이를 전파하는 것이다.

현대

최근에 이르러 행복에 대한 연구가 활발하게 이루어지면서 행복에 대해 과학적이고 체계적인 접근이 이루어지게 되었는데, 이렇게 된 계기는 지난 한 세기 동안 인간의 심리적 현상을 질병 모델로 접근하였던 심리학자들이 21세기에 들어서면서 해결 중심적 패러다임으로 전향하게 되었기 때문이다. 그리고 행복한 삶을 추구하는 인간의 적극적인 자세에 대한 시대적 관심의 증대가 행복심리에 대한 연구를 활발하게 만들었다고 볼 수 있다. 마이어 (Myers)와 디너(Diener)의 조사에 의하면 1990년대까지 이루어진 심리학 연구 중에서 인간의 부정적 측면을 연구한 논문이 긍정적 측면을 다루는 논문보다 17배나 많았다고 한다. 하지만 1990년부터 2000년까지 10년 동안 행복에 관한 연구논문은 5,000편 이상으로 증가되었고, 다양한 학술지에 발표되었다(권석만, 2011).

행복심리학의 과학적 발전은 마틴 셀리그만(Martin Seligman)의 공헌이 크다고 할 수 있다. 그가 1998년 미국심리학회 회장에 취임하면서 과거의 심리적 결함과 장애에만 편향적인 관심을 기울여왔다는 반성 속에서 인간의 긍정적인 측면, 즉 행복에 관하여 과학적으로 탐구하는 심리학의 새로운 연구방향을 제시하면서 커다란 변화가 일어났다. 특히 셀리그만이 2002년에 저술한 『진정한 행복』(Authentic Happiness)은 행복심리학을 확산시키는 계기가 되었다. 그리고 몰입(flow)의 연구로 유명한 미하이 칙센트미하이(Mihaly Csikszentmihalyi)[1]와 주관적 안녕의 대표적 연구자인 애드 디너(Ed Diener), 긍정적 특질의 분류체계를 제시한 크리스토퍼 페터슨(Christopher Peterson)[2], 2002년에 노벨경제학상을 수상한 대니얼 카너먼(Daniel Kahneman) 등에 의해서 행복에 대한 논의가 본격적으로 이루어지게 되었다(Seligman & Csizentmihaly, 2000).

2) 행복의 의미

최근에 이르러서 행복(幸福)에 대한 논의가 여러 학자들에 의해서 활발하게 이루어지고 있지만 아직까지 하나로 일치된 정의는 없다(Seligman & Csizentmihaly, 2000). 사전적 의미로써의 행복이란 욕구와 욕망이 충족되어 만족하거나 즐거움을 느끼는 상태, 불안감을 느끼지 않고 안심해 하거나 또는 희망을 그리는 상태에서의 좋은 감정으로 심리적인 상태 및 이성적 경지를 의미한다. 앨버트 슈바이처(Albert Schweitzer, 1875-1965)는 "행복이란 건강하고 기억이 나쁜 것이다."라고 말했다. 몸이 건강하고 과거에 일어났던 이런저런 일에 대한 생각에 얽매이지 않으면 행복해진다는 것이다. 그리고 예술가인 레오나르도 다빈치(Leonardo da Vinci, 1452-1519)는 "충실하게 보낸 하루가 행복한 잠을 가져다주듯이 충실하

---

1) 미하이 칙센트미하이는 1960년에 학사과정을 수료하고 1965년의 박사학위를 시카고 대학에서 수료하였다. 현 미국 캘리포니아 클레어몬트에 있는 클레어몬트 대학원 대학교 심리학 교수. 미국 시카고 대학에 심리학과 초대학과장(former head of the department of psychology). 미국 일리노이 주 레이크 포리스트 대학에 사회학과 인류학 학과장. 시카고 대학 교수로 40년 동안 재직한 후 현재 피터 드러커 경영대학 교수 및 〈삶의 질 연구소〉 소장으로 있으며, 어떻게 하면 사람들의 삶이 좀 더 창의적이고 행복할 수 있을지에 대해서 평생동안 연구해 왔다. 칙센트미하이 교수는 미국 학술·예술원, 미국교육원, 미국여가학술원 회원이고, 풀브라이트 재단 선임 연구원이며, 브리태니커 백과사전 고문을 포함한 여러 이사직을 겸임하고 있다. 칙센트미하이 교수의 연구에 대한 관심은 관련 학계뿐만 아니라 다른 분야에서도 꾸준히 증가하고 있다. 그의 연구에 관한 많은 글들이 〈사이콜로지 투데이〉 〈뉴욕 타임스〉 〈워싱턴 포스트〉 〈시카고 트리뷴〉 〈옴니〉 〈뉴스위크〉 등의 언론 매체에 실리고 있으며 BBC, RAI(이탈리아 방송), 노바 등 텔레비전 매체에서도 특집으로 다뤘다. 이 책 플로우는 1993년도 미국 슈퍼볼 우승 팀인 댈러스 카우보이의 감독 지미 존슨이 팀을 우승으로 이끄는 데 많은 영감을 준 책이라고 밝힌 바 있다. 미국 대통령 클린턴은 96년 가을 뉴스위크와의 인터뷰에서 칙센트미하이 교수를 그가 가장 좋아하는 작가 중 한 사람으로 꼽았으며, 전 미 하원 의장 깅그리치도 이 책을 정치기획위원회의 필독 도서 중 하나로 추천하였다. 보 자동차, 시카고 공원 관리팀, 오스트리아 정치인들같이 기업이나 정치인, 여러 나라의 문화 재단에서도 플로우에 많은 관심을 보이고 있는데 그 이유는 플로우와 관련된 연구 결과들이 많은 사람들에게 어떻게 최적의 삶을 살아갈 수 있는가에 대한 깊은 통찰을 제공해 주기 때문이다.

2) 크리스토퍼 피터슨(Christopher Peterson)은 긍정심리학 창시자의 한 사람으로서 1986년부터 미시간 대학에서 심리학 교수로 근무해 왔다. 긍정심리학 발전 위원회의 회원이며 긍정심리학회지(Journal of Positive Psychology)의 편집장이자 펜실베니아 대학의 긍정심리센터의 전임 템플턴 수석 연구원이다. 그는 긍정심리학 관점을 반영한 가장 전도유망한 연구 중 하나인 성격강점 및 덕목의 분류(VIA) 연구를 주도해온 바 있다. 《성격강점과 덕목의 분류》의 공저자인 피터슨은 지난 20년 동안 전 세계에서 가장 많이 인용된 심리학자 100인 중 한명이며 긍정, 건강, 성격 그리고 웰빙(well-being)에 대한 지속적인 연구를 진행하고 있다.

게 보낸 삶은 행복한 죽음을 가져다준다."고 말해 하루하루를 충실하게 살면 행복해진다고 믿었다. 원칙을 좋아하는 철학자 임마누엘 칸트(Immanuel Kant, 1724-1804)는 행복에 대해서도 원칙 3가지를 제시했는데 첫째, 어떤 일을 할 것 둘째, 어떤 사람을 사랑할 것 셋째, 어떤 일에 희망을 가질 것이라고 하였다. 이는 일을 하면 생계를 유지할 수도 있고 일을 통해 자아실현을 할 수도 있다는 것이다. 그리고 또 다른 사람을 사랑해서 관계를 통해 행복을 느끼고 긍정적 사고와 미래에 대한 희망을 가지면 행복해질 수 있다는 것이다. 그뿐만 아니라 러시아 작가인 막심 고리키(Maksim Gorkii, 1868-1936)는 "손에 잡고 있는 동안에는 행복이 작게 보이지만 놓치고 나면 얼마나 크고 귀중한지 알게 된다."고 말하면서 현재 사소하게 느끼는 것이 바로 행복이라고 강조했다.

행복심리학의 창시자인 마틴 셀리그만(Martin Seligman)은 행복이라는 개념을 긍정적 정서(positive emotion), 적극적인 삶(engagement life), 의미 있는 삶(meaning life)이라는 세 가지 요소로 정립하였다. 긍정적 정서는 즐거운 삶과 밀접하게 관련 있는 개념으로 과거, 현재, 미래에 대한 많은 긍정적 정서를 경험하는 것과 이러한 감정의 강도와 기간을 확장시키는 기술을 배우는 것과 관련이 있다. 그리고 적극적인 삶이란 직업, 현재의 관계, 여가에 열중하고 몰두하는 삶을 말한다. 의미 있는 삶이란 자신이 더 중요하다고 생각하는 신념을 추구하거나, 그 신념을 위해 자신의 강점이나 재능들을 사용하는 것을 말한다.

행복에 대한 셀리그만의 개념 정의 외에 현재까지 사용되고 있는 용어만 해도 주관적 행복감, 삶의 만족도, 행복감, 심리적 안녕상태, 적응, 사기(士氣) 등의 용어와 혼용되어 쓰이고 있다

(Seligman, Steen, Park, & Peterson, 2005). 행복감에 관한 국내연구에서
도 심리적 안녕감, 주관적 안녕감, 생활만족도, 행복감, 긍정적 ·
부정적 정서, 삶의 조건에 대한 주관적인 만족상태로 정의되는
등 연구자마다 개념적인 혼동이 있다(김명소, 김혜원, 차경호, 2001).

　여러 연구들에 나타난 행복의 정의를 살펴보면 크게 인구통계
학적 변인들인 나이, 성, 민족, 수입, 주거 밀집성, 환경적 공해수
준과 같은 경제사회적 지표들이 대표적으로 제시된 외적 가치의
관점(Cameron, 1995)과 개인의 내적인 가치 체계인 주관적인 기준
을 중시하는 인지적 관점(Diener & Biswas-Diener, 2002) 그리고 일상
생활의 다양한 경험으로부터 표출될 수 있는 상황적 정서반응을
중시하는 정서적 관점(Andrews & Withey, 1976)으로 구별할 수 있다.

　이와 같은 여러 관점들을 종합해 보면, 행복은 일상 전반에 대
한 지속적이고 통합적인 판단에 의해 결정된다고 할 수 있고, 행
복감은 전반적인 삶의 만족도라고 규정할 수 있을 것이다.

3) 행복의 구성요소

　행복에 대해서 동서고금의 수많은 철학자와 종교인들이 나름대
로의 주장을 해왔으므로 행복의 구성요소에 대한 의견 또한 다양
하다고 하겠다. 위키백과에서 말하는 행복의 요소로는 만족, 기
쁨, 즐거움, 재미, 웃음, 보람, 가치감, 평온감, 안정, 의욕, 희망을
그림 등의 여러 요소가 포함된다고 말하고 있다.

　2012년 10월 22일자 타임지에 소개된 행복의 9가지 구성 요소
(The nine components of happiness)를 살펴보면 첫째, 심리적 행복
(Psychological well-being) 둘째, 건강(Health) 셋째, 적절한 시간 사용

(Time use) 넷째, 교육(Education) 다섯째, 문화의 다양성과 문화 충격에 대한 탄력성(Cultural diversity and resilience) 여섯째, 좋은 정부(Good Governance) 일곱째, 활력적인 지역사회(Community vitality) 여덟째, 생태계의 다양성과 회복력(Ecological diversity and resilience) 아홉째, 적절한 생활 수준(Living standards)이라고 말하고 있다. 철학자 앤소니 케니(Anthony Kenny)는 『행복의 발견』(The Discovery of Time)이라는 책에서 행복의 구성요소를 만족, 복지, 인간의 존엄성이라고 하였다. 그가 말하는 만족이란 즐거운 기분의 지속, 개인적이고 수관적인 자기평가를 의미하며, 복지는 건강, 영양상태, 기대수명, 위생과 청결수준, 의료시설, 경제력 등의 객관적인 요소를 말한다. 그리고 인간의 존엄성은 종교 선택의 자유, 언어 선택의 자유, 직업 선택의 자유, 배우자 선택의 자유, 정치적 대표자 선출의 자유, 국적 선택의 자유 등과 보람 있고 가치 있는 일과 여가활동, 사회적으로 인격적으로 존중받는 것이라고 하였다. 그는 "장기적으로 볼 때, 행복에 관련된 중요도는 가족, 친구, 일, 여가활동의 순서인데, 이중에서 개인적으로 선택의 자유도가 가장 높은 것은 여가활동이다."라고 말한다.

행복 구성요소에 대한 더 많은 주장들이 있지만 다양한 관점을 잘 종합한 학자가 있다면 마틴 셀리그만이라고 말할 수 있다. 그는 행복의 요소를 즐거운 삶(pleasant life), 몰입의 삶(engaged life), 의미 있는 삶(meaningful life)이라고 하였다. 행복의 첫 번째 요소인 즐거운 삶은 긍정적인 정서를 최대화하고 부정정적 정서를 최소화하는 삶으로써 행복에 대한 쾌락주의적 입장을 반영한 것이라 할 수 있다. 따라서 행복한 사람들은 삶속에서 편안함, 만족감, 기쁨, 여유로움과 같은 긍정 정서를 자주 느끼고 즐거움과 기쁨을 충분히 음미하고 만끽하며 향유하게 되는 것이다. 행복의 두 번째 요소인 몰입의 삶은 자신이 추구하는 활동에 열정으로 참여하여 자신의 강점과 잠재력을 최대한 발휘하며 자기실현을 이루어가는 삶을 의미한다. 그리고 행복의 세 번째 요소인 의미 있는 삶은 다른 것과의 관계 속에서 발견될 수 있다. '나보다 더 큰 어떤 것'과의 관계 속에서 그것을 위해 기여할 때 발견될 수 있는 것이다. 자신이 추구하고 있는 그것을 위해 공헌하고 있다는 믿음은 삶을 가치 있고 의미 있는 것으로 만든다.

위의 행복의 세 가지 요소가 서로의 조화를 이루어 선순환 구조를 이룰 때 풍성한 행복감을 느끼게 된다. 즐거운 삶을 통해 열심히 일하고, 열심히 일함으로써 타인에게 기여할 수 있으며, 자신이 타인과 공동체를 위해 공헌하는 소중한 존재라고 인식할 때 보람을 느끼며 더욱 즐거운 삶을 영위할 수 있기 때문이다. 하지만 행복의 세 요소는 현실 속에서 서로 충돌하는 경우가 많이 생겨진다. 왜냐하면 즐거움을 추구하다보면 능력을 충분히 발휘하기 어렵고, 자신의 성취에 몰두하다보면 다른 사람들의 삶에 소홀해지기 쉽다. 따라서 나만의 행복인 아닌 너와 내가 함께하는 성숙의 태도가 중요하다고 하겠다.

나의 행복지수

나는 얼마나 행복한가? 즐거운 삶, 몰입의 삶 그리고 의미 있는 삶의 세 측면에서 얼마나 행복한 삶을 영위하고 있는가? 다음은 셀리그만이 개발한 행복지수 검사지이다.

즐거운 삶의 평가 문항	그렇지 않다 1	약간 그렇다 2	상당히 그렇다 3	매우 그렇다 4
1. 나의 생활은 대체로 즐겁다.				
2. 나의 삶은 전반적으로 만족스럽다.				
3. 나의 일상생활에는 유쾌하고 재미 있는 일들이 많다.				
4. 아침에 잠에서 깨어나면 대체로 즐거운 기분을 느낀다.				
5. 나는 요즘 괴로운 일이 별로 없다.				

몰입의 삶의 평가 항목	그렇지 않다 1	약간 그렇다 2	상당히 그렇다 3	매우 그렇다 4
1. 요즘 내가 하는 일에 집중이 잘 된다.				
2. 내가 하는 활동에 의욕과 열정을 느낀다.				
3. 나는 어떤 일이든 적극적으로 임하는 편이다.				
4. 내가 열심히 일하는 만큼 좋은 성과를 얻고 있다.				
5. 내가 해야 하는 일들을 열심히 하며 살고 있다.				

의미 있는 삶의 평가 문항	그렇지 않다 1	약간 그렇다 2	상당히 그렇다 3	매우 그렇다 4
1. 나는 내 나름대로 인생의 목표를 지니고 살아간다.				
2. 요즘 내가 하는 일들이 의미 있는 것이라고 생각한다.				
3. 나는 다른 사람에게 도움이 되는 일을 많이 하고 있다.				
4. 나는 훗날 가족과 사회를 위해서 기여한 사람으로 여겨질 것이다.				
5. 주위 사람들은 나를 소중한 존재로 여긴다.				

각 영역별로 다섯 문항의 점수를 합하면, 각 요소의 총점(5-20점)이 된다. 총점이 5-9점이라면 당신의 행복지수가 낮은 편이므로 분발할 필요가 있다.

10-14점은 보통 수준의 행복에 속하고, 15-20점이라면 행복지수가 상당히 높은 편에 속한다. 세 구성요소의 총점을 비교해 보면서 행복의 세 측면에서의 자신의 균형을 살펴 볼 수 있다.

4) 행복의 결정요인

캘리포니아 대학교 심리학과 소냐 류보머스키(Sonja Lyubomirsky) 교수는 행복에 대한 다양한 연구의 결과들을 통계적으로 처리한 결과 행복은 유전 요인에 의해서 50%가 결정되고, 삶의 환경 10% 그리고 의도적 활동이 나머지 40%를 결정한다고 하였다. 그에 의하면 행복방정식은 행복 = 유전적 설정 값 + 삶의 환경 + 의도적 활동인 것이다.

(1) 행복과 유전자

행복의 설정 값을 뒷받침하는 가장 강력한 증거는 일란성과 이란성 쌍둥이를 대상으로 실시한 일련의 흥미진진한 연구로부터 나왔다. 쌍둥이들은 유전적인 소인 중 특징적인 부분을 공유하기 때문에 쌍둥이 연구가 행복의 유전자에 대해서 많은 것을 알려줄 수 있다.

미네소타대학교 교수인 데이비드 라이켄(David Lykken)과 오크 텔레겐(Auke Tellegen)은 중년기에 접어든 쌍둥이 2천 3백여 쌍을 대상으로 그들의 행복도 일치 정도를 조사했다. 그 결과 같은 부모에게서 양육된 일란성 쌍둥이의 행복수준 일치도(0.44)는 이란성 쌍둥이(0.13)보다 현저하게 더 높았다. 더욱 놀라운 결과는 여러 가지 이유로 어린 시절에 다른 가정으로 입양되어 성장한 일란성 쌍둥이(75쌍)의 경우, 중년기의 행복수준 일치도가 0.52에 이르렀다는 점이다. 유전자가 동일한 일란성 쌍둥이들은 다른 가정에서 양육되고 다른 환경에서 생활하고 있더라도 중년기의 행복수준이 상당히 비슷하다는 것을 의미한다. 이러한 연구결과는 유전이 행복에 강력한 영향을 미치고 있다는 사실을 보여주고 있다. 하지만 유전자 회로는 경험과 행동에 따라 큰 영향을 받을 수 있기 때문에 환경과 의도적인 활동에 따라서 행복을 증진시킬 수 있는 가능성이 많이 있음을 볼 수 있다. 유전자의 완진한 발현은 적당한 환경과 의도적인 활동에 의해서 결정될 수 있기 때문이다. 따라서 타고난 눈 색깔을 바꿀 수 없어도 컬러 렌즈를 통해서 눈 색깔을 바꿀 수 있듯이 의도적인 활동과 환경을 통해서 얼마든지 행복을 만들어 갈 수 있다.

(2) 행복과 삶의 환경

사람의 기본 욕구인 의, 식, 주는 삶에서 중요한 문제이다. 따라서 행복의 조건을 구성하는 요소 가운데 일정 부분은 경제적인 기반이 필요하다. 베이비붐 세대인 50대 초중반 남자의 자살률이 급증하는 것은 행복의 필수 조건 부분이 비어있기 때문이다. 미국의 정치가 벤자민 프랭클린(Benjamin Franklin, 1706-1790)은 행복의 조건으로 '의식주의 구비'를 꼽았지만 동시에 "만족하지 않은 자 행복하지 않다."고 했다. 이렇듯 욕망의 분모를 매일매일 키워가는 사람에게는 분자에 어떤 금은보화를 올려놓더라도 늘 모자라는 진분수이기 마련이다. KBS '생로병사의 비밀'에서 한국인들은 더 행복해지기 위해서 더 많이 벌고 더 많이 일하고 더 많이 먹는다고 했다. 이렇게 '더 많이' 라는 무한탐욕의 삼색 실로 꼬아 가는 행복은 결국 육체나 정신을 파탄에 이르게 할 수밖에 없다.

소냐 류보머스키 교수는 행복을 결정하는데 있어서 환경은 10%에 속한다고 말하고 있다. 그는 미국이 1940년보다 오늘날 행복지수가 낮은 것은 그러한 이유 때문이라고 한다. 1940년에 미국 사람들은 약 3분의 1정도가 상수도와 실내 화장실, 욕조나 샤워 시설이 없이 살았고 절반 이상이 중앙난방시설을 갖추지 못하고 살았다고 한다. 그리고 고등학교 졸업은 25%, 대학졸업은 5%였으나 삶의 만족도가 10점 만점에 7.5로 매우 행복하다고 대답을 했다. 하지만 1940년에 비해 모든 면에서 월등해진 오늘날 미국인의 평균 행복지수는 7.2(Lane, 2000)로 그때보다 낮은 것을 볼 수 있다.

오늘날 우리들이 누리는 물질적 안락함의 수준은 반세기 전에 상위 5% 이내에 드는 사람들이 누리던 부의 수준과 같다고 할 수 있다. 1976년 미국 유수대학 신입생 1만 2천명에 대한 삶의 태도 조사를 실시한 후 20년 이후 사후 검사를 한 결과에서 돈을 버는 것을 자신의 일차 목표로 했던 학생은 20년 후에 자신의 삶의 만족도가 그렇지 않은 사람보다 낮은 것으로 나타났다. 그리고 물질주의자들은 그렇지 않은 사람들보다 각종 정신 질환에 시달릴 가능성이 높았다(Cohen & Cohen, 1996). 물질주의가 행복하지 못한 이유는 자신이 원하는 금전적인 목표에 도달하더라도 그 성취가 행복으로 증진되지 못하기 때문이다. 미국에서 792명의 부자들을 대상으로 실시한 연구에서 응답자의 절반 이상은 부가 자신에게 더 큰 행복을 가져다주지 못한다고 대답했다. 그리고 1천만 달러 이상의 재산을 가지고 있는 부자들 중 3분의 1은 돈이 문제를 해결해주기보다는 더 많은 문제를 일으킨다고 말했다(Gollwitzer, 1999).

물질소유는 편리함을 보장해주지만 행복함을 보장해주지는 않는다. 우리가 돈을 위해서 애쓰지만, 돈은 수단적 가치이지 궁극적 가치가 될 수는 없다. 인간의 궁극적 가치는 행복인데, 일반적으로 말하는 물질적 기준에 도달했다고 모두 행복하다고는 말할 수 없다.

땅과 소유가 강조되어 온 한국에서의 집 문제는 모든 이들의 관심사이다. 특히 결혼을 앞두고 있는 사람들에게는 더더욱 그렇다. 많은 사람들이 자신들의 명의로 된 집(House)을 되도록 빠른 시일에 마련하기 위해서 자칫 가정(Home)을 소홀히 하는 경우가 생기기도 한다. 하지만 어떤 목적을 성취하기 위해서 서로의 감정을 다치게 하고 관계를 소홀히 하다 보면 정작 안정을 찾을 무렵 행복은 멀리 달아나 버린 것을 볼 수 있다.

가난하게 태어났기 때문에 부자가 되고자 하는 것이 꿈이었던 록펠러(John Davison Rockefeller, 1839-1937)는 누구보다 열심히 노력함으로 30세에 100만 달러를 모았고, 43세에는 미국 최대의 정유회사를 세웠다. 53세에는 세계에서 가장 많은 돈을 가진 대부호(大富豪)가 되었다. 그런데 그때 그는 알로페시아(Alopecia)라는 병에 걸려 음식을 전혀 소화해내지 못했으며, 눈썹과 머리카락이 빠져 몰골이 흉칙했다. 의사진단으로 1년밖에 살 수 없게 된 그는 성공이라는 목표를 향해 달려왔지만 행복한 삶을 누리지 못했다. 어느 날, 병원 로비에서 '주는 자가 받는 자보다 복이 있다' 는 문구를 읽으면서 생각에 잠겨 있는데 어디선가 소란스러운 소리가 들려왔다. 들어보니 병원비 문제로 환자의 가족과 병원 측이 다투는 소리였다. 환자의 어머니로 보이는 여인은 눈물을 흘리며 병원 관계자들에게 호소하고 있었다. 이 광경을 목격한 록펠러는 비서를 시켜 그 환자의 병원비를 대신 지불하였다. 물론 누가 지불했는지에 대한 것은 비밀에 부치기로 했다. 얼마 후, 록펠러가 병원에 다시 찾아갔을 때 소녀의 회복된 모습을 볼 수 있었다. 이를 본 록펠러는 나중에 자신의 자서전에 이 순간을 그의 생에서 가장 행복했던 순간이었다고 회고하고 있다. 이후 록펠러의 삶은 완전히 바뀌었다. 그리고 정말 뜻밖에도 알로페시아 병에 시달렸던 건강이 점차 회복되기 시작했다. 과거에는 자신만을 위해서 물질을 소유했던 삶에서 자신의 소유를 타인 중심으로 나누는 삶으로 전환하면서 행복해짐으로 치료의 능력이 그에게 나타난 것이다. 결국 그는 98세까지 행복한 삶을 살며 록펠러 재단을 통해 나눔을 베푸는 삶을 살았다. "살면서 이처럼 행복한 삶이 있다는 것을 미처 몰랐습니다. 내 인생의 55년은 항상 쫓기듯 살았지만, 나머지 43년은 정말 행복한 시간이었습니다."라고 그는 고백했다.

돈과 부가 사람들을 지속적으로 행복하게 해주지 못할 뿐만 아니라 신체적 매력 역시 마찬가지이다. 성형수술을 하는 대부분의 사람들은 수술 후 외모에 만족하지만 그 만족은 잠깐뿐이고 높아진 행복감은 지속되지 못한다는 것이다(Wengle, 1986).

(3) 의도적 활동

소냐 류보머스키 교수는 행복은 50%가 유전적 지배를 받으며 10%는 환경, 나머지 40%가 우리의 행동과 사고, 즉 의도적인 활동과 전략에 영향을 받기 때문에 이 40%를 통해서 행복을 만들어갈 수 있다고 강조한다. 미국인 가운데 2차 세계대전과 한국전에 참전했던 건강한 사람 2천명을 대상으로 22년간 연구를 진행한 결과, 이들의 삶의 만족도는 점진적으로 증가하여 65세에서 정점에 이르고 75세까지도 그다지 감소하지 않은 것으로 나타났다. 이들은 가만히 앉아있지 않고 무엇인가를 새롭게 이해하고 성취하려고 애쓰며 자신의 생각과 느낌을 통제하는 삶을 사는 자들이었다(Mroczek, Spiro, 2005). 이들을 통해서 알 수 있었던 것은 노력을 기울이는 의도적인 활동이 유전적 설정 값과 주변의 환경을 능가하여 행복에 막강한 영향력을 행사할 수 있다는 사실이다.

우리의 삶에는 변화시킬 수 있는 것들과 없는 것들이 있다. 변화시길 수 없는 것을 변화시기려는 어리석음을 경계해야 할 뿐만 아니라 바꿀 수 있는 것을 바꾸려 하지 않는 소극적인 태도 역시 경계해야 할 것이다.

신학자 라인홀드 니이버(Reinhold Niebuhr, 1892-1971)가 소개하고 있는 기도문을 잘 음미해 볼 필요가 있다.

> "신이시여! 바꿀 수 없는 것에 대해서는 그것을 겸허히 수용할 수 있는 평안을 주시고, 바꿀 수 있는 것에 대해서는 그것을 과감히 변화시킬 수 있는 용기를 주소서. 그리고 바꿀 수 있는 것과 없는 것을 냉철히 구별할 수 있는 지혜를 주소서."

그러므로 자신의 행복 설정이나 어떤 환경에 압도당할 것이 아니라 지속적으로 진정한 행복을 만들기 위해서 의도적인 활동을 꾸준히 펼쳐나가야 할 것이다.

3. 행복의 심리이론

행복에 대한 이론적 설명은 과거 그리스 철학자들이 여러 주장을 한 이래로 그다지 큰 진전이 이루어지지 못하였으나, 최근에 주관적 안녕에 대한 심리학적 연구가 진전되면서 행복에 대한 심리적 이해가 증진되고 있음을 볼 수 있다.

행복은 어떤 심리적 과정을 통해서 경험되는 것인지에 대해서 다양한 주장들이 제기되어 왔지만 그 대표적인 이론을 살펴보면 다음과 같다.

1) 욕망충족이론(desire sufficiency theory)

인간들이 추구하는 욕망(desire)은 '부족을 느껴 무엇을 가지거나 누리고자 탐하는 것 그리고 그것을 향한 마음'을 말한다. 욕망충족이론을 주장하는 학자들은 인간은 식욕, 성욕, 재물욕, 권력욕, 명예욕 등과 같은 다양한 욕망을 지니게 되고 이러한 욕망이 충분히 충족되었을 때 행복감을 느낀다고 주장한다.

스피노자(Spinosa, 1632-1677)는 욕망은 인간의 현실적 본질로 자기 보존의 힘이라고 하였고, 프로이트(Freud, 1856-1939)는 성욕을 인간의 가장 기본적인 욕망이라고 말하며, 욕망은 인간에게 있어서 삶을 유지하고 지속하게 하는 동력이라고 설명했다. 욕망충족이론의 관점은 인간의 행복 정도가 욕망을 충족시킬 수 있는 외부적 또는 상황적 조건(예: 의식주, 재산, 계층, 사회적 지위, 교육수준 등)에 비례한다고 본다. 하지만 '욕망이론'이란 저서를 남긴 라캉(Jacques Lacan, 1901-1981)은 인간은 욕망하는 주체이지만 욕망은 채워지지 않는 대상이라고 설명한다.

다양한 욕망을 충족시킬 수 있는 외부적 조건과 행복수준의 상관관계는 상당히 미비하다. 인간은 욕망이 충족되면 곧 그러한 상태에 익숙해져 행복감을 느끼지 못하는 경향이 있다. 그래서 개인적 욕망이 충분히 충족되어도 자신보다 더 풍요로운 상태에 있는 사람을 보게 되면 행복감이 저하된다.

여러 연구 결과에 의하면 삶의 환경을 바꿈으로 행복을 추구함에도 큰 효과가 없는 가장 큰 이유는 '쾌락 적응(hedonic adaptation)' 원리 때문이다. 쾌락적응이 일어난 이유는 높아지는 기대감과 사회적 비교의식이 생기기 때문이다. 그래서 욕망의 충족은 자신만의 문제가 아니라 타인과의 관계문제이다. 동물과 달리 인간에서는 많은 물질이 시장을 통해 매매의 형태로 교환되어 욕망충족에 사용되므로 서로 조화를 이룬다. 따라서 타인의 의사에 반하면서 자신의 욕망을 충족시키는 것은 마치 타인의 행복을 빼앗아서 자신의 행복을 만들어내는 것과 똑같다. 대개 이러한 행복은 육체적, 물질적 행복을 얻게 되지만 절대적으로 정신적 행복을 얻을 수 없게 된다.

2) 목표이론(goal theory)

인간은 자신이 추구하는 목표를 달성하거나 목표를 향해 진전되고 있다고 믿을 때 행복을 느낀다는 것이 목표이론이다(Austin & Vancouver, 1996). 목표이론에 의하면, 행복은 개인이 지향하는 목표의 유형과 구조, 목표를 성취할 수 있는 성공 가능성, 목표를 향한 진전 속도에 의해 결정된다는 것이다(Austin & Vancouver,

1996). 목표는 개인이 행동을 통해 성취하고자 하는 구체적인 지향점을 의미하며 미래에 대한 기대와 희망을 가져다준다. 따라서 목표를 향해 매진하는 것은 삶의 의욕과 생동감을 주게 되며 일상적 삶의 의미와 체계를 제공한다. 목표이론에 의하면 목표와 성취 간의 격차가 적을수록 더욱 행복해지며 목표의 설정과 성취는 주관적 안녕과 긍정 정서를 증가시킨다고 한다(Wilson, 1967).

일반적으로 추구하는 목표가 인간의 내재적 동기와 잘 부합할 때 행복이 증가하며 자기수용, 긍정적 인간관계, 다른 사람을 돕는 것과 관련된 목표를 추구하는 사람들이 물질적 성공, 신체적 매력, 사회적 명성을 추구하는 사람들보다 행복수준이 더 높게 나타났다(Cantor & Sanderson, 1999). 그 이유는 외적 가치(예: 재물, 미모, 지위, 명성)보다는 인간의 근본적 욕구를 충족시키는 목표를 달성하는 것이 더 큰 행복감을 주기 때문이다. 그리고 추구하는 목표가 많은 사람은 삶의 만족도, 자존감, 긍정적 정서가 높지만 불안감도 높다. 여러 가지 목표를 추구하는 사람은 성취의 즐거움도 많지만 이러한 목표를 성취해야 하는 부담감 때문에 스트레스도 많이 경험하기 때문이다.

행복감은 추상적인 목표보다 구체적인 목표를 추구할수록 행복감이 높아지는데 구체적인 목표는 그 성취여부를 즉각적으로 알 수 있기 때문이다. 그러나 구체적인 목표만 있다면 장기적인 방향감각이 없어 방황할 수도 있다. 따라서 행복을 증진시키기 위해서는 의미 있는 추상적 장기 목표와 더불어 구체적 목표를 세우는 것이 가장 좋은 방법이다(Sheldon & Kasser, 1995).

또한 추구하는 목표들간의 일관성과 통합된 정도가 행복에 중요하다(Sheldon & Kasser, 1995). 양립되기 어려운 갈등적인 목표들을 추구하는 사람은 부정적 감정을 많이 느낀다. 그래서 서로 조화롭게 밀접히 연관된 목표를 선택하여 추구하는 것이 행복에 중요하며 개인이 처해 있는 상황에서 달성 가능한 목표를 지니는 것이 행복에 중요하다. 죄수의 경우, 뚜렷한 목표가 없이 시간을 보내거나 교도소 밖에 있는 사람과의 친밀 관계만을 중시하는 사람은 현재 처한 상황에서 체력단련의 목표를 지닌 사람보다 삶의 만족도가 현저하게 낮은 것을 볼 수 있다.

그리고 문화는 목표 선택에 중요한 영향을 미친다. 특히 개인주의 문화와 집단주의 문화는 각기 중요시하는 가치가 다르다. 특히 사회적 조화를 중요시하는 집단주의 문화에서는 개인의 성취나 만족보다는 타인과의 조화로운 관계나 소속집단의 전체적 이익을 위한 목표가 더 많은 보상을 받게 되고 더 큰 행복감을 주게 된다. 이처럼 목표가 행복에 미치는 영향은 복잡하다. 목표이론은 행복을 이해하는 이론적 체계를 제공하였지만 앞으로 좀 더 많은 정교한 작업이 필요하다고 하겠다(권석만, 2011).

3) 격차이론(discrepancy theory)

격차이론에 따르면, 인간은 자신의 현재 상태를 어떤 기준과 비교하여 그 기준보다 우월한 방향으로 격차가 클수록 행복을 많이 느낀다는 것이다(Michalos, 1985). 인간은 자기 자신을 다양한 기준, 즉 다른 사람, 과거의 삶, 이상적 기준, 지향하는 목표 등과 비교하여 행복을 추구하는 경향을 가지고 있다. 다시 말해서 개인이 처해 있는 현재의 상태 그 자체보다는 현재의 상태를 평가하기 위한 기준의 속성이 행복에 중요하다는 주장이다.

다른 사람과의 비교에는 수평적 비교(lateral comparison), 상향적 비교(upward comparison), 하향적 비교(downward comparison)가 있는데, 어떤 비교방식을 선택하느냐에 따라 주관적 안녕은 커다란 영향을 받게 된다. 격차이론에 따르면 행복한 사람들은 상향적 비교보다 하향적 비교를 더 많이 하는 것으로 보고되고 있다(Lyubomirsky & Ross, 1997).

그리고 실제적 자기(really self)와 이상적 자기(ideal self)의 격차가 클수록 불행감이 증대되고 실제적 자기와 이상적 자기의 격차가 작을수록 주관적 안녕이 증가한다. 이는 이상적 자기상이 너무 높은 사람은 행복감을 느끼기 어렵다는 것이다(Morretti & Higgins, 1990).

하지만 경험적 연구의 결과에 따르면 격차이론가들이 주장하는 행복론은 반론의 여지가 있다. 격차이론에 따르면 높은 기준과의 상향적 비교를 하는 사람은 불행감을 느끼기 쉬운 반면, 하향적 비교를 하는 사람은 행복감이 증가할 것이라고 했다. 그리고 높은 기대수준은 현실과의 괴리를 증가시키는 불행의 주요한 요인이 된다는 것이다. 그러나 과도하게 높거나 낮은 기대수준을 지닌 사람들은 모두 높은 수준의 불안과 우울을 느끼며 행복도가 낮은 것을 볼 수 있다. 낮은 기대수준은 과거의 실패경험을 반영하는 것으로써 행복의 예언변인이 되기 어렵다. 기대수준 그 자체보다는 기대수준이 얼마나 현실적이고 개인의 능력에 일치하느냐가 중요하다. 즉, 기대수준에 도달할 수 있다는 성공가능성의 평가가 중요하다는 말이다. 그리고 목표 성취의 최종상태보다는 목표를 향해 진전되고 있는 과정이 중요하다. 높은 기대수준과 낮은 성취상태에 있더라도 목표를 향해 적절한 진전이 있다고 느낀다면 행복감을 느끼게 된다.

또한 격차이론에 따르면, 주변의 비교대상이 어려운 상황에 처해 있을수록 개인은 더 행복감을 느낀다고 한다. 그러나 암환자의 경우, 다른 암환자가 자신보다 상태가 더 나쁘다고 해서 행복감을 느끼지 않는다. 타인의 건강악화는 자신의 건강악화를 의미하기 때문이다. 그리고 사람들에게 인기가 있는 친구를 둔 사람은 그렇지 않은 사람보다 더 행복감을 느끼며, 낮은 성적을 얻은 대학생들은 다른 학생과 비교하지 않는 경향이 있다는 보고도 있다. 이러한 연구결과들은 사회적 비교를 통한 격차에 의해 행복을 느낀다는 격차이론의 한계를 보여주는 것이다.

4) 적응이론(adaptation theory)

인간은 새로운 변화에 적응하여 곧 익숙해진다. 그래서 지속되는 긍정적 상태에 대해서는 습관화(habituation)가 되어 특별한 행복감을 느끼지 못하게 된다. 적응(adaptation)이란 지속적인 반복적 자극에 대해서 반응이 감소되는 경향을 의미한다. 이러한 적응과정이 행복을 이해하는 데에 중요하게 여겨지고 있다. 주관적 안녕과 행복감은 최근에 발생한 새로운 사건에 대한 반응으로 경험된다. 따라서 항상 주어지는 자극이나 상황보다는 최근에 일어난 사건이 행복에 커다란 영향을 미치게 된다. 그러나 그러한 변화에 대해서 상당히 빠른 시간 내에 적응하게 된다.

브릭만(Brikman, 1976)의 연구에 따르면, 복권 당첨자들이 일반인보다 그다지 더 행복하지 않았으며, 사고로 인해 척추손상을 당한 환자가 예상한 것처럼 그다지 불행하지 않았다는 것이다. 이는 그러한 긍정적 또는 부정적 변화에 적응하여 익숙해졌기 때문이다. 최근에 신체적 손상을 당한 사람이 오래 전에 동일한 손상을 당한 사람보다 불행감이 높게 나타났다. 이러한 연구결과는 환경 변화에 어떻게 적응하고 대처하느냐가 행복에 중요한 영향을 미친다는 점을 의미한다. 그러나 어떤 상황은 적응하는 데에 많은 시간이 걸린다. 배우자를 잃은 사람은 시간이 흐름에 따라 우울감이 감소하기는 하지만 2년 후에도 여전히 상당한 우울감을 지닌다는 보고가 있다. 치매환자를 둔 가족은 시간이 흐름에 따라서 고통이 증가하는 경향이 있다. 인도나 나이지리아와 같은 나라의 국민은 수십년간 유사한 생활조건에서 살고 있지만 부유한 나라의 사람보다 주관적 안녕이 현저하게 낮다. 이러한 결과는 적응에 빠른 시간 내에 적응이 되는 조건이 있는 반면, 오랜 시간이 걸리는 조건이 있다는 것을 의미한다(권석만, 2011).

제3장

행복지수 높이기
프로젝트

1. 의미지수 및 목표지수 높이기

2. 몰입지수 높이기

3. 낙관지수 높이기

4. 관계지수 높이기

5. 강점지수 높이기

6. 웃음지수 및 유머지수 높이기

7. 사랑지수 높이기

8. 감사지수 높이기

9. 용서지수 높이기

10. 영성지수 높이기

11. 명상(묵상)지수 높이기

12. 자원봉사 및 섬김지수 높이기

3 행복지수 높이기 프로젝트

1. 의미지수 및 목표지수 높이기

1) 의미란?

빅터 프랭클(Viktor Frankl, 1905-1997)은 "본능은 유전자를 통해 전달되고 가치는 전통을 통해 전달되지만, 의미는 특이하게도 개인적인 발견의 문제다."라고 하였다. 그리고 그는 삶의 의미란 정신분석학파에서 주장하는 '쾌락에의 의지(the will to pleasure)'나 개인심리학파가 주장하는 '권력에의 의지(the will to power)'에 의하여 지배되는 것이 아니며, '의미에의 의지(the will to meaning)'에 의하여 지배되는 것이라고 하였다. 우리가 행복으로 가는 길은 자신의 행위에 대해 순간순간 의미를 발견할 때 가능하다는 말이다.

삶의 의미란 무엇인가? 삶에 대한 통일감, 목적지향성 또는 목적의식, 개인적인 중요성, 사건이 일어난 이유에 대한 귀인과정, 경험에서 부정적인 면들을 초월할 수 있는 특징을 발견하는 대처 행동 등으로 다양하게 정의할 수 있다(Bulman & Wortman, 1997). 많은 연구결과에 의하면 삶의 의미가 충만할수록 개인의 적응뿐 아니라 정신건강, 안녕감에도 긍정적인 영향을 준다는 결과들이 일관되게 나타나고 있다(King & Napa, 1998).

삶의 의미는 우리에게 삶에 대한 만족감을 준다. 따라서 이러한 삶에 대한 만족감이 큰 사람이 '행복'을 느낀다. 임상심리학자 마틴 셀리그만은 수많은 관찰과 상담사례에서 사람들은 '사랑, 일, 놀이'를 통해 삶을 채우며 살아가는 의미를 찾는다고 하였다. 하지만 우리의 삶 속에서 사랑, 일, 놀이가 직접적인 삶의 의미를 주는 것이 아니라 능력, 자율, 관계라는 욕구를 충족시켜줌으로써 의미가 부여됨을 알 수 있다. 욕구의 충족은 근본적으로 삶의 목표와 관련이 있고, 삶의 목표는 다시금 행복과 관련이 있음을 알 수 있다. 따라서 행복지수를 높이기 위해서는 삶의 목표를 가져야 한다.

2) 삶의 목표

삶의 목표는 내면 속의 자신감과 능력을 자각하게 하여 자존감을 강화시켜주고, 삶의 틀과 가치를 더해준다. 그리고 목표에 헌신하게 될 때 시간을 잘 활용하는 방법을 터득하게 된다. 왜냐하면 더 높은 목표를 파악하고 하위 목표들을 나누어서 스케줄을 짜야 하기 때문이다. 그뿐만 아니라 목표를 추구하다보면 다른 사람들과 교제할 기회를 가지게 되고, 사회적 관계망을 통해서 행복을 불러올 수 있게 된다.

삶의 목표에 대해서 소냐 류보머스키(Sonja Lyubomirsky, 2008)는 본질적인 목표, 진정한 목표, 접근지향적 목표, 조화로운 목표, 융통성 있는 적절한 목표, 활동 목표로 나누고 있다.

첫째, 본질적 목표(intrinsic goals)는 만족스럽고 의미가 있어서 각 개인에게 인간적으로 성장할 수 있게 해주고 정서적으로 성숙하고 공동체에 공헌할 수 있게 해주는 목표이다. 이러한 목표를 위해서는 휴가를 내거나 우선적으로 시간을 활용해서 추구해야 한다. 사회봉사를 위해서 사랑의 집짓기 운동(Habitat for Humanity)에 참여하거나 건강 상태를 더 향상시키고 다른 사람과 교류하기 위해서 마라톤대회를 참여하는 것 등이 여기에 속하는 일 들이다. 본질적인 목표를 추구하게 되면 스스로에게 보상을 받고 즐거움과 의미를 찾게 된다. 본질적인 목표와 대조적으로 다른 사람들에게 인정을 받거나 자신이 바라는 것들을 이루기 위해서 외부적인 목표가 있다. 대부분의 외부적인 목표는 돈, 미모, 명성을 얻기 위해서 추구하게 된다. 때로는 본질적인 목표를 추구할 여건을 조성해주는 자원과 기회를 얻기 위해서 외부적인 조건을 추구할 때도 있지만 본질적인 목표를 추구할 때가 외부적 목표를 추구할 때보다 즐겁고 행복감을 느끼게 된다.

둘째, 진정한 목표(authentic goals)는 자신이 가치 있게 여기고 추구하는 목표를 의미한다. 많은 경우 자신이 추구하는 목표가 자신의 가치가 아닌 부모, 배우자 또는 이웃이 좋아하는 목표를 두고 가는 경우가 있다. 한국 자녀들 가운데 부모의 요구로 자신이 원하지 않는 진로를 선택하는 경우를 많이 볼 수 있다. 하지만 사람은 자신이 추구하는 진정한 목표를 향해 나갈 때 행복이 더욱 증진된다. 그리고 진정한 목표를 실현하면 진정한 가치 기준과 요구가 만족되며 강력한 정서적 유익을 얻게 된다.

셋째, 접근지향적 목표(approach goals)를 지향하며 목표를 적극적으로 추진하는 사람들이 회피적으로 목표를 추구하거나 해석하려는 사람보다 더 행복하고 덜 불안하며, 건강한 것으로 나타났다(Elliot, A. J & Sheldon, K.M, 1998). 왜냐하면 목표를 회피에 집중하면 지나치게 부정적인 시각으로 사물을 보게 되며 실패나 위협에 민감해지기 때문이다.

넷째, 서로 모순된 목표를 동시에 추구하는 일은 어려운 일이다. 따라서 조화로운 목표(harmonious goals)를 이루는 것이 매우 중요하다고 말할 수 있다. 만약 조화가 불가능하다고 판단될 때에는 목표 중에서 하나를 포기해서 두 가지 목표를 모두 희생시키는 것보다 지혜로운 일이 될 것이다.

다섯째, 융통성 있고 적절한 목표(flexible and appropriate goals)를 세워야 할 이유는 세월이 흐르고 나이가 들수록 목표가 바뀌기 때문이다. 젊은 사람들은 새로운 정보를 추구하고 지식을 습득하고 새로운 체험을 하는 일과 관련된 목표를 가지는 경향이 높지만 나이든 사람들은 정보의 지평보다는 긍정적인 감정을 극대화하고 불쾌감정을 피하는 등의 정서적으로 의미 있는 목표에 더 관심을 가지게 된다. 시간이 흐르면서 자신들이 지향하는 목표의 우선순위는 바뀌지만 모든 연령대에 공통적인 것으로는 각 연령대에 목표를 추구하는 삶이 목표를 포기하는 삶보다 더 행복하다는 사실이다.

여섯째, 우리가 어떤 상황을 개선하는 것과 새로운 활동을 시작하는 것 중에서 어떤 목표가 더 행복을 가져오는가? 어떤 환경을 개선시키기 위해 노력하게 될 때 목표를 설정하고 성취하면서 이전보다 더 행복해질 수 있지만 쾌락적응의 원리에 의해서 점점 더 효과는 떨어질 수 있다. 하지만 새로운 활동 목표(activity goals)를 추구하는 과정에서 끊임없이 새로운 도전을 겪고 새로운 기회를 접하며 다양한 경험을 할 수 있게 된다. 따라서 상황개선 보다도 새로운 활동 목표를 지향하는 것이 행복을 더 유발할 수 있게 된다고 하겠다.

3) 행복한 삶을 위한 삶의 의미와 목표 성취하기

(1) 삶의 목표 찾아 성취해 가기

목표를 선택해서 시간과 노력, 열정을 통해 아름다운 삶의 열매를 맺게 하기 위해서는 현명하게 목표를 찾고 자기의 것으로 소유해야 한다. 진실한 목표를 소유한 사람은 지속적으로 성장하고 발전하며 더욱 성장할 수 있게 되지만 목표를 소유하지 못한 사람은 성장이 지연되고 정체되는 것을 볼 수 있다. 그런데 본질적인 동기에 기초한 목표를 추구한다고 할지라도 많은 어려움이 따르게 된다. 따라서 목표를 위해서 열정을 가지고 열심히 헌신하게 될 때 자신의 삶을 주도하며 자신에 대한 통찰도 얻게 된다. 그리고 자기실현적 예언(self-fulfilling prophecy)을 통해서 자기 스스로에게 할 수 있다는 것을 암시할 때 자신의 결심을 유지할 가능성이 더 커지게 됨으로써 '나는 할 수 있어'라는 자기 외침을 할 필요가 있다.

그뿐만 아니라 즐겁고 의미 있는 목표를 발견했을 때는 본질적 동기를 해치는 일을 하지 않도록 주의하되, 늘 새로운 전망과 가능성에 눈과 귀를 열어두고 융통성을 발휘 할 수 있어야 한다. 그리고 더 높은 수준의 목표를 향해 전진하기 위해서는 낮은 수준의 구체적인 하위 목표를 나누어 작성할 필요가 있다.

(2) 자신보다 더 큰 존재와 하나됨을 통한 목표 성취하기

긍정심리학의 창시자 마틴 셀리그만은 무신론자이다. 하지만 그가 제로섬 게임(원제: logic of human destiny)의 저자 저널리스트 라이트(Wright Robert)와의 만남을 통해서 의식전환이 일어나 그의 저서 긍정심리학의 마지막장에서 "의미 있는 사람이란 자신보다 더 큰 존재와 하나 되는 삶"이라고 말하고 있다. 이 땅에 자신보다 더 큰 존재는 많다. 광대무변(廣大無邊)한 우주에서 인간세상은 한낱 티끌과 같다. 중국 시인 백거이(白居易, 766-826)의 '달팽이 뿔 위에서 무엇을 두고 다투겠는가(蝸牛角上爭何事)'라는 시구처럼 이 땅에서 유한성을 가진 자들이 이성의 범위 내에서 추구하고자 하는 삶의 목표 역시 제한적이고 성숙에 이르길 또한 한계점이 있을 수밖에 없다.

폴 트립(Paul David Tripp)은 사도바울의 말(고후 5:14-6:2)을 인용하여 소명은 하나님의 '대사'로써 살아가는 것, 즉 하나님을 대표하는 성육신적인 삶을 살아가는 것이라고 말하고 있다. 인간을 창조하시고 인간의 생사화복을 주장하시는 하나님은 우리를 통해서 영광을 받기를 원하신다. 따라서 하나님의 사람들에게 있어서 궁극적인 삶의 목표는 하나님의 뜻을 따라 소명에 합당한 삶을 통해 꿈 위에 꿈을 이루어가는 것이라고 할 수 있다. 라틴어 'vocatio'에서 기원된 영어 Calling을 의미하는 소명은 어떤 특별한 목적을 위해 부름을 받았다는 개인의 믿음을 말한다.[3] 구약

성경에서 소명을 표현하기 위해 사용된 가장 주요한 단어로는 '부르다'는 뜻의 히브리어 동사 qara(אָרָק)인데, 70인 역에서는 kaleo(καλέω)로 번역하였다. 이는 하나님께서 그의 백성들을 청하고 소환하거나 이름을 지어 자기를 섬기도록 요구할 때 '소명적'이란 의미로 사용한 것이다(창 27:1). kaleo는 신약성경에서 약 150회 사용되고 있는데, 하나님이 사람을 부르시는 경우에 대부분 사용되고 있다(John Stott, 1992).

16세기 종교개혁자들은 세속적인 직업들도 영적인 중요성을 지닐 수 있다는 관점에서 하나님이 각자의 일을 통해서 부른다고 말했다.

데이비슨과 캐들(Davidson & Caddell, 1994)은 "우리 모두는 지금 하고 있는 일을 하도록 부름을 받았기 때문에 그 일을 하는데 얼마나 많은 시간이 소요되고 얼마나 적은 돈을 버는지와 상관없이 그 일은 특별한 의미를 지닌다"고 하였으며, "우리는 그 일을

---

3) 소명의 구분에 대해서는 다양한 주장이 있는데, 종교개혁자 John Calvin은 교회 사역자의 부르심에 대해서 자신만이 아는 내적 부름과 교회 공동체의 부름에 해당하는 외적 부름으로 구분했다. 그리고 James A. Beebe는 하나님의 소명을 내적 명령 혹은 부르심과 외적 부르심으로 구분했으며, John R. W. Stott는 일반적 소명과 특별한 소명으로 구분하였다. 일반적 소명은 모든 그리스도인에게 임하는 것이며, 특별한 소명은 사역자 각 개인에게 임하는 것을 의미한다.

Ben C. John은 창세전에 모든 택하신 자들을 부르시는 보편적 소명과 특별한 기능을 수행하는 교회 직무를 감당하도록 목회자를 부르시는 특별한 소명 또는 공공의 소명으로 구분하였다. 그리고 John Polhill은 가장 보편적으로 구분하는 일차적 소명과 이차적 소명에 대해서 일차적 소명은 주님에 의한, 주님을 향한, 주님을 위한 소명이고, 이차적 소명은 주님을 따르려고 할 때 받는 소명이라고 하였다. 이차적 소명은 일차적 소명에 반응하여 행하게 되는 모든 행위를 의미하므로 일차적 소명이 항상 우선되어야 하며, 이차적 소명과 결코 단절되어서는 안 된다고 하였다.

위와 같은 여러 구분의 내용을 종합하여 볼 때 하나님의 사역자로서의 소명이란 구원에로의 부르시는 일반적 소명과 구별되는 그리스도의 말씀을 전파하라는 명령과 그 일을 수행하기 위한 하나님의 특별한 부르심이다. 사역자는 하나님으로부터 직접적인 부르심을 받게 되는 데 그 개인적 혹은 내적인 부르심에 대해 교회로부터의 확증을 필요로 한다.

하기 위해 이 땅에 태어났다"고 말했다. 소명이란 하나님이 일과 관련하여 마땅히 해야 할 일을 준 것으로 생각할 수 있다. 우리들의 궁극적인 삶의 의미와 목표는 하나님의 부르심에 대한 응답자로서의 삶을 사는 것이다. 우리들의 충분조건이 되시는 하나님의 뜻을 좇아 하나님과 더불어 살 때 매일의 삶의 현장에서 위로부터 공급하시는 위로와 평화를 통한 행복을 누릴 수 있게 될 것이다.

【 삶의 의미지수 검사 】

본 삶의 의미(태도) 검사는 각 개인이가지고 있는 내면의 잠재능력에 대하여 자기 스스로 얼마만큼 자각하고 있는 지를 알아보기 위한 것이다. 가장 가깝다고 생각되는 번호에 체크하기 바란다.

즐거운 삶의 평가 문항	매우 아니다 1	아니다 2	그렇다 3	매우 그렇다 4
1. 나는 매일의 삶이 소중하다고 느낀다.				
2. 내 삶의 매 순간마다 희망이 있다고 느낀다.				
3. 나는 매일 매일의 순간이 즐겁다고 느낀다.				
4. 나는, 내 삶에 긍정적인 영향을 줄 수 있는 집단(예: 가족, 친구, 학급 등)에 포함되어 있다.				
5. 나는 매 순간 감사하는 마음을 가진다.				
6. 희망이 없는 것처럼 보이는 상황에서도, 나는 상황이 좋아질 수 있다는 믿음을 가진다.				
7. 내가 경험하는 것이 나에게 주는 의미가 무엇인지 생각하고 이를 내 삶에 반영하려고 한다.				
8. 내가 매일 하는 행동을 통해서 나 자신을 더욱 잘 알게 된다.				

즐거운 삶의 평가 문항	매우 아니다 1	아니다 2	그렇다 3	매우 그렇다 4
9. 내 자신에 대해 많이 알면 알수록 다른 사람과 더욱 많이 공유해야 한다.				
10. 나는 나의 인생이 잘 될 것이라고 믿는다.				
11. 나는 어떤 일에 전념(집중)하는 것이 어렵지 않다.				
12. 나는 내 자신을 충분히 이해한다고 느끼는 순간이 자주 있다.				
13. 나는 매일의 생활이 나에게 의미가 있다고 느낀다.				
14. 나는 현실 속의 어떤 집단에도 그 구성원으로 속해 있다고 느낀다.				
15. 나는 나의 삶이나 나의 삶이 가지는 의미에 대해서 궁금증을 가진다.				
16. 나는 타인에 대해 공감하는 마음을 자주 가진다				
17. 나는 살면서 생겨나는 의문점에 대해 곰곰이 생각하는 편이다.				

출처: Mi Seo, Christopher A. Sink, Han-Ik Cho(2011), Korean Version of the Life Perspectives Inventory: Psychometric Properties and Implications for High School Counseling, Professional School Counseling 15(1) 15-33.

전체 총점을 기준으로 다음의 결과를 확인하기 바란다.

60점 이상 : 당신은 현재 삶 속에서 자신이 누구인지 잘 이해하고, 자신이 경험하고 느끼는 것에 대한 통찰이 높은 수준으로 이루어지고 있다. 자신이 순간순간 느끼는 감정과 그것이 자신의 삶 속에서 어떤 의미를 주는지를 충분히 이해하고 있다고 할 수 있다. 또한 자신의 삶에 감사하는 태도를 가지며, 앞으로의 삶에 대한 호기심을 가지고 생활하고 있다고 할 수 있다.

59~44점 : 당신은 현재 자신의 삶이 가지는 의미에 대하여 평균 수준
으로 이해하고 있다. 자신이 경험하는 것들에 대하여 관심
을 기울이고 그것이 주는 의미를 스스로 이해할 수 있다.
때때로 불확실한 미래와 자신에 대하여 불안감을 경험한
다면 지금 현재 자신이 무엇을 경험하고 있고, 무엇을 느
끼는지에 대하여 되돌아보는 시간을 가져본다. 또한 자신
이 가지고 있는 잠재능력을 믿고 자신감을 북돋아준다면
삶에서 경험하는 불안감을 미래에 대한 희망적인 에너지
로 바꿀 수 있을 것이다.

43점 이하 : 당신은 현재 자신의 삶 속에서 자신이 누구이고, 자신이
경험하고 느끼는 것이 스스로에게 어떤 의미를 가지는지
에 대해 좀 더 관심을 기울일 필요가 있다. 종종 불확실한
미래에 대한 불안감이나 자신에 대한 혼란스러움을 경험
하게 된다면 자신의 내면의 생각을 알아보기 위한 노력이
도움이 될 수 있다. 부정적인 경험이나 감정에 대해서도
그것을 통해 배울 점을 찾고 삶에 반영할 수 있는 힘이
자기 안에 있다는 것을 믿는 것을 시작으로 자신의 삶 속
의 긍정적인 면을 발견할 수 있을 것이다.

2. 몰입지수 높이기

1) 몰입의 의미

몰입경험(flow experience)의 연구에 평생을 바쳐 온 미하이 칙센
트미하이(Mihaly Csikszentmihalyi, 1975)에 의하면, 행복한 사람들의
특징 중 하나는 자신이 하는 일에 몰두하며 즐거움을 느낀다는
것이다. 몰입이란 '무언가에 흠뻑 빠져 있는 심리적 상태로써 현
재 하는 일에 심취하고 있는 무아지경의 상태'라고 하였다. 이러
한 몰입 상태에서는 평소와 다른 독특한 심리적 특성이 일어나는

데, 현재의 과제에 강렬한 주의집중이 모든 심리적 에너지가 현재의 일에 투여되기 때문에 다른 일이나 주변 환경에 대한 인식이 약해진다. 이러한 주의집중은 애써 일어나는 것이 아니라 과제에 대한 흥미와 즐거움으로 인해 자발적으로 일어난다.

미하이 칙센트미하이는 처음부터 몰입이라는 개념을 쓰지 않고 매슬로우(Abraham H. maslow, 1908-1970)의 '절정경험'과 같은 유사 개념으로 '최적 경험'이라는 용어를 사용하다가 후에 몰입이라는 개념을 추가하였다. 몰입과 최적경험을 구분하여 사용하고 있지만 몰입과 최적경험에 대한 명료한 구분은 쉽지 않음을 볼 수 있다. 그는 최적경험을 '의식이 질서있게 구성되고 또한 자아를 방어해야 하는 외적 위협이 없기 때문에 우리의 주의가 목표만을 위해서 자유롭게 사용될 때를 말하는 것'이라고 설명하였다. 여기에서 '의식이 질서있게 구성되어 있다는 말'은 작업이 일어나는 과정에 대한 고민과 혼란이 없는 것을 뜻하며, 작업하는 시간 동안 의식을 통제할 수 있다는 신념을 가지고 있다는 의미이다. 또한, '외적인 위협이 없다'는 말은 실패를 두려워하면서 심리적 에너지를 분산시키지 않고 오직 그 자체에만 전념하는 것을 의미한다. 이러한 상태는 자연스럽게 빠져들고 흐르듯이 들어간다는 의미의 flow와 매우 유사하다고 주장하면서 flow라는 용어를 사용하기 시작했다. 이러한 최적경험, 몰입, 절정경험이라고 불리는 경험은 사람들의 주관적인 삶의 질을 개선하고 전문성을 신장하는데 도움이 된다.

권석만(2013)은 몰입에 대한 설명에서 몰입은 행복의 원천으로서 상당히 보편적 경험으로 "무언가에 깊이 빠져서 다른 모든 것을 잊은 채 시간이 흘러가는 줄도 몰랐던 경험이 있습니까?"라는 물음에 약 20%의 사람들이 유사경험을 했다고 한다. 그리고 몰입도가 높은 사람은 매사에 적극적이고 열정적으로 외부적 보상보다는 일 그 자체를 즐기며 열심히 끈기 있게 일한다고 보고했다. 각 분야에서 탁월한 능력을 발휘하는 사람들에 관한 연구에 의하면, 이들은 자신의 직업을 즐기기 때문에 그 결과 열심히 수련을 거듭하고 그 과정에서 전문성이 깊어지면서 유능하게 되며 (박경애, 1997 ; 유현실, 1998), 이들은 일을 하면서 즐거움과 유능감을 동시에 경험한다.

몰입 상태에 있을 때 우리의 모든 의식과 신체의 각 기관은 하나의 목표로 초점을 맞추고, 몰입 과정을 통해 우리들은 즐거움과 자기충족감을 맛보게 되기 때문에 일상생활에서 몰입 경험을 통해 유능감을 갖게 되고 즐거움 및 행복감을 경험하게 되면 열심히 수련을 거듭하게 된다(박영례, 2006).

2) 몰입의 조건 및 특징

몰입은 목표가 모호하거나 장기적인것 보다는 단기적이면서 분명한 활동을 할 때와 순간순간 즉각적인 피드백이 주어질 때 잘 된다. 그리고 몰입상태를 촉발하기 위해서는 개인의 기술 수준과 과제의 난이도가 적절한 균형을 이루는 것이 중요하다. 왜냐하면 너무 쉬운 과제는 몰입하기 어렵고 너무 어려운 과제는 실패의 불안을 유발하여 흥미를 상실하게 만들기 때문이다. 이밖에도 몰입이 잘 되게 하기 위해서는 개인의 흥미와 과제의 특성이 일치되도록 하고 산만한 자극을 제거하고 집중할 수 있는 상황을 조성하는 것이 중요하다.

미하이 칙센트미하이(Csikszentmihalyi, 1990)는 몰입현상의 아홉 가지 특징을 제시하였다. 그 특징들은 몰입현상이 촉진되는 조건과 몰입된 상태에서 경험하는 현상으로 구분할 수 있다. 우선 몰입상태가 촉진되는 조건으로는 ①과제의 난이도가 개인의 기술과 능력수준에 적절하고 ②뚜렷한 목표가 있으며 ③피드백이 분명하고 즉각적으로 주어질 때 몰입상태가 촉진된다. 한편 몰입상태에서 한 개인이 경험하는 현상으로는 ④행동하는 것과 자각이 분리되지 않고 통합되며 ⑤자신과 과제에 대해 통제감과 자신감을 느끼고 ⑥자의식이 사라져서 과제수행에 두려움이 사라질 뿐 아니라 자기경계가 한결 넓어지며 ⑦과제에 대한 집중력이 높아지고 ⑧시간이 빨리 흐르는 것처럼 느껴지며 ⑨자기목적성, 즉 활동 그 자체가 목적을 가지게 되는 특징을 띤다.

3) 몰입을 통한 행복

몰입경험을 통해서 얻을 수 있는 긍정적인 감정은 보통 '즐거움'으로 표현된다. 여기서 말하는 '즐거움'은 일반적인 '행복감'이나 '쾌감'과는 달리 몇 가지 특성이 있다. 우선 '행복감'이나 '쾌감'은 개인의 신체적, 심리적 욕구의 만족을 통해서 얻을 수 있는 것이라면 몰입경험으로부터 얻는 '즐거움'은 성취를 통한 자기존중감이나 창조성과 밀접하게 관련되어 있다(Csikszentmihalyi, 1997b; Wells, 1988).

웰즈(Wells, 1988)의 연구에 따르면, 몰입을 자주 경험하는 사람들이 높은 수준의 자기존중감을 갖고 있으며 보다 많은 행복감을 느낀다고 했다. 그러나 몰입하고 있는 상태 자체에서는 행복감을 느끼지 않는다. 행복감을 느끼려면 자기에게 주의를 기울일 수 있어야 하는데, 몰입상태에서는 자의식이 사라지므로 몸과 마음을 모두 어떤 활동에 헌신하고 있는 상태에서는 행복감을 느낄만한 여지가 없다. 몰입경험을 통해서 얻는 '즐거움'은 어떤 일을 마무리한 후에야 비로소 느끼게 되는 감정이다(Csikszentmihalyi, 1997a).

이러한 종류의 행복감이나 만족감은 편안한 휴식상태의 행복감과는 질적으로 구분된다. 왜냐하면, 강한 몰입상태를 이끄는 활동을 마친 후의 행복감에는 무엇을 이루었다는 성취감과 자기 스스로 뭔가를 해냈다는 자기존중감이 연관되어 있기 때문이다(Csikszentmihalyi, 1997a). 이때의 만족감과 행복감은 나른한 휴식과는 달리 즐거움과 성취감을 동시에 경험하는 강한 정서의 질을 가지고 있으며, 한 개인이 일단 몰입경험을 하게 되면 더 높은 자기존중감과 행복감을 성취하기 위해 새로운 수준의 과제를 찾도록 유도한다. 그리고 그 과제를 완수하는 과정에서 개인의 기술이 더욱 우수해지게 되고 자기존중감과 성취감은 다시 높게 상승한다(김창대, 2002). 이런 점에서 점차 높은 수준의 성취로 유도하는 몰입경험은 '즐거움'이라는 긍정적인 정서뿐만 아니라 재능의 발달이나 창조성의 발현과도 깊은 관련을 맺고 있다(Nakamura, 1988; Rathunde, Whalen, & Csikszentmihalyi, 1993).

칙센트미하이(Csikszentmihalyi, 1990)는 저서 '몰입'을 통해 사람들이 스스로 주인의식을 갖고 기분이 고양되고 행복감을 맛보는 순간을 몰입이라 정의하고 몰입과 창의성의 힘에 대해 이야기했다. 그는 몰입이야말로 삶을 훌륭하게 가꿔주는 것이며, 개인을 각성시켜 성장시키고 행복감을 느끼도록 한다는 것이다. 행복은 사람들이 느끼기 어려운 감정이며, 사람들은 몰입을 통해 행복감을 느끼며, 어떤 과업에 몰입한 상태에서는 정작 행복이나 불행을 느끼지 못하지만 과업이 끝나고 이에 대한 피드백을 받으면 자신의 잠재력이 확장되는 느낌을 받는다고 했다(윤민용, 2007). 이와 같이 몰입은 삶을 훌륭하게 가꿔주는 것이며, 개인을 각성시켜 성장시키고 행복감을 느끼도록 하는 것이라고 말할 수 있다.

【 다차원적 몰입경험 검사 】

본 몰입경험 검사지는 사회영역, 능력영역, 학문영역, 가족영역, 신체영역, 창의영역, 영적영역의 12문항으로 이루어져 있다. 각 문항에서 자신의 몰입 정도에 따라서 1~5에 체크 하면 된다.

즐거운 삶의 평가 문항	매우 아니다 1	아니다 2	그렇다 3	매우 그렇다 4
1. 여럿이 함께 일할 때				
2. 나에게 맡겨진 일을 할 때				
3. 공부와 관련된 새로운 것을 배울 때				
4. 가족들과 어울릴 때				
5. 운동을 하거나 춤을 출 때				
6. 창의성이 요구되는 일을 할 때 (예: 예술작품, 실험, 창작 등)				
7. 새로운 일을 배울 때				
8. 종교활동 (예: 예배, 명상 등)을 할 때				
9. 다른 사람과 어울릴 때				
10. 특정 목표를 향해 일할 때				
11. 공부에 집중할 때				
12. 가족행사에 참여할 때 (예: 생일, 기념일, 가족여행)				

출처: Schenkel(2001)이 구성한 몰입경험 검사지

총점: 점
(30점 이하): 몰입경험 낮음   (30점~40점): 몰입경험 보통
(40점 ~ 50점): 몰입경험 높음   (50점 이상): 몰입경험 매우 높음

3. 낙관지수 높이기

1) 낙관성의 의미

낙관성(Optimism)은 미래에 대한 일반적 기대로써의 성향적 낙관성(dispositional optimism)과 낙관적 설명 양식(optimistic explanatory style)으로써의 낙관성으로 설명할 수 있다. 샤이어와 카버(Carver & Scheier, 1985)는 낙관성을 미래에 나쁜것 보다는 좀 더 나은 것들이 일어날 것이라는 일반적인 기대라고 정의하고, 이러한 낙관성을 성향적 낙관성(dispositional optimism)이라고 한다. 이들은 낙관성이 사람들로 하여금 자신의 목표를 달성하기 위해 더 노력하게 하거나, 반대로 그러한 노력을 철회하고 수동적이게 하는 중요한 결정인자로서의 자기조절행동(behavioral self-regulation)이라고 하였다.

마틴 셀리그만(Seligman)과 그의 동료들은 낙관성을 설명양식으로 개념화하였는데, 그들에 따르면 낙관성이란 "자신이 겪는 실패는 일시적인 것이며 역경에 맞서서 견뎌내며 다음 행동에 의해 극복될 수 있는 믿음이다."라고 주장하며 지금-현재 어떠한 관점으로 살고 있는지가 미래의 낙관성으로 연결된다고 주장한다. 즉 긍정적, 희망적인 자세를 가지고 비관적, 파괴적인 생각과 말을 하는 언어습관이나 태도를 바꾸어 나가는 것을 통해 낙관적 사고를 습득하고 자세를 확립해 나간다는 것을 의미한다.

두 이론을 접목한 낙관성의 개념을 정리해 보면, 낙관성은 희망적인 미래를 기대하며(Scheier & Carver, 1992) 역경에 처했을 때 긍정적 사고와 효율적이고 적극적인 대처행동에 의해 극복될 수 있다는 믿음이다(Seligman, 1996). 즉, 일상의 삶에서 시련이나 역경, 어려운 일에 직면하였을 때, 자신이 처한 현실을 긍정적으로 인식하며 미래에 대한 긍정적 기대를 갖고 적극적이고 효율적인 대응책을 찾는 것이라고 말할 수 있다(Scheier & Carver, 1992; Seligman, 1996). 따라서 낙관주의는 미래에 시련이 닥쳐올 때 포기하지 않고 굳게 버틸 수 있는 힘이 되고 업무 능력을 향상시키며, 새로운 일에 대한 도전 정신을 갖게 할 뿐만 아니라 신체적 건강을 유지하는데 도움이 된다고 볼 수 있다.

2) 낙관주의가 삶에 미치는 영향

마틴 셀리그만(Martin Seligman, 1995)이 지난 20년 동안 비관주의에 대해 50만 명이 넘는 아이와 어른들을 대상으로 진행된 천 가지 이상의 연구 결과를 토대로 다음 세 가지 면에서 비관적인 사람들이 낙관적인 사람들보다 더 못하다는 결론을 얻었다고 한다.

첫째, 비관주의자들은 훨씬 더 자주 우울함에 빠져든다. 둘째, 비관주의자들은 학업, 직업 그리고 운동장에서 자신이 가진 재능에 훨씬 미치지 못하는 낮은 성취도를 보인다. 셋째, 비관주의자들은 낙관주의자들보다 육체적인 건강면에서 훨씬 더 나쁜 것으로 나타났다.

그리고 낙관주의는 행복과 정신건강에 긍정적 영향을 미치는 강력한 특질로 알려져 있다. 한국 대학생을 대상으로 이루어진 연구(권석만, 유성진, 임영진, 김지영, 2010)에 따르면, 낙관성은 24개의 성격강점 중에서 삶의 만족도와 높은 상관(r=.61)을 나타냈다.

낙관주의자들은 비관주의자들에 비해 학교에서 더 우수한 수행을 보일 뿐만 아니라 직장과 스포츠 활동에서도 더 좋은 수행을 나타낸다. 낙관주의자들은 어려운 과제를 수행하면서 더 강한 끈기를 나타내고(Dweck, 1975), 불쾌한 사건에 대해 보다 적응적인 방식으로 대처한다. 또 낙관적인 청소년들은 불쾌한 사건에 대해서 덜 분노하며 약물남용에 덜 빠져든다(Scheier & Carver, 1993).

그러나 낙관성의 유일한 부정적 측면이 있는데, 그것은 위험을 경시하는 경향이다(Weinstein, 1989). 예를 들어, 낙관적 귀인양식을 지닌 사람들은 암이나 심장마비와 같은 심각한 신체적 질병이 자신에게 발생할 가능성을 평균 이하로 과소평가한다(Peterson & Vaidya, 2001). 이러한 편향성은 예방직 또는 치료직 대응을 소홀하게 함으로써 문제를 야기할 수 있다. 그러나 이러한 사람들이 위험의 가능성을 인정하게 될 경우에는 매우 효과적으로 대처를 잘 한다.

3) 낙관주의 실천하기

(1) 낙관적인 글쓰기

도달할 수 있는 자신의 최고 목표에 대해 글쓰기 훈련을 통해서 낙관적인 근육을 키울 수 있다. 자신의 미래와 목표에 대해서 글을 쓰는 동안 자신에 대해서 새로운 통찰을 얻게 되고, 더 밝은 미래를 생각하게 될 수 있을 것이다. 그리고 글을 쓰는데 있어서는 장기적인 목표뿐만 아니라 과정목표와 하위목표에 대해서도 생각하는 것이 중요하다.

(2) 장애가 되는 생각을 파악하고, 낙관주의를 습관화 하라

낙관적인 사고를 많이 하기 위해서는 자동적으로 떠오르는 부정적인 생각들을 파악해서 좀 더 관대하고 호의적인 관점으로 바꾸는 노력이 필요하다. 그리고 긍정적이고 너그러운 관점으로 세상을 해석하는 훈련이 필요하다. 천성적으로 타고나는 낙관주의자들도 있지만 연습을 통해서 만들어지는 낙관주의자들도 많은 것을 볼 수 있다. 그러므로 누구든지 낙관주의에 대한 목표를 정하고 실천한다면 낙관주의가 될 수 있다. 낙관적인 생각을 더 많이 할수록 그것이 자연스럽게 몸에 밸 것이고, 시간이 흐르면서 낙관적인 사고가 자신의 일부로 자리 잡고 자신을 완전히 다른 사람으로 변모하게 할 것이다.

(3) 반박기법을 통한 낙관주의 기르기

내면에 비롯된 비관적인 생각을 반박하는 비결은 먼저 비관적인 실체를 파악하고 ABCDE 기법을 통해서 반박하는 것이다. 여기서 A는 자신에게 생기는 불행 사건(Adversity), B는 그 불행한 사건을 당연하게 여기는 왜곡된 믿음(Belief), C는 그 왜곡된 믿음을 바탕으로 내린 잘못된 결론(Consequence), D는 자신의 왜곡된 믿음에 대한 반박(Disputation), E는 자신의 왜곡된 믿음을 정확하게 반박한 뒤에 얻은 활력(Energization)을 뜻한다. 불행한 일을 겪게 되면 왜곡된 믿음이 생기고 잘못된 결론에 이를 수 있는데, 효과적인 반복을 통해서 활력을 얻을 수 있게 된다는 것이다. 여기서 자기 자신을 설득력 있게 반박하기 위해서는 부정적인 믿음을 반박할 수 있는 명백한 증거를 찾는 일과 왜곡된 믿음이 생길 모든 가능성을 조사해서 대안을 찾아가야 할 것이다. 그리고 설령 자신에 대한 부정적인 믿음이 사실일지라도, 그 믿음 안에 깃들여 있는 의미가 무엇인지를 찾아 숨은 진실을 찾아가고, 실질적인 도움이 되는 접근을 시도할 필요가 있다.

```
〈ABCDE 기법 그림〉

ABCDE를 통한 반박연습에 대한 기록을 시도해 보라.

A. 불행한 사건



B. 왜곡된 믿음



C. 잘못된 결론



D. 반박



E. 활력 얻기
```

(4) 낙관주의적 태도로 자기만의 환기법 기르기

행복한 사람이 되기 위해서는 부정적인 생각이나 언어 표현이 아닌 긍정적이고 낙관적인 생각과 언어를 사용해야 한다. 사람의 삶의 방향은 생각과 표현하는대로 흘러가고 잠재의식도 그 쪽으로 몰아간다.

인간의 뇌는 하루 평균 1만 가지 생각이 스쳐가는데 어떤 생각을 많이 하느냐에 따라서 운명이 결정된다. 현대인들은 부정적인 생각을 많이 해서 부정적인 행동을 많이 하는 것이다. 보통 사람이 대화를 할 때 1분에 150-200단어를 말하는데, 자신과 대화할 때는 이보다 훨씬 많은 1분에 1300단어를 말한다. 그러므로 부정적인 생각을 많이 할수록 낙심, 절망, 우울, 극단적 선택을 많이 하게 된다. 우리의 몸속의 면역성을 강화시키는 N.K세포(natural killer cell)의 활성화 여부도, 몸이 건강하고 행복해지는 것도 어떤 생각을 많이 하느냐가 중요한 변수가 된다.

그러므로 환경과 여건이 어떠하더라도 자기긍정과 낙관주의적 태도를 가지는 사람은 행복의 주인공이 될 수 있다. 행복하게 살 것인가, 불행하게 살 것인가는 자기 자신의 선택의 결과이며 자신의 노력 여하에 달려 있다고 볼 수 있다.

행복은 결코 누군가가 가져다주는 쉽게 얻을 수 있는 선물이 아니라 자신이 몸소 만들어 가는 창작품이며 진솔하게 배워가야 하는 고급기술인데 자기긍정을 위한 노력이 가장 중요하다. 미국의 일리노이드 대학교 에드 디에너(Ed. Diener)교수의 연구결과에 따르면 대학입학 당시 성격의 긍정도와 대학졸업 19년 후의 개인수입에 관한 상관관계를 분석한 결과 긍정적인 학생과 부정적인 학생 간의 연봉차이가 평균 15,000달러나 되었다고 한다.

우리의 의식과 무의식은 생각의 지배를 받는다. 그러므로 긍정적이고 낙관주의적인 생각을 품으면 그 사람의 인생은 긍정적이고 낙관적인 방향으로 흘러가게 된다. 하지만 부정적인 생각과 패배, 실패에 사로잡혀 있으면 잠재의식도 우리를 그쪽으로 몰아가게 된다. 따라서 우리가 행복한 삶을 살아가려면 가장 먼저 해야 할 것이 '부정보다는 긍정에 바탕을 두는 생각의 변화'에서 출발해야 한다.

미국의 조엘 소넨버그(Joel Sonnenberg)의 삶에서 긍정적이고 낙관적인 생각이 어려운 역경을 극복하는 행복의 원인이 됨을 찾아볼 수 있다. 조엘은 생후 20개월 되던 때 트럭의 연쇄추돌로 전신 3도의 중화상을 입게 되었다. 화상으로 일그러진 얼굴을 또래 아이들은 외계인이라고 놀려댔다고 한다. 조엘은 친구들로부터 놀림 받을 때 그가 입은 화상보다도 더 큰 상처를 받게 되었다. 조엘은 질식할 것 같은 타인의 냉대와 따가운 멸시의 시선과 모진 말들로 시련을 겪던 중 '나는 어떻게 해야 살 수 있는가?' 라는 혼자만의 고민 속에서 '자기 긍정' 이라는 해답을 찾게 된다. 더 이상 잃을 것이 없을 정도로 많은 것들을 잃는 과정에서도 오히려 자신에게 남아 있는 것이 더욱 많다는 '자기 긍정' 의 결론에 이르게 된 것이다. 그리고 사람들에게 '있는 그대로의 자신' 을 보여주게 된다. 손과 발가락이 없지만 농구와 축구 선수로 열심히 활약했고, 수많은 사람과 사귀면서 학생회장에 당선되기도 했다. 모든 세상이 자신을 버렸던 힘든 여건에서도 '자기 긍정' 의 에너지를 발견하고 이를 통해 자신의 삶을 아름답고 가치 있게 일구어냈던 조엘의 이야기는 우리들에게 '긍정의 놀라운 힘' 을 다시 한번 깨닫게 해주고 있다.

어떤 문제가 생기면 부정적인 생각이 올라온다. 그때 적절하게 중단 즉, STOP 버튼을 눌러 '그만!' 하고 정지신호를 보내는 것이 중요하다. 그리고 자기만의 부정감정을 처리하기 위한 환기법을 가져야 한다. 그뿐만 아니라 부정감정을 줄이기 위해서 의미 있는 타자와 이야기를 나누거나 좋아하는 운동을 하는 것도 좋은 환기법이 될 수 있다. 또한 심호흡법, 심상법, 명상법을 이용할 수도 있다. 파괴적인 방법으로 부정감정을 처리하게 되면 문제는 더 크게 야기되므로 긍정적이고 낙관주의적인 감정을 갖기 위한 훈련과 노력이 필요하다.

낙관지수 검사

본 낙관지수 검사 도구는 각 문항에 A나 B중에서 자신의 생각과 더 가깝다고 여기는 것 한 가지씩 골라 표시하면 된다. 설령 주어진 답이 못마땅하더라도 바람직한 답을 고르지 말고 실제로 당신이 그럴 것 같은 답을 골라야 한다. A는 0점, B는 1점으로 계산한다. 소요시간은 10분이다.

【 낙관지수 검사 】

1) 당신과 배우자(혹은 애인)가 싸움을 한 뒤 화해를 한다(PmB).
   A. 나는 배우자 (혹은 애인)를 용서했다.
   B. 나는 대개 용서하려고 한다.

2) 당신이 배우자(혹은 애인)의 생일을 깜박 잊었다(PmB).
   A. 나는 생일을 잘 기억하지 못한다.
   B. 나는 다른 일 때문에 정신이 없었다.

3) 당신이 당신을 좋아하는 누군가에게 꽃을 받았다(PvG).
   A. 나는 그 사람에게 매력적인 사람이다.
   B. 나는 인기가 많은 사람이다.

4) 당신이 지역 선거에 출마해서 당선되었다(PvG).
   A. 나는 많은 시간을 들여 선거운동에 최선을 다했다.
   B. 나는 무엇이든 아주 열심히 한다.

5) 당신이 중요한 약속을 어겼다(PvB).
   A. 나는 가끔 약속을 잊어버린다.
   B. 나는 가끔 수첩을 확인하는 것을 잊어버린다.

---

6) 당신이 주최한 만찬을 성공리에 마쳤다(PmG).
  A. 내가 그날따라 매력적으로 보였다.
  B. 나는 언제나 손님 대접을 잘한다.

7) 당신이 도서 반납 기한을 넘겨 연체료를 물어야 한다(PmB).
  A. 나는 책 읽는데 몰두하다 반납 기한을 놓치기도 한다.
  B. 나는 보고서를 쓰느라 반납하는 것을 잊었다.

8) 당신이 주식으로 큰 돈을 벌었다(PmG).
  A. 내 주식중개인이 위험을 무릅쓰고 도전을 했다.
  B. 내 주식중개인은 일류 투자전문가이다.

9) 당신이 운동 시합에서 이겼다(PmG).
  A. 내가 꼭 이길 것 같은 기분이 들었다.
  B. 나는 늘 열심히 연습한다.

10) 당신이 중요한 시험에서 떨어졌다(PmG).
  A. 나는 같이 시험을 본 다른 사람들보다 덜 똑똑하다.
  B. 나는 시험 준비를 제대로 하지 않았다.

11) 당신이 친구를 위해 정성껏 음식을 만들었지만 친구는 그 음식에 거의 손대지 않았다.(PvB)
  A. 나는 요리를 잘 못한다.
  B. 내가 음식을 만드는데 너무 서둘렀다.

12) 당신이 오랫동안 대비해 온 운동 경기에서 졌다(PvB).
  A. 나는 운동에는 소질이 없다.
  B. 나는 그 경기를 잘 못한다.

13) 당신이 친구에게 화를 냈다(PmB).
  A. 그 친구는 항상 나를 들볶는다.
  B. 그 친구는 나를 기분 나쁘게 했다.

14) 당신이 소득세 신고를 제때에 하지 않아 벌금을 내야 한다(PmB).
  A. 나는 언제나 소득세 신고를 소홀히 한다.
  B. 올해 나는 소득세를 신고하는데 늑장을 부렸다.

15) 당신이 데이트를 신청했다가 거절당했다(PvB).
　　A. 나는 그날 너무나 비참했다.
　　B. 나는 데이트 신청을 할 때 더듬거렸다.

16) 당신은 파티에서 함께 춤을 추자는 제안을 자주 받았다(PmG).
　　A. 나는 파티에 참석할 때마다 뭇 시선을 끈다.
　　B. 나는 그날 완벽한 동작으로 춤을 췄다.

17) 당신이 취업 면접시험을 유난히 잘 치렀다(PmB).
　　A. 나는 그 면접시험을 치를 때 유달리 자신감이 넘쳤다.
　　B. 나는 면접시험을 잘 본다.

18) 상사가 턱없이 짧은 시간을 주며 기한 내에 프로젝트를 완성
　　하라고 했는데도 당신은 기어코 해냈다(PvG).
　　A. 나는 내 업무에 익숙하다.
　　B. 나는 유능한 사람이다.

19) 당신은 요즘 몹시 피곤하다(PmB).
　　A. 나는 휴식을 취할 시간이 전혀 없다.
　　B. 나는 이번 주에 유난히 바빴다.

20) 당신이 질식해 죽을 뻔한 사람을 살렸다(PvG).
　　A. 나는 생활응급처치법을 알고 있다.
　　B. 나는 위기 상황에 대처하는 능력이 뛰어나다.

21) 당신의 애인이 잠시 둘의 관계에 대해 냉정하게 돌아볼 시간을
　　갖자고 한다(PvB).
　　A. 나는 너무 자기중심적이다.
　　B. 나는 그 사람과 함께 지내는 시간이 적다.

22) 한 친구가 당신에게 언짢은 말을 한다(PmB).
　　A. 그 친구는 늘 상대방을 배려하지 않고 함부로 말한다.
　　B. 내 친구가 기분이 나빠서 내게 화풀이한 것이다.

23) 당신의 직원이 찾아와 조언을 구한다(PvG).
　　A. 나는 직원이 조언을 구한 분야의 전문가이다.
　　B. 나는 유용한 조언을 잘해준다.

24) 한 친구가 어려울 때 자신을 도와준 당신에게 고마움을 표한다(PvG).
   A. 내가 그 친구에게 도움이 되어서 기쁘다.
   B. 나는 사람들을 잘 돕는다.

25) 당신의 주치의가 당신의 건강이 좋다고 말한다(PvG).
   A. 나는 확실히 운동을 자주 한다.
   B. 나는 내가 아주 건강하다는 것을 알고 있다.

26) 당신의 배우자(혹은 애인)가 낭만적인 주말을 보내자며 당신을 근교로 데리고 간다(PmG).
   A. 그 사람은 며칠간 휴식이 필요하다.
   B. 그 사람은 새로운 장소를 찾아다니는 게 취미다.

27) 당신은 중요한 프로젝트의 책임자가 되어 달라는 제안을 받았다(PmG).
   A. 나는 이와 비슷한 프로젝트를 성공적으로 완수한 적이 있다.
   B. 나는 탁월한 관리자이다.

28) 당신이 스키를 타다가 넘어져 크게 다쳤다(PmB).
   A. 스키는 어렵다.
   B. 스키 코스가 얼어붙어 미끄러웠다.

29) 당신이 권위 있는 상을 받았다(PvG).
   A. 내가 중대한 문제를 해결했다.
   B. 나는 아주 유능한 사람이다.

30) 당신이 산 주식은 언제나 주가가 낮다(PvB).
   A. 내가 주식을 살 때 그 회사의 기업환경을 잘 몰랐다.
   B. 나는 주식을 선택하는 능력이 부족하다.

31) 휴가 기간에 불어난 당신의 몸무게가 좀처럼 줄지 않는다(PmB).
   A. 다이어트는 결국 아무 소용이 없다.
   B. 내가 해본 다이어트는 효과가 없었다.

32) 당신의 신용카드가 지불 정지되었다고 한다(PvB).
   A. 나는 가끔 통장 잔액이 실제보다 많다고 착각한다.
   B. 나는 종종 신용카드 이용대금 결제를 잊어버린다.

출처: Martin E. P. Seligman, Authentic happiness

【 점수표 】

A는 0점, B는 1점으로 계산한다.

PmB (   )   PmG (   )   PvB (   )   PvG (   )

HoB (   )   HoG (   )   HoG − HoB = (   )

PmB (Permanent Bad: 영원히 나쁨)

PmG (Permanent Good: 영원히 좋음)

PvB (Pervasiveness Bad: 나쁜 일의 파급성)

PvG (Pervasiveness Good: 좋은 일의 파급성)

HoB (Hopeful Bad: 나쁜 일의 희망성)

HoG (Hopeful Good: 좋은 일의 희망성)

HoG−HoB (좋은 일의 희망성 − 나쁜 일의 희망성)

해 석

영속성(시간)

PmB: 0~1 아주 낙관적   2~3 대체로 낙관적   4 보통

       5~6 조금 비관적   7~8 몹시 비관적

PmG: 0~2 아주 비관적   3 조금 비관적   4~5 보통

       6 대체로 낙관적   7~8 대단히 낙관적

파급성(공간)

PvB: 0~1 아주 낙관적   2~3대체로 낙관적   4 보통

       5~6 조금 비관적   7~8 아주 비관적

PvG: 0~2 아주 비관적   3 조금 비관적   4~5 보통

       6 대체로 낙관적   7~8 아주 낙관적

희망성

HoB: PvB와 PmB를 더한 총계

HoG: PvG와 PmG를 더한 총계

HoG−HoB = 10~16 대단히 희망적   6~9 대체로 희망적

              1~5 보통   0~−5 다소 절망적

             −5이하 몹시 절망적

4. 관계지수 높이기

1) 인간관계의 의미

인간은 사회적 동물로 타인과의 지속적인 교류를 통해서만 살아갈 수 있는 존재이다. 사람을 뜻하는 한자 '人'은 '사람과 사람의 사이'를 나타내는 개념으로써 그 자체가 관계를 포함하고 있으므로 인간관계를 무시하고는 인간 그 자체도 존재할 수 없게 된다. 다시 말해서, 인생은 나와 나 이외의 타인과 서로 의지하고 조화하며 살아가는 것이다(이수용, 2002). 인간은 출생과 동시에 가족의 일원이 되고, 자기사회의 한 구성원이 되며, 국가의 국민이 되고, 더 크게는 지구촌의 한 식구가 된다. 그리고 성장하는 과정 속에서 또래집단의 구성원이 되며, 학교에 진학하면 학교 학급이나 다른 클럽의 일원이 되고, 학교를 마치고 취직을 하게 되면 직장의 한 구성원이 된다. 이렇게 집단의 구성원이 된다는 것은 구성원 하나하나가 집단이나 다른 구성원들로부터 완전히 독립될 수 없으며 필연적으로 서로 영향을 미친다는 것을 말한다. 우리가 다른 구성원과 어떤 관계, 즉 어떤 형태의 인간관계를 형성하느냐에 따라서 구성원들의 삶의 질은 물론 그 집단의 형태가 결정된다. 인간관계(human relations)는 타인과의 상호작용 즉, 사회적 상호작용(social interaction)으로 한 사람이 다른 사람을 상대로 하는 의도적 행위와 이에 대한 다른 사람의 반응으로 이루어지는 사회 과정으로써 인간의 모든 사회적 행위와 사회생활의 핵심을 이루는 사회적 현상이다(전병재, 1997).

인간관계의 유형을 상황과 대상에 따라서 살펴보면, 교우관계,

부부관계, 이성관계, 직장내 인간관계, 나 자신과의 관계 등으로 나눌 수도 있다. 사회적 상호작용으로는 비형식적이고 자발적이며, 당사자들의 정서적 욕구 및 심리적 욕구를 충족시켜주는 정의적 상호작용과 어떤 목적 달성을 위한 수단적 상호작용이 있으며, 사회적 지위와 위치에 따른 상호작용으로는 종적 상호작용과 횡적 상호작용이 있다. 그리고 상호작용의 깊이에 따라서 스침의 관계가 있고 참 만남의 관계가 있으며, 동서양의 관점에 따라서 사람과 사람 사이의 윤리를 강조하는 문화적 규범으로써 사회적 인간관계를 근본으로 하는 유교적 관점과 하나님 관계와 이웃과의 관계에서 사랑을 강조한 기독교적 관점이 있다.

2) 행복과 인간관계

행복한 삶을 영위하기 위해서는 대인관계(interpersonal relationship) 혹은 인간관계(human relations)가 원만해야 한다. 인간관계를 어떻게 하느냐에 따라서 삶의 질이 좌우된다고 할 수 있다.

미국의 카네기재단의 조사에 의하면 "직무수행상의 성공에 기술적인 지식은 15%밖에 공헌하지 못하지만 인간관계 기능은 85%의 공헌을 한다."는 통계가 나왔다. 보통 사람들이 직장생활이 실패하는 이유는 기술적인 일이 아닌 인간관계가 실패했기 때문이다. 이런 이유에서 IBM 회사는 40시간 종업원 교육훈련 중에 32시간을 인간관계 훈련에 투자하고 있다고 한다. 인간은 다른 사람과 상호작용을 통해서 인간다워지고, 가치 있는 존재가 되며, 자신의 정체성을 발달시키고 원만한 관계형성을 위한 방법을 알아간다. 따라서 개인의 인간관계 형성 능력은 자아실현과 삶의 질을 높여주고 행복한 삶을 영위하는데 중요한 요소가 된다고 하겠다.

조지 베일런트(George E. Vaillant) 미국 하버드대 교수가 하버드대 2학년생 268명의 생애를 72년간 추적 조사해 하버드 공부 벌레들의 인생보고서인 『행복의 조건, 2011』(aging well)을 내놓았다. 수재들의 삶을 행복과 불행으로 갈라서게 한 요인이 무엇인지를 집중 분석했는데 결과는 의외였다. 그들의 운명을 좌우한 것은 타고난 부(富)나 학벌, 명예가 아니라 바로 47세 무렵까지 형성한 인간관계가 이후 생애를 결정하는 중요한 변수였기 때문이다. 행복하고 건강하게 나이 들어갈지를 결정짓는 것은 지적인 뛰어남이나 계급이 아니라 따뜻한 인간관계라는 이야기이다.

3) 행복을 위한 관계지수 높이기

(1) 자존감을 높여라

'인간관계' 하면 가장 먼저 어떻게 하면 타인과 관계를 원만하게 할 수 있을까? 하는 기술적인 문제를 생각한다. 하지만 건강하고 행복한 인간관계를 맺으려면 무엇보다 자기이해(self-understanding), 자기수용(self-acceptance) 능력, 자기개방(self-disclosure) 태도 등에 대한 자신의 정체를 이해하는 것이 우선되어야 한다. 나의 참 모습을 이해할 때 남을 이해하고 세상을 바로 지각할 수 있기 때문이다. 무엇보다 건강한 대인관계를 위해서는 자아개념(self-concept)과 자존감(self-esteem)이 중요하다고 볼 수 있다. 자신의 자아가 건강하지 못하면 다른 사람과 좋은 관계를 형성하는데 어려움을 겪을 수밖에 없다.

만약 스스로를 부정적으로 평가하는 사람이라면 타인도 믿지 못하게 될 것이다. 이런 사람은 상대의 호의를 겉치레라고 생각한다. 그뿐만 아니라 상대에게 불편을 느껴도 표현을 못한다. 상대방이 어떻게 반응할지 예측할 수 없기 때문이다. 반면 스스로를 존중하고 긍정적으로 받아들이는 사람은 타인에게 불편을 느꼈을 때 적절한 방식으로 자신의 생각을 전달할 수 있다. 스스로를 믿듯 상대방도 믿기 때문이다. 또한 자신을 긍정적으로 바라보는 만큼 상대도 그렇게 바라보기 때문에 행복한 관계를 충분히 즐긴다. 그래서 높은 자존감은 행복한 인간관계의 필수요소라고 할 수 있다. 자존감을 높이기 위해서는 과거에 얽매이지 말고 현재에 충실해야 한다.

인간이 과거의 영향을 완전히 제거할 수는 없다. 그렇다고 과거의 영향 아래 무기력하게 놓여있을 필요도 없다. 그러므로 낮은 자존감을 갖게 했던 과거의 경험을 딛고 일어나겠다고 결심하는 것이 중요하다. 마음이 자꾸 과거의 경험으로 돌아가려 할수록 끊임없이 현재가 중요하다고 다짐하고 현실에 충실해야 한다. 그리고 현실에 근거한 긍정적 자기대화(self-talk)를 하는 것이 중요하며, 무엇보다 타인과의 비교가 아닌 자신의 장점을 찾을 필요가 있다. 그리고 자신을 있는 그대로 인정해야 한다.

행복한 삶을 살려면 행복한 인간관계가 필요하고, 행복한 인간관계를 맺으려면 건강한 자존감이 필요하다. 지금 자신의 자존감은 어떠한가? 행복한 인간관계를 맺을 준비가 되었는가? 이는 자신에게 달려 있다.

2) 타인을 배려하는 태도를 가져라

어떤 사람은 다른 사람과 좋은 관계를 맺는가하면, 어떤 사람은 타인과 사귀고 싶어도 미숙한 행동 때문에 어려움을 겪기도 한다. 따라서 행복한 대인관계를 위해서는 대인지각, 대인사고, 대인감정 그리고 대인행동 등이 긍정적이어야 한다. 타인을 배려하고 공감하며 수용하는 태도야말로 행복한 대인관계형성을 위한 중요한 요소이다.

어떤 맹인이 스승에게 밤늦도록 가르침을 받다가 집을 나서자 스승은 맹인에게 등불을 들려주면서 조심해서 가라고 당부했다. 맹인은 어이가 없다는 생각이 들어서 "맹인에게 등불이 무슨 소용이 있느냐"고 스승에게 물었다. 그러자 스승은 "자네는 보지 못하지만 다른 사람이 자네가 든 등불을 보고 피해 갈 것이 아닌가?"하고 일러 주었다. 그래서 맹인은 스승의 깊은 마음에 감복하면서 등불을 들고 자기 집으로 향했다. 한참 길을 가다가 맹인은 어떤 사람과 심하게 충돌하였다. 맹인의 손에 등은 들려 있었지만 불이 꺼져 있었기 때문이다.

이야기 속에서 스승은 타인을 먼저 생각함으로써 자신을 지키는 지혜의 등불을 맹인에게 들려준 것이다. 그러나 맹인은 그 등불을 보존하지 못했기 때문에 타인과의 관계에서 충돌을 일으켰다. 그리고 맹인과 충돌한 사람은 비록 눈은 뜨고 있었지만 무질서한 인관관계 속에서 등불을 마련하는 여유와 지혜가 모자랐던 것이 아닌가 생각해 본다. 행복한 인간관계, 즉 바람직한 인간관계란 인격적인 관계라야 하며 나보다 남을 먼저 생각할 때 이루어지는 것이다. 선인장처럼 자기보호를 위한 가시를 곤두세우고 타인의 삶을 지켜보기만 한다면 우리는 사람들의 사회 속에서 언제까지나 이방인으로 머물게 될 것이며 더군다나 서로를 감싸안는 따스한 관계를 유지할 수가 없게 된다.

원만한 인간관계, 바람직한 인간관계는 마음에서 우러나오는 상호존중에 그 바탕을 두기 때문이다. 따라서 우리는 자신보다는 타인을 위한 등불을 들고 살아가므로 바람직한 인간관계 안에서 우리의 삶을 정립해야 한다.

3) 최대한 관대해지고, 남의 뒷이야기를 삼가 하라

'나 자신을 행복하게 만드는 최고의 방법은 다른 사람을 행복하게 만드는 것이고, 다른 사람을 행복하게 만드는 최고의 방법은 나 자신이 행복해지는 것이다.' 라는 말이 있다. 사람들은 도움을 받을 때보다 누군가를 도울 때 더 큰 행복을 느낀다. 그래서 남에 대한 따뜻한 마음을 가지고, 상대방의 말이 귀에 거슬리더라도 끝까지 들어주는 아량이 필요하다.

그리고 내가 하는 이야기가 사실이라 할지라도 남에게 해가 되는 이야기거나, 도움이 되지 않는 민감한 얘기라면 하지 말아야 한다. 심지어 "요즘 그 애가 기분이 안 좋은 것 같아."라는 걱정의 표현조차도 일종의 소문을 만들어 낼 수 있다.

4) 새로운 친구 만들기에 적극 나서야 한다.

사람은 자주 보게 될수록 그 사람이 더 매력적이라고 느끼게 될 가능성이 커진다고 한다. 그래서 친구를 만나고자 할때 자주 만날 수 있는 거리에 사는 것이 좋다. 그리고 오래된 친구의 익숙한 관계도 좋지만 새로운 친구의 신선함도 자아를 확장시켜 주기에 새로운 친구도 적극적으로 만들어가야 할 것이다. 그뿐만 아니라 시공간을 초월한 온라인 친구를 만들어감으로 일반적 삶의 단상을 공유하고 새로운 삶의 지평을 열어갈 수 있는 기회를 가지게 될 수 있다. 따라서 '인(人)테크'나 '우(友)테크'는 단순히 친구 몇 명을 더 만드는 것이 아니라 행복의 공동체를 만드는 기술이다.

* 자신의 인간관계유형에 대해서 체크해 보세요.

번호	내　용	매우 수단적	조금 수단적	두 가지 반반	조금 정의적	매우 정의적
1	아버지와 관계					
2	어머니와 관계					
3	형제자매 중 (　　)와의 관계					
4	친구들 중 (　　)와의 관계					
5	직장에서 (　　)와의 관계					

5. 강점지수 높이기

1) 강점의 의미

강점의 사전적 의미는 남보다 뛰어나거나 유리한 점이다. 다시 말해서 강점은 각각 자신만의 독특한 천성, 기질 또는 재능 등을 잘 살려서 성과를 내도록 하는 것을 말한다.

강점이론은 네브라스카 대학의 교육심리학 교수를 역임한 도널드 클리프턴(Donald Clifton) 박사가 인간의 강점을 최대로 활용하기 위한 고민을 하면서 시작된 이론이다. 클리프턴은 1969년에 SRI(Socially Responsible Investment: 사회책임투자) 펀드 컨설팅사를 설립하여 포춘(Fortune) 500대 기업과 학교, 정부 기관, 스포츠 팀에 경영 컨설팅 서비스를 제공하기 시작했다. 1988년 SRI가 세계적인 여론 조사 기관 갤럽(Gallup)을 인수한 후에는 SRI 갤럽의 사장으로 취임하여 연구의 범위를 전 세계로 넓혔다.

갤럽의 학자들은 클리프턴 박사의 주도로 패더럴 익스프레스(federal express)와 볼보(volvo), 푸르덴셜 증권(Prudential Financial), 펩시콜라, 브리티시 에어웨이, 알래스카 에어라인, 타코벨, 매리엇 호텔, 켄터키 프라이드 치킨, 골든 코랄, 시티은행, 메르크, 스프링 메이드 등 미국에서만도 수백개의 회사와 1천개가 넘는 학교를 대상으로 강점이론을 적용하고 그 효과를 검증했다.

한 사람의 질문으로 시작된 연구가 40년에 걸쳐서 25만 명 이상의 경영자와 판매원, 교사, 의사, 조종사, 운동선수 등을 대상으로 하는 대규모 연구 조사 프로젝트로 확대된 것이다. 이러한 연구를 통해서, 우리가 강점에 집중하면 다음 세 가지 혜택을 얻을 수 있다는 사실이 확인되었다.

첫째, 새로운 눈으로 사람을 보게 된다. 즉, 주위 사람의 문제점이나 약점보다는 그들의 강점에 주목하게 된다. 둘째, 좋음(very good)과 위대함(great)의 차이를 알게 된다. 셋째, 탁월한 성공을 얻는다.

2) 강점의 극대화

오늘날 많은 영역에서 SWOT(강점 Strength, 약점 Weakness, 기회

Opportunity, 위협 Threat) 분석을 통해 강점은 부각시키고 약점을 보완하며 기회를 얻어 위협을 억제하는 방안을 찾는 노력들을 많이 하지만 이 중에서 가장 중요한 것은 강점자원의 극대화라고 할 수 있을 것이다. 벤자민 프랭클린(Benjamin Franklin)은 '인생의 진정한 비극은 우리가 충분한 강점을 갖고 있지 않다는데 있는 것이 아니라 갖고 있는 강점을 충분히 활용하지 못하는데 있다' 라고 하였다.

많은 사람들은 성공을 위해서 자신이 가지고 있는 강점을 활용하기보다는 약점을 보완하는데 대부분의 노력과 시간을 투자해야 한다고 믿고 있다. 이것은 매우 어리석은 일이다. 왜냐하면 약점에 대한 관심은 우리를 성공의 길로 안내하지 못하고, 단지 실패하지 않는 삶을 살도록 도와줄 뿐이기 때문이다.

세계 탁구를 주름잡고 있는 중국팀 코치에게 어떤 기자가 최강의 전력을 유지하는 비결을 물었다. 그러자 이 코치는 하루에 여덟 시간씩 강점 강화 훈련을 하는 것이 비결이라고 답을 했다. 중국팀 에이스를 보자면 포핸드(forehand)는 강하고 백핸드(backhand)는 약한데 약한 쪽의 보강훈련 보다는 강한 포핸드 훈련에 주력하고 있다고 한다. 상대방은 이 선수의 약점을 아주 잘 알고 있지만, 포핸드가 너무 강력하다 보니 백핸드를 공략할 기회조차 잡지 못한다는 것이다.

경영의 구루로 통하는 피터 퍼디낸드 드러커(Peter Ferdinand Drucker, 1909-2005)도 "성과는 약점 보완보다는 강점을 강화하는데서 산출된다"고 주장한 바 있다. 이유는 명확하다. 약점을 극복하는 정도로는 고작 평균 수준에 머물 뿐이며 경쟁에서 이길 수가 없기 때문이다. 자신의 강점을 더욱 갈고 닦아 다른 사람이나 회사와는 비교할 수 없는 수준에 도달하게 되면 이것이 바로 경쟁력이다.

따라서 자신의 행복지수를 높이기 위해서는 관점을 바꾸어야 한다. 즉, 자신의 약점을 보완하는데 투입했던 모든 역량을 이제는 강점을 찾아내고 개발하는데 집중해야 한다. 우리가 탁월한 성공자들로 알고 있는 아인슈타인, 타이거 우즈, 빌 게이츠 등도 자신들만의 약점을 가지고 있었다. 하지만 이들은 자신의 약점을 보완하는데 시간을 낭비하지 않았다. 이들은 약점이 그들의 성공을 위한 방해물이 되지 않을 정도로만 관리하고, 나머지의 모든 역량은 강점을 활용하는데 쏟아 부었다. 영국의 대표적인 긍정심리학자인 알렉스 린리(Alex Linley)는 누구나 자신의 강점을 활용하는 것을 좋아하기 때문에 강점 전략은 그것 자체로 활성화되는 특징이 있다고 했다.

강점의 범주에 대해서 긍정심리학자인 크리스토퍼 피터슨(Christopher Peterson)과 마틴 셀리그먼(Martin Seligman)은 7개로 좀더 구체화시켰는데 다음과 같다. 첫째, 강점은 사고와 행동, 감정 전반에 걸쳐 명확하게 드러나야 한다. 둘째, 강점은 그것 자체로 혹은 다른 요소를 활성화하면서 성공적인 삶에 기여해야 한다. 셋째, 강점은 바람직한 결과를 이뤄낼 뿐만 아니라 그 자체로도 윤리적인 가치를 지녀야 한다. 넷째, 자신의 강점이 타인의 강점을 방해해서는 안 되고, 통합적으로 상승 작용을 해야 한다. 다섯째, 강점을 강화시키는 사회적 제도나 관습 등을 간과해서는 안 된다. 여섯째, 보편적인 합의가 이뤄져야 한다.

자신의 강점을 극대화하되 그 장점은 타인과 함께하는 윈-윈(Win-Win)이 될 수 있어야 한다. 따라서 강점 관점을 가지고 행복한 삶을 사는 것이 중요하다고 하겠다.

3) 자신만의 강점 브랜드 가치 높이기

한국인의 강점

한반도에는 눈이 작은 유전자가 많아서 세계에서 가장 작은 눈을 가진 민족이 되었다. 그리고 우리나라 사람들은 코 부분이 오목하고 쑥 들어가서 옆에서 봤을 때 세계에서 얼굴이 가장 납작하다. 그리고 귓구멍에서 정수리까지의 높이가 세계에서 가장 높다.

그럼 눈이 작으면 어떤 장단점이 있는가? 눈이 작으면 초점 거리가 짧은 카메라와 같아서 시아가 넓다. 그래서 눈치가 빠르다. 그러나 해상력은 떨어짐으로 자세히 보는 능력이 떨어져 꼼꼼하고 치밀함이 부족하다. 하지만 초점거리가 짧은 눈은 원근감이 뚜렷하다. 그래서 눈이 작은 사람들이 많은 우리나라는 골프, 양궁에서 두각을 나타낼 수밖에 없다.

얼굴이 납작하면 이가 앞으로 약간 뻐드러지게 되는데 한국인 90%는 이가 크고 입천장 길이가 짧다. 그래서 입이 U자형이라 맑은 소리가 난다. 다시 말해서 양성 모음의 공명이 잘되는 구강구조를 가졌기 때문에 한국 사람의 목소리가 밝고 가벼우며 명랑하다는 것이다. 한국사람 70%는 오른쪽 뇌가 커서 감성적이며(일본 사람들은 70%가 왼쪽 뇌가 더 크다), 또한 측두엽이 가장 발달했기 때문에 두상이 넓적해 생물학적으로 노래를 좋아하고 잘하도록 되어 있다. 한국어는 자음이 적다. 자음은 왼쪽뇌가 처리한다. 한국어를 모국어로 하면 우뇌가 발달하게 되어 있어서 창의적, 예술적 기능이 우수하게 된다. 하지만 영어는 좌뇌가 발달한다.

그리고 우리는 오랫동안 대뇌교육 시스템에서 살아왔다. 그래서 교장선생님 훈시는 좋은데 내용이 기억이 안 난다. 왜냐하면,

대뇌 시스템 즉, 타율적으로 들었기 때문이다. 자율적 교육이 소뇌교육이다. 이것이 마음과 기억속에 남는 것이다. 그러므로 대뇌교육에서 소뇌교육으로 전환해야 한다.

한국 사람들은 팔을 굽혀서 들어 올리는 힘이 유럽인과 비슷하지만 밀어내는 힘은 유럽인의 반밖에 안 된다. 왜냐하면 유전적으로 팔 뒷부분 근육이 적기 때문이다. 그래서 씨름할 때 들어서 메치기가 중요한 기술인 것이다. 하지만 일본인들은 밀어내는 힘이 우리보다 강하다. 그래서 스모가 가능하게 된 것이다. 그리고 우리나라 사람들은 귓구멍에서 뇌 꼭대기까지가 길어서 가운데 부분에 뇌세포가 많다. 몸통과 감각을 담당하는 부분의 뇌세포가 많은 것이다.

나의 강점 발견하기

우리 개개인에게는 강점도 있고 약점도 있다. 역도선수와 육상선수는 신체조건이 다르다. 역도는 팔다리가 짧은 사람이 유리하다. 1㎏ 드는데 상완근은 10㎏이 수축된다. 팔다리가 길면 불리하게 되어 있다. 단거리 선수는 팔다리가 길고 근육이 위로 올라붙어야 한다. 그리고 근육과 몸무게가 어느 정도 있어야 가속도가 붙는다. 하지만 마라톤 선수는 단거리 선수의 신체 구조를 가지고는 가능하지 않다.

하나님께서는 우리에게 주어진 강점으로 일하기 원하신다. 신약적인 표현대로 하자면 은사대로 일하기 원하신다는 말이다. 그러므로 없는 것을 탓하지 말고, 자신에게 주신 것을 가지고 거기에 집중하면 능력이 나타난다. 하나님께서는 이미 우리에게 많은 잠재력을 부어주셨다. 문제는 하나님이 주신 잠재력과 강점을 모르고 사용하지 않는다는 데 있다. 누구나 자신의 강점과 잠재력을 알아서 거기에 집중하기만 한다면 상상을 초월하는 승리의 기쁨을 맛볼 것이다.

그럼 어떻게 강점을 발견할 수 있는가? 첫째, 어떤 일을 할 때 힘들게 느껴지지 않고 잘할 수 있는 것, 내가 좋아하고 그 일로 힘들지 않는 것이 나의 강점이다. 둘째, 재미있고 즐겁게 할 수 있는 것이 나의 강점이다. 좋아하는 일은 밤을 새울 수도 있다. 셋째, 다른 사람들로부터 반응이 있는 것이다. 내가 좋아서 하지만 다른 사람들이 계속해주기를 원하는 일이 강점인 것이다.

우리 각자는 이 세상에 단 하나밖에 없는 귀한 인격체들이다. 이 땅에서 가장 존귀한 브랜드 가치는 구원받은 하나님의 자녀라는 브랜드이다. 바울은 예수를 만난 이후 의식의 일대 대전환이 일어났다. 복음의 진수를 깨닫게 된 이후 자신이 그토록 의미 있다고 생각한 것들이 배설물처럼 느껴진 것이다.

반신불수, 언어장애를 가진 빌(Bill)이라는 한 소년이 있었다. 아이들은 그를 늘 놀리고 왕따시켰다. 그가 어느 여름 캠프에 참여한 프로그램 가운데 그룹별 간증시간이 있었다. 빌의 차례가 돌아오자 그를 알고 있었던 아이들은 웃을 준비를 하고 있었다. 그런데 이 아이가 예수님이 자기를 사랑하고, 자기도 예수님을 사랑한다는 말을 하는데 걸리는 시간이 5분 걸렸다. 온몸을 뒤틀면서 말한 것이다. 그때 그의 간증이 끝나기도 전에 여기저기서 흐느끼는 소리가 들렸다. 그날 밤 하나님께서 약한 빌을 통해서 공동체에 회개와 회복의 시간을 주신 것이다. 그 캠프를 이끌었던 컴폴로(comepolo) 교수는 세계 여러 나라 집회를 가서 만난 선교사 가운데 "박사님 저를 기억하십니까? 저가 그 캠프에서 빌의 간증을 듣고 변한 사람입니다."라고 고백한 사람을 여럿 만났다고 말했다.

장애를 가진 자라도 주님을 닮고자 하는 자를 넉넉하게 쓰시는 하나님이시다.

하나님은 실수가 없으신 분이다. 하나님께서 우리를 사랑받기 위해 태어나도록 하였으며 소명과 사명으로 살게 하셨다. 우리가 주님을 롤모델 삼아 살다보면 약점과 장애도 능력의 도구로 바뀐다. 릭 워렌(Rick Warren) 목사는 미국 캘리포니아 새들백 교회를 개척하여 수만 명이 모이는 교회를 담임하고 있다. 그는 어려서부터 뇌기능부전증(우리말로 간질병 비슷함)을 앓게 되어 설교할 때도 그런 현상이 일어나려고 할 때가 있다고 한다. 그래서 주일 4번 설교 매순간에 중보 기도팀이 그를 위해서 기도한다고 한다.

1936년 뮌헨 올림픽에서 세계신기록을 갱신하여 금메달을 목에 건 사람은 껑충다리 흑인 제시 오웬즈(Jesse Owens, 1913-1980)였다. 제시 오웬즈가 금메달을 목에 걸고 고향에 돌아왔을 때 열렬히 환영하던 그날, 껑충 다리를 한 한 흑인 소년이 군중을 제치고 나와 제시에게 "나도 커서 언젠가 꼭 올림픽에 출전하는 선수가 되고 싶습니다."라고 하자 제시는 자신의 옛날 일을 떠올리며 소년의 손을 꼭 잡고 "얘야 꿈을 가지고 진력질주(盡力疾走)하라"고 하였다. 소년은 오웬즈를 롤모델하여 최선을 다했다. 그가 바로 1948년 올림픽에서 금메달을 목에 건 해리슨 딜라드(Harrison Dillard)이다.

이 땅에 태어나면서부터 온전하고 성숙한 사람은 없다. 그래서 좋은 롤모델, 코치, 멘토를 만남으로 자신의 장점을 개발하고 브랜드 가치를 높일 수 있다.

필자는 어린 시절 심리적, 물리적 환경이 좋지 못했음에도 불구하고 비교적 밝게 살 수 있었던 것은 좋은 멘토들을 많이 만날 수 있었기 때문이다. 특히 중학교 3학년 때 수학 선생님은 내 삶의 롤모델이 되어주셨다.

선생님은 오랜 지병으로 힘든 상황임에도 불구하고, 늘 해맑게 웃으시며 매사가 긍정적이었다. 항상 위로와 격려를 아끼지 않으시며, 내 가슴에 꿈을 심어주셨고, 행복할 수 있는 동기를 부여해 주셨다.

그리고 책을 통하여 위대한 위인들을 만날 수 있었다. 그때 나는 시대를 움직인 위대한 위인들은 하나같이 고난의 터널을 통과한 자들이라는 것을 알게 되었고, 자기 운명을 탓하는 것이 아니라 개척해 가는 사람들임을 또한 알게 되었다. 그래서 기회가 주어지는 대로 긍정적인 감정을 추구하는 사람, 강점 자원을 활용하는 사람, 의미 있는 삶을 추구하는 사람들을 만나기를 애썼고, 직접 못 만나면 간접적으로라도 만나기를 소원하며 살았다. 그래서 늙어가는 것이 두렵기보다 기대되는 것은 나를 통해서 일하시는 하나님의 기대와 지금보다 좀 더 나아질 나의 내면의 성숙을 기대하기 때문이다.

【 강점지수 검사지 】

본 강점지수 검사는 셀리그만(Seligman)과 피터슨(Peterson)이 개발한 24 강점척도 VI(VIA-IS: Values in Action Inventory of Strengths, 2004)이다.[4]

■ 다음의 진술을 읽고 당신을 가장 잘 표현하고 있다고 생각하는 번호를 보기에서 찾아 적어 주시기 바랍니다.

① 나와 매우 다르다　　　　② 나와 다르다
③ 보통이다　　　　　　　　④ 나와 비슷하다
⑤ 나와 매우 비슷하다

1. 호기심, 세상에 대한 관심
   a) 언제나 세상에 대해 호기심이 많다. ( )
   b) 쉽게 싫증을 낸다. ( )
   ▶▶ 위 두 문항의 답을 더하여 여기에 적으시오. (   )

2. 학구열
   a) 새로운 것을 배울 때 전율을 느낀다. ( )
   b) 박물관이나 다른 교육적 장소에 한 번도 가본 적이 없다. ( )
   ▶▶ 위 두 문항의 답을 더하여 여기에 적으시오. (   )

3. 판단력, 비판적 사고, 열린 마음
   a) 판단력이 필요한 주제가 있을 때면, 아주 이성적으로 사고한다. ( )
   b) 성급하게 판단하는 경향이 있다. ( )
   ▶▶ 위 두 문항의 답을 더하여 여기에 적으시오. (   )

4. 창의성, 독창성, 실천적 지능, 세상을 보는 안목
   a) 어떤 일을 하는데 필요한 새로운 방법을 찾는걸 좋아한다. ( )
   b) 내 친구들은 대부분 나보다 상상력이 뛰어나다. ( )
   ▶▶ 위 두 문항의 답을 더하여 여기에 적으시오. (   )

5. 사회성 지능, 대인관계 지능, 정서 지능
   a) 어떤 성격의 단체에 가도 잘 적응할 수 있다. ( )
   b) 다른 사람들의 감정에 아주 둔하다. ( )
   ▶▶ 위 두 문항의 답을 더하여 여기에 적으시오. (   )

6. 예견력
   a) 항상 꼼꼼히 생각하고 더 큰 것을 볼 줄 안다. ( )
   b) 내게 조언을 구하러 오는 사람은 거의 없다. ( )
   ▶▶ 위 두 문항의 답을 더하여 여기에 적으시오. (   )

---

4) VIA(virtues in action) 강점 분류 체계는 1999년 돈 클리프톤(Don Clifton)에 의해 시작되고 피터슨(Peterson)과 셀리그만(Seligman)이 확장한 것으로 행복과 자아실현에 영향을 미치는 강점들로 구성되어 있으며, 여섯 가지의 핵심 덕목(지혜, 용기, 인간애, 정의, 절제, 초월성)과 각각 두 개에서 일곱 개의 하위 요소들로 구성되어있다(권석만, 2008). VIA 강점 분류 체계는 인간의 강점과 덕성 연구에 이론적 체계를 제공하게 되었고 이것을 바탕으로 하여 피터슨과 셀리그만(2004)은 VIA 강점척도(VIA-IS: Values in Action Inventory of Strengths)를 개발하였다.

7. 호연지기(浩然之氣)와 용감함
    a) 강력한 반대에도 무릅쓰고 내 주장을 고수할 때가 많다. ( )
    b) 고통과 좌절 때문에 내 의지를 굽힐 때가 많다. ( )
    ▶▶ 위 두 문항의 답을 더하여 여기에 적으시오. (   )

8. 끈기, 성실, 근면
    a) 한번 시작한 일을 끝까지 해낸다. ( )
    b) 일을 할 때면 딴전을 피운다. ( )
    ▶▶ 위 두 문항의 답을 더하여 여기에 적으시오. (   )

9. 지조, 진실, 정직
    a) 약속을 반드시 지킨다. ( )
    b) 친구들은 내게 솔직히 말하는 법이 없다. ( )
    ▶▶ 위 두 문항의 답을 더하여 여기에 적으시오. (   )

10. 친절과 아량
    a) 자발적으로 이웃을 도와준다. ( )
    b) 다른 사람들의 행운을 내 일처럼 좋아한 적이 거의 없다. ( )
    ▶▶ 위 두 문항의 답을 더하여 여기에 적으시오. (   )

11. 사랑할 능력과 사랑받을 줄 아는 능력
    a) 본인의 기분과 행복 못지않게 내 기분과 행복에 관심을 기울이는 사람이 있다. ( )
    b) 다른 사람들이 베푸는 사랑을 제대로 받아들이지 못한다. ( )
    ▶▶ 위 두 문항의 답을 더하여 여기에 적으시오. (   )

12. 시민 정신, 의무감, 협동 정신, 충성심
    a) 어떤 단체에 가입하면 최선을 다한다. ( )
    b) 소속 집단의 이익을 위해 내 개인적인 이익을 희생시킬 생각은 없다. ( )
    ▶▶ 위 두 문항의 답을 더하여 여기에 적으시오. (   )

13. 공정성과 평등 정신
    a) 어떤 사람에게든 똑같이 대한다. ( )
    b) 내가 싫어하는 사람을 공정하게 대하기가 힘들다. ( )
    ▶▶ 위 두 문항의 답을 더하여 여기에 적으시오. (   )

14. 지도력
    a) 일일이 참견하지 않고도 사람들이 단합해 일하도록 이끌어 준다. (   )
    b) 단체 활동을 조직하는 데는 소질이 없다. (   )
    ▶▶ 위 두 문항의 답을 더하여 여기에 적으시오. (   )

15. 자기 통제력
    a) 내 정서를 다스릴 줄 안다. (   )
    b) 다이어트를 오래하지 못한다. (   )
    ▶▶ 위 두 문항의 답을 더하여 여기에 적으시오. (   )

16. 사려, 신중함, 조심성
    a) 다칠 위험이 있는 일은 하지 않는다. (   )
    b) 나쁜 친구를 사귀거나 나쁜 사람을 만나는 경우가 있다. (   )
    ▶▶ 위 두 문항의 답을 더하여 여기에 적으시오. (   )

17. 겸손과 겸양
    a) 다른 사람들이 나를 칭찬할 때면 슬그머니 화제를 돌린다. (   )
    b) 스스로 한 일을 추켜세우는 편이다. (   )
    ▶▶ 위 두 문항의 답을 더하여 여기에 적으시오. (   )

18. 감상력
    a) 음악, 미술, 연극, 영화, 스포츠, 과학, 수학의 아름다움과 경이
       로움을 보고 전율한 적이 있다. (   )
    b) 평소에 아름다움과는 전혀 무관하게 지낸다. (   )
    ▶▶ 위 두 문항의 답을 더하여 여기에 적으시오. (   )

19. 감사
    a) 아무리 하찮은 일이라도 항상 고맙다고 말한다. (   )
    b) 내가 받은 은혜에 대해 거의 생각하지 않는다. (   )
    ▶▶ 위 두 문항의 답을 더하여 여기에 적으시오. (   )

20. 희망, 낙관주의, 미래지향성
    a) 항상 긍정적인 면만 본다. (   )
    b) 내가 하고 싶은 일을 하기 위해 철저하게 계획한 적이 거의
       없다. (   )
    ▶▶ 위 두 문항의 답을 더하여 여기에 적으시오. (   )

21. 영성, 목적의식, 신념, 신앙심
    a) 삶의 목적이 뚜렷하다. ( )
    b) 사명감이 없다. ( )
    ▶▶ 위 두 문항의 답을 더하여 여기에 적으시오. (   )

22. 용서와 연민
    a) 과거의 것을 문제 삼지 않는다. ( )
    b) 기어코 복수하려고 애쓴다. ( )
    ▶▶ 위 두 문항의 답을 더하여 여기에 적으시오. (   )

23. 명랑함과 유머 감각
    a) 되도록 일과 놀이를 잘 배합한다. ( )
    b) 우스갯소리를 거의 할 줄 모른다. ( )
    ▶▶ 위 두 문항의 답을 더하여 여기에 적으시오. (   )

24. 신명, 열정, 열광
    a) 무슨 일을 하든 전력투구한다. ( )
    b) 의기소침할 때가 많다. ( )
    ▶▶ 위 두 문항의 답을 더하여 여기에 적으시오. (   )

■ 각 강점의 점수를 쓴 다음 1위에서 24위까지 순위를 매겨 보시오.

지혜와 지식	1. 호기심 ( )
	2. 학구열 ( )
	3. 판단력 ( )
	4. 창의성 ( )
	5. 사회성 지능 ( )
	6. 예견력 ( )
용기	7. 호연지기 ( )
	8. 끈기 ( )
	9. 지조 ( )
사랑과 인간애	10. 친절 ( )
	11. 사랑 ( )

정의감　　　12. 시민 정신 (　　)
　　　　　　　　13. 공정성 (　　)
　　　　　　　　14. 지도력 (　　)

절제력　　　15. 자기 통제력 (　　)
　　　　　　　　16. 신중함 (　　)
　　　　　　　　17. 겸손 (　　)

영성과 초월성　18. 감상력 (　　)
　　　　　　　　19. 감사 (　　)
　　　　　　　　20. 희망 (　　)
　　　　　　　　21. 영성 (　　)
　　　　　　　　22. 용서 (　　)
　　　　　　　　23. 유머 감각 (　　)
　　　　　　　　24. 열정 (　　)

대체로 9점에서 10점을 받은 강점이 다섯개 이하인데 이것이 당신의 최고 강점이다. 또 4점에서 6점 정도의 낮은 점수는 약점에 속한다. 강점 중 상위 다섯 가지를 눈여겨 보아라.

6. 웃음지수 및 유머지수 높이기

1) 웃음지수의 의미

웃음은 무엇인가? 브리태니커(Britannica) 백과사전에 의하면 웃음(laughter)은 정해진 형태에 따라 15개 안면근육이 동시에 수축할 때 발생하는 운동반사이다. 웃음의 종류에는 미소, 고소, 냉소, 실소, 가소, 비소, 홍소, 파안대소, 박장대소, 요졸복통, 포복졸도, 폭소 등이 있다. 웃음에는 다양한 인간적 내용이 담겨 있으며 그것을 야기시키는 요인으로써 신체적, 생리적 원인과 심리적 원인 그리고 타인과의 관계 등이라고 할 수 있다.

얼마 전에 이루어진 한 설문조사 결과에 따르면 엔큐(EnQ), 곧 엔터테인먼트 지수(Entertainment Quotient)가 직장인이 갖춰야 할 새로운 자격 요건으로 꼽혔다고 한다. 이 조사에서 대다수 직장인들이 유머가 직장생활의 성공에 영향을 끼친다고 생각하고 있으며, 실제로 유머러스한 사람이 대우를 받으며, 주변에 두고자 하는 추세 또한 두드러지고 있다고 응답하였다.

아버지 부시라고 불리는 미국의 제41대 대통령 조지 H.W. 부시(George Herbert Walker Bush)의 부인인 바버라(Barbara Pierce Bush) 여사는 남편을 배우자로 택하게 된 이유가 무엇이었는가를 묻는 질문에 "그가 나를 웃겼기 때문"이라고 답한 적이 있다. 일생일대의 선택인 결혼의 조건으로 다른 무엇보다도 유머 감각을 우선시하였다는 일화이다.

프랑스의 유명한 패션 디자이너였던 크리스찬 디오르(Christian Dior, 1905-1957)는 "재미야말로 모든 아름다움의 비결이다. 재미없이 매력 있는 아름다움은 없다."라고 했다. 아무리 뛰어난 아름다움의 소유자라 하더라도 유머가 없는 사람이라면, 말 그대로 2% 부족한 사람임을 강조한 것이라 할 수 있다. 영국의 수필가이자 저널리스트인 로버트 린드(Rovert Lynd, 1879-1949)는 "웃음은 이 세상의 죄와 어리석음을 따뜻하게 묵인해주는 것이기도 하다."라고 말했다. 때로는 웃음이 다른 모든 악덕을 덮어줄 수 있을 만큼 위력을 발휘할 수도 있음을 시사한 말이다. "행복해서 웃는 것이 아니라 웃기 때문에 행복하다."라고 한 어느 심리학자의 선언이 오늘의 우리에게도 절실히 필요한 것이다.

2) 웃음지수 높이기

(1) 행복지수를 높이기 위해 웃음을 선택해야 한다.

웃음을 선택했을 때 왜 우리는 행복해질 수 있고 삶이 재미있게 되는 것일까? 미국 캘리포니아 주립대 이츠하크 프리드(Itzhak Fried) 박사의 실험에서 찾을 수 있다. 그는 인간의 두뇌에서 웃음보를 발견하고 이 웃음보를 대상으로 실험을 했다. 일반적으로 재미있는 생각을 하면 웃게 된다고 알고 있지만, 실험 결과 일단 웃고 나면 신바람 나고 재미있는 생각이 드는 경우가 더 많은 것으로 나타났다. 웃음을 선택하는 순간 머릿속이 긍정적이고 재미있는 생각으로 넘쳐난다는 것을 증명한 것이다. 웃음을 선택하지 않을 때 우리는 부정적인 생각의 늪에 빠지게 된다.

미국의 유명한 심리학자이며 동기부여자인 셰드 헴스테더(Shad Heimstetter)는 "인간은 하루에 약 5만-6만 가지 생각을 하며, 이 생각 중에서 75%인 3만-4만 가지는 저절로 부정적으로 흐른다."고 지적한다. 그래서 우리는 행복보다는 불행을 더 생각하며, 또한 긍정적이기보다는 부정적인 시각으로 자기를 바라보며 세상을 평가하게 된다. 때로 상황이 심각해지면 심한 스트레스와 우울증에 빠지기도 한다. 웃음은 이렇게 부정적으로 흐를 가능성이 있는 3만-4만 가지 생각을 긍정적으로 변화시키며 기쁜 생각을 하도록 만들어주는 기능을 한다. 그래서 웃음은 선택의 문제인 동시에 의무인 것이다.

(2) 웃음은 최고의 대체의학이다.

우리 옛말에 일소일소(一笑一少怒), 일노일노(一怒一老)라는 말이 있는데 한번 웃으면 한번 젊어지고 한번 화내면 한번 늙어진다는 말이다. 또한 소문만복래(笑門萬福來)라는 말은 웃으면 복이 온다는 말이다.

최근 기술의 발전으로 인해 웃음이 가진 의학적 효과들이 하나씩 밝혀지고 있다. 이러한 과학적이며 의학적인 접근은 노먼 커즌스(Norman Cousins)에 의해 시도되었다. 그는 '새터데이 리뷰(Saturday Review)'의 편집장으로 근무할 때 뼈가 굳는 강직성 척수염에 걸려서 서서히 굳어져가는 뼈와 근육 때문에 엄청난 고통을 겪게 되었다. 그런데 코미디를 보며 유쾌하게 웃을 때 통증이 덜하다는 것을 알고 점차 웃음에 매료되었다. 15분 웃으면 2시간 동안 통증이 없어진다는 사실을 발견한 그는 결국 웃음을 통해 완치됐다. 그 이후 그는 캘리포니아대 부속병원에서 웃음이 지닌 의학적 효과를 본격 연구해 웃음치료 분야에서 그는 "웃음은 해로운 감정이 스며들어 병을 일으키는 것을 막아주는 방탄조끼"라고 주장하면서 웃음의 탁월한 효과를 전파했다. 그의 노력이 디딤돌이 되어 웃음의 건강효과에 대한 연구가 지속되고 있다.

이러한 연구 중에서 가장 획기적인 접근은 면역체계의 강화에 있을 것이다. 미국의 로마린다 의과대학의 리 버크(Lee Burke) 교수는 1996년 심리신경면역학 연구학회에서 웃으면 면역기능이 강화된다는 연구결과를 발표해 전 세계 의학계의 관심을 모았다. 그는 폭소 비디오를 보고 난 뒤 혈액을 뽑아 항체를 조사하는 실험을 통해 병균을 막는 항체인 인터페론 감마호르몬의 양이 200배 늘어났음을 밝혀냈다. 또한 백혈구와 면역 글로블린이 많아지고 면역을 억제하는 코르티졸과 에프네피린이 줄어드는 현상을 발견했다. 또 2001년에 발표한 논문에서 리 버크 박사팀은 암을 잡아먹는 NK세포(Natural Killer Cell)가 웃음에 의해 활성화된다는 사실을 실험으로 증명했다. 그는 웃음에 대한 연구를 종합하면서 '웃음은 대체의학이 아니라 참 의학'이라고 강조했다.

웃음은 알레르기 치료에도 효과가 있음이 증명되었는데, 일본 교토(京都) 우니티카 중앙병원의 기마타 하지메(木俣肇) 박사팀은 최근 미국의학협회저널(JAMA)에 발표한 논문에서 알레르기 환자가 찰리 채플린의 희극영화를 본 뒤 증상이 개선된 사례를 소개했다.

기마타 박사팀은 남녀 알레르기 환자 26명을 두 그룹으로 나눠 각각 찰리 채플린(Sir Charles Spencer Chaplin, 1889~1977)의 희극영화 '모던타임스(Modern Times)'와 일반 비디오를 보여준 뒤 이들의 상태를 관찰했다. 알레르기를 가진 환자에겐 조사에 앞서 알레르기 유발물질을 주사했으며 90여 분간 비디오를 시청한 뒤 피부상태에 대한 검사를 실시했다. 조사 결과 채플린 영화를 본 환자들은 알레르기로 인한 피부 태흔(苔痕)이 줄어든데 반해, 일반 비디오를 시청한 환자에게서는 아무런 변화도 나타나지 않았다는 것이다.

그뿐만 아니라 독일인 정신과 의사인 미하엘 티체(Michael Tietze) 박사는 웃음이 스트레스를 진정시키고, 혈압을 낮추고, 혈액순환을 개선하고, 면역체계와 소화기관을 안정시킨다고 하였다. 그 이유는 웃을 때 통증을 진정시키는 호르몬이 분비되기 때문이다. 실제로 장수하는 사람들을 보면 대부분 많이 웃으면서 삶을 즐겁게 살아온 사람들이다. 인간이 웃을 수 있는 것은 미래의 불안을 예상할 수 있는 능력과 그것이 해소되었다는 것을 인식할 수 있는 능력이 있기 때문에 가능하다. 동물들은 그러한 능력이 없으므로 웃을 줄 모르는 것이다. 하지만 동물들은 정신능력이 부족한 덕분에 스트레스도 거의 없으므로 굳이 웃음을 통해 스트레스를 해소할 필요성도 없다. 문제는 인간의 경우 고도의 정신능력 때문에 부산물로 발생하는 엄청난 스트레스를 어떤 방법으로든 풀어주지 않으면 건강하게 살 수 없다. 따라서 웃음은 스트레스를 해소할 수 있는 여러 가지 방법 중에 인류가 개발한 가장 오래된 그리고 가장 건강한 방법이다.

어떤 종류의 웃음이든 웃음은 모두다 부분적으로 스트레스를 해소해주고 면역기능을 활성화시키는 긍정적 측면이 있지만, 자세히 살펴보면 상대적으로 더 건강한 웃음과 덜 건강한 웃음이 있다. 그러면 어떤 웃음이 더 긴강한 웃음인가? 혼자 웃는 웃음보다는 함께 웃는 웃음이, 타인을 비웃거나 조롱하는 웃음보다는 서로가 하나 되어 일체감을 느끼면서 웃는 웃음이 더 건강하다. 즉, 서로 간에 허물없이 함께 즐겁게 웃는 웃음이 가장 건강한 웃음이라고 할 수 있다. 혼자 웃을 때 보다 여럿이 함께 웃으면 33배 효과가 있고, 우리가 하루에 10초만 웃어도 2일을 더 살 수 있고, 잘 웃고 살면 8년을 더 살 수 있다는 연구결과가 있다.

여자가 남자보다 평균적으로 7.1년 오래 사는 이유는 자주 웃기 때문이다. 따라서 서양 속담에 웃음은 내면의 조깅이라는 말이 있다. 우리가 크게 웃으면 엔돌핀(Endorphin)과 엔케팔린(enkephalins)이 나오는데 돈으로 환산하면 2백만원의 가치가 있다고 한다. 이처럼 웃으면 돈을 버는 것이며, 장수의 비결이 될 수 있는데 성인들의 하루 웃는 횟수가 15회(어린이들은 하루 400회를 웃음)에 지나지 않는다고 한다.

1백 년 전에는 새의 깃털로 환자를 간지럼 태워 치료했다고 한다. 아무리 '명의' 라 하더라도 의사가 고칠 수 있는 병은 20%에 지나지 않는다고 하지만 이러한 대체의학, 대안의학, 통합의학이라고 할 수 있는 웃음을 치료의 방법으로 활용한다면 치료에 큰 도움이 될 것이다.

따라서 웃음을 유발할 수 있는 맛, 소리, 그림, 글, 공연, 관람, 상상, 체험, 댄스, 노래, 관광, 레포츠, 레크리에이션, 유머, 퀴즈, 억지웃음 등 통합적인 활동을 응용하여 접근하는 웃음치료는 현대인들의 행복지수를 높이는데 강력한 기법이 된다고 할 수 있다.

(3) 웃음은 최고의 운동이다.

미국의 플라이 교수는 웃으면 심장기능을 활발하게 해주는 힘이 생기고 10초 동안 배꼽을 잡고 깔깔 웃으면 3분 동안 힘차게 보트의 노를 젓는 것과 같은 운동효과가 있다고 한 다. 나아가 한 번 웃을 때마다 231개의 근육이 운동을 하고 얼굴 근육만도 15개가 운동을 한다고 말한다. 그리고 어떤 학자들은 한 번 웃을 때의 운동효과는 5분 동안 에어로빅한 효과와 비슷하며, 1분여간 웃으면 10분간 조깅한 것과 비슷한 효과가 있다고 말한다.

미국 밴더빌트대 심리학과 조안 바초로프스키(Jo-Anne Bachorowski) 교수는 건강에 도움을 주는 웃음은 얼굴에 미소를 띠는 정도가 아니다. 얼굴 근육, 배, 성대까지 동원되는 웃음운동을 할 때 효과가 있다고 한다. 그리고 정기적으로 웃음운동을 할 때 큰 효과를 얻게 된다. 요즘 활용되고 있는 웃음운동법에는 미친 듯이 최소한 15초 정도 배가 출렁거리도록 크게 웃는 크레이지(crazy) 웃음운동법이 있고, 자신이 좋아하는 한마디를 외치면서(예를 들어 "앗~~싸" "나는 할 수 있어") 온몸을 역동적으로 움직이면서 웃는 바디 피드백(Body Feedback)과 크게 웃을 수 없는 환경에 처할 때, 그리고 마음의 여유가 생기지도 않고 일이 손에 잡히지 않을 때 사용하는 방법으로 볼펜을 입에 물고 웃음을 짓다가 나중에는 볼펜을 입에서 빼고 더 큰 미소를 짓는 펜테크닉(pen technique)기법이 있다. 그리고 웃음운동에서 가장 효과가 큰 박장대소 웃음법이 있다. 박장대소 웃음법은 숨을 멈췄다가 뱃속에서부터 한 번에 내뿜듯이 "파~하"한 다음 박수를 빠르게 치면서 최대한 큰 동작으로 온몸을 움직이며 의식적으로 뱃속에서부터 큰 소리를 내면서 웃는 방법이다. 억지로 웃는 것도 90% 효과가 있으므로 의도적으로 웃음운동을 하는 것이 중요하다. UCLA대학교 통증 치료소의 데이빗 브레슬로우(David Breslow) 박사는 통증이 심한 환우들에게 1시간에 2회씩 거울을 보고 웃게 하였는데, 억지로 가식적으로 웃는 환우들까지도 치료효과를 크게 보았다고 한다.

3) 유머지수 높이기

인간의 정신건강을 연구하고 정신장애를 치료하는 많은 심리학자들은 유머(humor)를 건강한 마음의 지표로 꼽는다. 유머를 사용할 줄 안다면 정신장애로 고통 받을 확률이 적을뿐더러, 정신장애로 고통을 받더라도 그로 인한 충격과 괴로움을 상당히 경감시킬 수 있기 때문이다. 유머가 무엇인지 사람마다 생각이 다를 수 있다. 하지만 심리학자들이 말하는 건강한 마음의 지표인 유머는 분명 단순한 농담(joke)과는 다르다. 유머와 농담은 모두 웃음을 유발하지만 목적과 결과는 전혀 다르다. 유머가 빛을 발하는 순간은 자신이 위기에 처했을 때 그 상황을 웃음으로 넘기려는 목적을 가진다. 따라서 유머를 잘 사용하면 위기 상황에 빠진 자신도 살리고, 자신을 위기에 빠뜨린 타인도 살리는 결과를 초래한다. 반면 농담은 보통 상대방을 제압하기 위해서 난처한 상황에 빠뜨리려는 목적을 가진다. 이처럼 상대방을 향한 공격의 수단인 농담은 타인을 죽이고 결국 자신도 죽게 된다.

당연히 유머를 잘 사용하는 사람들은 주변에 사람이 모이게 되지만, 농담을 잘하는 사람 주변에는 사람이 없다. 유머와 농담은 모두 웃게 만들지만 유머의 웃음이 진짜 웃음이라면 농담의 웃음은 쓴웃음이다.

흔히 '타고난 유머 감각'이라고 하여 다분히 선천적인 요소라고 치부하였던 인식에서 벗어나 최근 들어서는 '재미'도 학습이 가능한 일이라고 보는 것이 일반적인 인식이다. 대학의 평생교육원 등에서 '펀 리더십(Fun Leadership)', '웃음치료', '레크리에이션' 등 재미를 가르치는 강좌들을 다양하게 개설하고 있는 것도 바로 그러한 인식을 반영하는 것들이다.

유머지수를 높이고 멋진 유머를 과시하기 위해서는 무엇보다도 그만한 노력이 뒤따라야 한다. 웃음은 별 노력 없이 자연스럽게 외부에 반응할 수 있으나 유머리더십을 발휘하는 데는 그만한 대가가 요구된다.

유머지수를 개발하는 방법을 유머(Humor)의 이니셜을 풀이하면서 제시하면 다음과 같다.

(1) 유머적인 습관(Habit)을 길러나가야 한다.

유머를 존중하고 유머를 사랑하며 유머를 익히는 습관은 유머리더로 성공하는데 지름길이다. 여기에는 웃는 습관, 인생을 즐기는 습관이 포함된다. 웃음은 능력이 아니라 습관에 불과하다는 말이 있다. 매사를 긍정적으로 바라보는 습관, 즐겁게 일을 받아들이는 습관, 동료들과 원만한 인간관계를 유지하는 습관, 일을 재미있게 하기 위한 노력 등이 모두가 유머적인 리더로 가는 길이다.

(2) 언제 어디서든지 사용할 수 있는(Ubiquitous) 유머 실력을 갖추는 일이다.

유머리더는 언제 어디에서든지 시공을 초월하여 유머의 힘을 이용할 수 있는 이른바 유비쿼터스(Ubiquitous) 유머감각을 익혀야 한다. 유머감각만 제대로 갖춘다면 어떤 위기도 난관도 지혜롭게 극복하고 자신의 존재를 귀하게 들어낼 수 있다. 그러기 위해서는 꾸밈이 없고 솔직한 요소를 찾아내어 유머로 각색하고 내 것으로 만들 수 있는 아이디어가 필요하다.

(3) 유머는 도덕적인 내용(Moral)을 담아야 한다.

도덕적이지 못한 유머는 오히려 민망함과 어색함을 연출하고 유머를 꺼낸 사람이 오히려 궁지에 몰리는 경우를 보게 된다. 유머의 소재는 인간적이고 만인이 공감할 수 있는 정서를 담아야 한다. 그것이 유머의 생명이다. 유머는 도덕적이고 인간적인 정서를 벗어나서는 훌륭한 유머라 할 수 없다. 특히 리더의 위치에서 단순히 웃음을 이끌어 내기 위하여 소재를 선택한다면 그것은 오히려 리더십을 훼손시키는 일이 된다. 훌륭한 유머리더십을 발휘하기 위해서는 인간적이고 누구나 무릎을 치며 공감할 수 있는 지극히 일상적이고 정서적으로 위안을 줄 수 있는 요소를 택하여야 한다.

(4) 마음을 열어야(Open)한다.

마음을 열지 못하면 아무것도 들어가지 못하고 더욱이 아무것도 나올 수 없다. 지금 있는 그대로 살아야 한다. 마음은 나와 세상을 연결하는 통로다. 마음이 닫히면 나는 세상으로부터 고립된다. 유머는 열린 마음에서 나온다. 마음을 연다는 것은 자신을 잘 다스리는 것을 말한다. "사람의 모든 기관은 마음에 의해서 좌우된다. 그러므로 세상에서 가장 강한 사람은 자신의 마음을 다스릴 수 있는 사람이다."라고 탈무드는 가르치고 있다. "중요한 것은 눈으로는 볼 수 없다. 중요한 것은 오직 마음으로만 볼 수 있다."고 생텍쥐페리(Saint Exupery)는 말한 바 있다. 또한 슈바이쳐(Albert Schweitzer, 1875-1965) 박사도 "인간의 미래는 인간의 마음속에 있다."며 마음을 열고 닦을 것을 권하고 있다.

(5) 책을 많이 읽어야(Reading) 한다.

다른 사람의 마음속에 잠들어 있는 잠재능력을 자극하고 무뚝뚝한 사람들의 심금을 울려 웃음을 이끌어 내는 데는 그만한 노하우와 아이디어가 필요하다. 유머를 위해서는 다양한 분야의 책 읽기, 신문, 뉴스 등 정보에 대해 항상 주의 깊게 보고, 듣고, 생각하는 것이 필수요건인 것이다.

현대 중국의 대표적인 지성이라고 꼽는 임어당(林語堂)은 주변 사람들을 늘 웃기고 유쾌하게 만드는데 남다른 능력을 가지고 있었다. 그리하여 사람들은 그를 '유머 대사'라고 불렀다. 그 같은 임어당의 능력은 천부적이라기보다는 해박한 지식 위에 인생과 자연을 관조하는 높은 철학적 소양에 있었음은 물론이다.

21세기의 부자의 개념은 돈을 많이 갖고 있는 사람이 아니라 아이디어를 많이 갖고 있는 사람이다. 지식정보화 사회에서는 무한 복제가 가능하고 언제든지 응용할 수 있는 참신한 아이디어를 누가 많이 갖고 있느냐에 따라 조직이나 개인의 성패가 좌우된다고 볼 수 있다.

유머감각을 길러나가는 길은 다양한 읽을거리를 통하여 정보를 얻고 아이디어를 짜내는 일이다.

【 유머지수 검사 】

아래에 있는 문항을 읽고, 지난 1년간 실제로 어떠했는지에 근거하여 자신에게 가장 적절한 숫자에 V표를 하기 바란다.

유머지수 평가 문항	그렇지 않다 1	약간 그렇다 2	상당히 그렇디 3	매우 그렇다 4
1. 나는 내가 무슨 일을 하든지 유머를 곁들이려고 노력한다.				
2. 난 다른 사람들을 웃게 하고 즐겁게 하는 것에서 만족을 느낀다.				
3. 대부분의 사람들은 나와 함께 있으면 즐겁다고 한다.				
4. 나는 유머로 다른 사람의 하루를 기쁘게 하는 것을 좋아한다.				
5. 나는 유머감각이 뛰어난 사람으로 알려져 있다.				
6. 나는 평소에 다른 사람을 즐겁게 하거나 웃게 만드는 유머감각이나 장난기가 많은 편이다.				

출처: 권석만, 긍정심리학

결과 해석

6~9점 : 유머능력이 부족한 상태이므로 계발을 위한 적극적 노력이 필요함.

10~20점 : 유머능력이 보통 수준이므로 계발을 위한 노력이 필요함.

21~25점 : 상당한 유머능력을 지니고 있으므로 강점으로 계발하기 바람.

26~30점 : 매우 탁월한 유머능력을 지니고 있으며 대표 강점으로 계발하기 바람.

7. 사랑지수 높이기

1) 사랑의 의미

사랑은 누구나 경험하는 보편적 감정이지만 각 개인마다 각양각색을 가진다. 따라서 사랑은 공통된 정의와 개념을 찾아내기 어려우며 그것에 대해 사람마다 다르게 느낀다. 국어사전에 의하면 사랑은 '아끼고 위하는 따뜻한 인정을 베푸는 일 또는 그 마음' 또는 '마음에 드는 이성을 몹시 따르고 그리워하는 일, 또는 그러한 마음'이라고 정의되어 있다. 디너와 마틴 셀리그만(Diener & Seligman, 1995)의 연구에 따르면 행복한 사람 상위 10%에 속한 사람들 가운데 한 명을 제외한 모두가 사랑하는 사람이 있었다고 하였다. 사랑은 사람 사이 즉, 인간관계에서 다른 무언가로 대체할 수 없는 가장 행복하고 오묘한 감정이며, 행복한 인간관계의 기본이므로 사랑하지 않고 행복할 수 없다. 그래서 사랑은 누구나 동경하는 체험이며, 동서고금을 막론하고 예술과 문학의 변함없는 주제가 되고 있다.

토탈컨택서비스기업 KTcs가 전화번호안내 114의 78주년을 맞아 2013년 10월 1일부터 15일까지 114 이용고객들 200명을 대상으로 역대 114 첫인사 중 가장 기억에 남는 인사말을 조사했다. 조사 결과 53%의 고객들이 '사랑합니다, 고객님'을 가장 기억에 남는 인사말로 꼽았다. 2위는 '반갑습니다'(16%), 3위는 '행복하세요, 고객님'(12%) 순으로 나타났다. 이전에도 2006년 7월부터 2009년 1월까지 114에 전화를 걸면 대뜸 '사랑합니다. 고객님'하며 예쁜 목소리로 응대했다. 고객은 전화번호 하나 물으려고 한 것밖에 없는데 얼굴도 모르는 상담원한테서 듣는 사랑한다는 말이 가장 기억에 남는 것이다.

'사랑'은 이처럼 묘약이고 영약이다. 사랑한다는 말에 '사랑'이 안 들어 있어도 엔돌핀(Endorphin)을 돌게 하는 마력이 있다. 주체할 수 없이 강렬한 사랑의 감정을 느낄 때 우리 몸에선 엔돌핀보다 4000배나 강한 다이돌핀(Didorphin)이라는 호르몬이 나와 통증을 제어하고 면역력을 끌어올린다고 한다. 사랑을 하면 예뻐질 뿐만 아니라 고통도 줄어든다는 것이 과학적으로 증명된 것이다.

2) 사랑의 유형

(1) Lee의 사랑의 유형

사랑에 대한 선구적 연구자인 캐나다 심리학자인 존 리(John Alan Lee, 1973)는 역사, 철학, 소설 등의 문헌에서 연애를 묘사한 구절을 4000개 이상 수집해 정해진 기준에 따라 분류하고, 캐나다와 영국 청년들을 대상으로 일반적으로 사람들이 생각하는 연애의 특징을 조사했다. 그런 다음 연애를 주요한 몇 가지 유형으로 분류하고 색상환(色相環)과 같이 원형으로 배치한 다음 '사랑의 색채 이론'이라고 이름 붙였다.

Lee는 사랑이란 자연스럽게 발생하는 것이 아니라 학습되는 것이라고 보고 사랑의 유형을 '기본색'에 해당하는 1차 유형 (primary style)과 '이차색'에 해당하는 2차 유형(secondary style)으로 구분하였다. 1차 유형에는 에로스(Eros), 루두스(Ludus), 스트로게 (Storge) 세 유형이 있고, 1차 유형이 조합되어서 나타난 2차 유형에는 파생한 매니아(Mania), 프로그마(Pragma), 아가페(Agape)의 세 가지 유형이 있으며, 이들을 합쳐 총 6가지 사랑의 유형을 설명할 수 있다고 주장했다.

Lee에 의하면 사람들은 이 여섯 가지 사랑의 색깔 중 어느 하나의 사랑을 선호하는 타입으로 나타날 수 있다고 했는데, 구체적인 설명은 아래와 같다.

첫째, 에로스(Eros): 낭만적 사랑

낭만적이고 육체적, 성적 매력에 매료되는 사랑.

에로스적인 사랑은 판타지적인 사랑이라고 할 수 있다. 첫눈에 서로에게 매혹되어 사랑에 빠지면서 느끼게 되는 낭만적이고 강렬한 감정, 벼락을 맞은 듯한 격렬한 열정이 나타나는 사랑이다. 이러한 에로스적 사랑을 하는 사람들은 대부분 자신이 선호하는 이상형이 분명하다. 그래서 그 이상형을 만날 때 주체할 수 없는 에로스가 뿜어져 나온다. 이들은 사랑의 순정을 믿고 낭만적인 사랑을 갈망하는 '사랑 지상주의자' 들이다. 대개는 이런 이상형에 대한 낭만과 순정은 기질적이라고 여겨진다. 어릴 때부터 자신에게 뿌리내린 에로스의 이미지, 이상적인 이미지는 잘 바뀌지 않는다고 한다.

둘째, 루두스(Ludus): 유희적 사랑

장난스럽고 게임과 같은 즐기는 사랑.

이 유형에 해당하는 사람들은 이상형에 대한 '에뜨 옴므'(오직 한 사람)적인 순정을 불태우는 에로스 유형과는 달리 다다익선을 추구한다. 이들은 되도록 많은 이성들과 게임을 하듯이 스릴 있고 쾌락적인 사랑을 하고자 한다. 게임에 지지 않기 위해 상대에게 몰입하는 것에 저항하며, 피상적이고 거리를 두는 사랑을 하고자 한다. 사랑은 한 때를 즐기기 위한 놀이라고 생각하는 바람둥이들의 사랑이다.

셋째, 스토로게(Storge): 우애적 사랑

편안하고 친밀한 동료애, 형제애와 같은 사랑.

스토르게적인 연인은 사실 친구 사이와 별반 다를 바가 없는 사랑을 추구한다. 친밀하고 편안하고 함께 인생의 목표를 수행할 수 있는 동반자나 동료애가 곧 사랑이며, 그런 대상이 최고의 파트너라고 생각한다. 이들의 사랑은 친밀하고 평안하고 안정감이 있으나 열정이나 낭만은 찾아보기는 어렵고, 사랑에 목숨 거는 에로스적인 사랑을 잘 이해하지 못한다. 오래도록 옆에서 서로를 지켜주고, 함께 하기 때문에 금술 좋은 오래된 부부애와도 같은 사랑이다.

넷째, 매니아(Mania): 소유적 사랑

'에로스 + 루두스', 유희적 사랑을 하다 열정에 빠진 '미친' 사랑.

매니아적인 사랑은 여러 사람과 게임과 같은 사랑을 즐기다 불현듯 한 사람에게 필이 꽂혀 미친 듯한 열정에 사로잡히는 사랑이다. 이런 사랑을 하는 유형들은 사랑을 게임으로만 여겨왔기 때문에 갑자기 어떤 한 사람에게 빠져드는 상태를 받아들이지 못하고 당황하면서 자신의 사랑을 의심하고 경멸한다. 하지만 에로스적인 감정을 주체할 수 없어 사랑과 의심 사이를 왔다 갔다 하게 된다. 사랑을 선택하자니 자신이 게임에서 진 것 같아 분노하게 되고, 냉정한 포커페이스로 게임을 하자니 열정이 통제가 안되고, 그야말로 자신도 종잡을 수 없는 '크레이지 러브(crazy love)' 상태라고 할 수 있을 것이다.

사랑을 늘 게임으로만 여기던 유희적 유형이 주체할 수 없는 열정에 사로잡히니 사랑하는 방법을 몰라 그저 상대를 소유하고 통제하고 얽어매는 사랑만을 하게 된다. 천하의 바람둥이가 어느날 한 여자에게 빠져 진실한 사랑을 하게 된다는 스토리는 로맨스 영화의 흥미로운 소재가 되지만 실제 현실에서는 진실한 사랑보다는 상대를 소유욕으로 독점하려 드는 '매니아적인 사랑'을 하기가 쉽다.

다섯째, 프래그마(Pragma): 논리적 사랑

'루두스 + 스트로게', 자신의 기준에 맞는 사람을 찾는 실용적인 사랑.

사랑에 대한 환상이나 낭만을 기대하지 않고 자신과 처지와 조건에 어울리는 사람을 만나서 서로 아껴가며 오래도록 함께 살아가는 것을 목표로 삼는 현실적이고 실용주의적인 사랑이다. 어쩌면 우리 사회에서 가장 많은 사랑 유형이라고 할 수 있고, 재미는 없지만 생활의 안정은 찾을 수 있는 평범한 사랑이라고 할 수 있다.

여섯째, 아가페(Agape): 이타적 사랑

'에로스 + 스트로게', 봉사하고 헌신하는 모성애적인 사랑.

아가페는 말 그대로 모성애와 같이 헌신의 열정에 불타는 사랑이다. 이들은 사랑하는 상대에게 봉사하고 헌신하는 것을 하나의 의무로 생각하며, 자신을 버리고 상대를 위해 아낌없이 주는 나무가 된다. 파트너를 아끼고 배려하고 상대방이 원하는 것을 제공하기 위해서 최선을 다하며, 자신을 낮추고 상대를 섬기는 수행자적인 모습을 보인다.

자신을 희생하며 무조건적이고 맹목적 사랑을 퍼부어주지만, 욕심이 아닌 숭고한 이타성으로 자신의 내면은 더 풍요로워진다고 여긴다. 예수님과 같은 성인들의 사랑과 같은 사랑 유형이다.

사랑지수 검사

【 존리의 삼원색 6가지 사랑유형 체크리스트 】

여러분의 사랑은 어느 유형과 같은가? 알아보고 싶다면 아래의 체크리스트를 활용해 보라.

■ 질문은 50문항이다. 각각 '예'나 '아니오'로 대답하라.
■ 어느 쪽도 해당이 안 될 때도 답을 하길 바란다.
■ 도중에 질문을 건너뛰거나 해서는 절대로 안 된다.
■ 연인이 함께 체크할 때는 질문에 대해 이야기하거나 사전에 의논하지 않도록 주의하라.

1. '한눈에 반한다'는 것은 있을 수 있다. (Yes, No)
2. 나는 한참을 지나서야 내가 사랑하고 있다는 것을 알았다. (Yes, No)

---

3. 연인과의 사랑이 잘 풀리면 소화가 잘 안 된다. (Yes, No)

4. 사랑하는 사람에게 자신의 인생을 맡기기 전에 자신이 먼저 생각한다. (Yes, No)

5. 얼마동안 좋아하는 마음이 유지된 후에 비로소 사랑이 생기는 것이 원칙이다. (Yes, No)

6. 자신이 어느 정도 마음이 끌리고 있는지 상대방이 확실하게 알지 못하게 하는 것이 좋다. (Yes, No)

7. 첫 키스를 하거나 신체적 접촉이 있었을 때 성기에 뚜렷한 신호를 느꼈다. (Yes, No)

8. 예전에 사귀었던 사람들과 지금도 좋은 친구로 지내고 있다. (Yes, No)

9. 애인을 선택하기 전에 인생의 계획을 신중하게 세워 둘 필요가 있다. (Yes, No)

10. 사랑이 깨졌을 때 자살하고 싶을 정도로 낙망한다. (Yes, No)

11. 때때로 사랑하고 있다는 데에 흥분하여 잠 못 이룰 때가 있다. (Yes, No)

12. 애인이 곤란한 일을 당해 그 결과가 잘못된 것이라도 도와주고 싶다. (Yes, No)

13. 애인이 고통을 당하는 것보다 내가 고통당하는 것이 낫다. (Yes, No)

14. 사랑의 재미는 그것을 지속시켜서 바라는 것을 얻는 기술을 시험하는 데 있다. (Yes, No)

15. 애인이 모르는 비밀이 있어도 그것으로 상대방이 상처를 입는다고는 생각하지 않는다. (Yes, No)

16. 자신과 같은 배경을 가진 사람과 연애하는 것이 가장 좋다. (Yes, No)

17. 사귄 지 얼마 되지 않았어도 망설임 없이 키스한다. (Yes, No)

18. 애인이 자기를 위해 마음을 써주지 않을 때는 기분이 나쁘다. (Yes, No)

19. 자신보다 먼저 애인의 행복을 생각한다. (Yes, No)

20. 처음 사귈 때는 먼저 외모를 따진다. (Yes, No)

21. 최고의 사랑은 오랜 친구들과의 사귐에서 생긴다. (Yes, No)

22. 사랑하고 있을 때는 다른 일에 신경을 쓰기 어렵다. (Yes, No)

23. 처음 상대의 손을 잡았을 때, 이 사랑은 반드시 진전한다고 확신했다. (Yes, No)

24. 두 사람의 관계가 끝났을 때도 상대가 옳았다고 자신에게 말한다. (Yes, No)
25. 애인이 다른 사람과 함께 있지나 않을까 하는 생각에 안절부절못한다. (Yes, No)
26. 사귀고 있는 애인 친구와 만나지 않으려고 신경을 쓴 일이 있다. (Yes, No)
27. 끝난 사랑은 쉽게 잊을 수 있다. (Yes, No)
28. 애인을 선택할 때 먼저 상대가 자신의 가족을 어떻게 생각하는가를 생각한다. (Yes, No)
29. 사랑의 이상형은 함께 살고, 함께 가정을 만들고, 함께 자녀를 기르는 것이다. (Yes, No)
30. 애인의 희망이 성취된다면 기꺼이 자신의 희망은 희생한다. (Yes, No)
31. 평생 동반자를 선택하면서 좋은 부모가 될 수 있는지를 염두에 둔다. (Yes, No)
32. 키스나 포옹, 섹스는 친밀도가 높아지면 자연스럽게 이루어지는 것이다. (Yes, No)
33. 매력적인 사람과 노닥거리는 것은 즐겁다. (Yes, No)
34. 자기가 다른 사람과 한 일을 지금의 애인이 안다면 깜짝 놀랄 것이 틀림없다. (Yes, No)
35. 사랑하기 전에는 분명한 이상형의 여인을 그리고 있었다. (Yes, No)
36. 애인과 다른 사람 사이에서 태어난 아이일지라도 자신의 아이처럼 키우고 사랑할 수 있다. (Yes, No)
37. 언제 사랑에 빠졌는지 정확히 말할 수 없다. (Yes, No)
38. 결혼하기 싫은 사람을 진정으로 사랑할 수는 없다. (Yes, No)
39. 질투하고 싶지 않지만애인이 다른 사람에게 정신을 팔면 자신도 모르게 질투하고 만다. (Yes, No)
40. 애인이 제멋대로인 사람이라면 헤어지는 편이 낫다. (Yes, No)
41. 애인과 똑같은 옷, 모자, 음식, 자전거, 자동차를 가지고 싶다. (Yes, No)
42. 사랑하고 싶지 않은 사람과는 데이트도 하고 싶지 않다. (Yes, No)
43. 옛 애인을 만나면 옛날의 그리운 마음이 되살아난다. (Yes, No)
44. 자신의 것은 무엇이든 사용해도 상관없다. (Yes, No)

45. 계속 무시를 당한다면, 관심을 되찾기 위해서 무슨 짓도 할 수 있다. (Yes, No)
46. 좋아하지 않는 사람과 데이트할 수 있는지 시험해 보는 것은 재미있는 일이다. (Yes, No)
47. 배우자를 선택할 때 생각해야 할 것은 상대가 자신의 직업을 어떻게 생각하느냐다. (Yes, No)
48. 애인과 잠시 만나지 못했거나 연락이 없어도 그럴 만한 이유가 있을 것으로 생각한다. (Yes, No)
49. 상대방에게 깊이 빠지기 전에 아이들에게 미칠 영향을 생각한다. (Yes, No)
50. 최고의 연애란 오래 계속하는 것이다. (Yes, No)

※ 자신이 Yes라고 선택한 번호를 찾아 체크하라.
　특히 많이 체크된 유형이 자신의 유형이라고 판단하면 된다.

1. 에로스 (Eros) 낭만적 사랑	2. 루두스 (Ludus) 유희적 사랑	3. 스트로게 (Storge) 우애적 사랑	4. 매니아 (Mania) 소유적 사랑	5. 프로그마 (Pragma) 논리적 사랑	6. 아가페 (Agape) 이타적 사랑
1	6	2	3	4	12
7	14	5	10	9	13
17	15	8	11	16	19
20	26	21	18	28	24
23	27	29	22	31	30
33	33	32	25	38	36
35	34	37	39	42	40
41	46	50	43	47	44
			45	49	48
합계 ( )개	합계 ( )개	합계 ( )개	합계 ( )개	합계 ( )개	합계 ( )개
합계÷8× 100=	합계÷8× 100=	합계÷8× 100=	합계÷9× 100=	합계÷9× 100=	합계÷9× 100=

두 체크가 끝났으면 가장 많은 개수의 섹션 순서로 나열을 해 보자. 만일 1번이 4개, 6번이 4개라면 당신은 에로스적으로 낭만적인 사랑을 추구하면서 동시에 아가페적인 즉, 이타적이고 무조건적인 절대 사랑을 원하는 유형이라고 판단할 수 있다. 사랑이라는 것이 딱 한 가지 유형만 사람에게 나타나는 것이 아니기 때문에 중요한 순서대로 유형이 나타나게 되는데, 이를 상대와 비교해 보면 상대가 어떤 유형으로 나를 대하는지 파악하고 연애를 하는데 도움이 될 것이다.

구체적으로 "얘는 왜 분위기 좋은 곳에서 멋진 말을 하지 않을까?" 라고 생각하는 여자는 1번의 에로스적인 요소가 많은데 비해, 남자는 2번의 루두스적인 경우가 많다.

"얘는 돈 쓰는데 왜 이렇게 따져?"라고 생각이 든다거나, "결혼하기 전에 살아봐야 하지 않아?"라는 생각이 드는 사람은 5번의 프라그마적 요소가 강하다고 이해하고 그에 맞게 대처하고 대화할 수 있을 것이다.

참고로, 어떤 사람은 6개 항목 모두 높게 나올 수도 있고 심지어 어떤 사람은 전체 50개 문항에서 "예"가 매우 낮게 나오는 사람도 있다. 하지만, 낮다고 사랑이 낮은 것이 절대로 아님을 알아야 한다.

이 테스트는 사람의 성향을 파악하는 심리도구이므로 그 사람의 성격과 함께 나타나기 때문에, "예"가 많은 사람은 '나는 약간 그런 것 같아'라고만 생각해도 "예"라고 표시하고, 반대로 "예"가 별로 없는 사람은 상당히 조심스러운 성격일 수도 있기 때문이다.

그러므로 이 결과지를 보고 두 가지를 판단할 수 있다.

1. "예"의 개수가 아주 많거나 적은 경우
2. 1~6번 섹션으로 보는 사랑의 유형

1번으로는 이 사람이 조금이라도 그렇다는 면이 있다면, "예"라고 하는 성격인지, 그렇지 않으면 상당히 조심스러운 성격인지 파악할 수 있다.

2번으로는 1~6번 섹션의 선택비율로 자신이 추구하는 사랑의 유형을 파악할 수 있다

(2) 로버트 스턴버그(Robert Sternberg)의 사랑의 삼각형 이론

심리학자이면서 교육 이론가인 예일대학의 로버트 스턴버그(Robert Sternberg, 1986)는 사랑의 삼각형 이론을 통해서 사랑의 기본적 유형을 병렬식으로 분류하려는 기존이론과 다르게 사랑을 보았다. 사실 지능연구의 대가인 스턴버그(Robert Sternberg) 박사가 그의 제자 그레이젝(Susan Grajek)과 함께「사랑의 본질」이라는 논문을 1984년에 발표했을 때, 사랑이 기초심리 학자의 관심대상이 될 수 있을 뿐만 아니라 매우 현대적 연구방법을 사랑연구에 적용했다는 이유 등으로 세인들을 깜짝 놀라게 했다. 그리하여 1993년도의 미국 심리학회 연차대회에서 사랑을 주제로 한 심포지움이 있었을 때 스턴버그가 그 첫 번째 강연자로 나서기도 했다. 스턴버그와 그레이젝은 적어도 한 번 이상 사랑을 해본 경험이 있는 18세에서 70세 사이의 남자 35명과 여자 50명을 대상으로 사랑과 단순히 좋아하는 감정 및 대인관계 형성 능력 등을 중심으로 연구했다. 그 결과, 남자들은 자기 애인을 가장 좋아하고 사랑하며 자기 형제를 가장 적게 사랑하거나 좋아하는 것으로 나타났다. 한편 여자들은 자기애인 및 가장 친한 친구를 비슷하게 사랑하지만 좋아하는 감정에 있어서는 애인보다 가장 친한 친구를 더 좋아하는 것으로 밝혀졌다. 그 이유에 대하여 스턴버그는 여자들은 남자보다 친밀감 형성에 더 능숙할 뿐만 아니라 그것을 더 소중히 여기며, 만일 남자와의 관계에서 그들이 바라는 친밀감을 얻지 못했을 경우에 동성의 가장 친한 친구에게서 그것을 찾으려 하기 때문이라고 설명했다. 여자들은 친밀한 우정을 매우 소중히 여길 뿐만 아니라 남자에게 말할 수 없는 것도 다른 여자친구에게는 말할 수 있다는 것이 스턴버그의 해석이다. 이 연구를 보완하여 1986년에 스턴버그는 그의 유명한 『사랑의 삼각이론』을 발표했다. 그는 낭만적인 사랑과 우정, 단순히 좋아하는 마음, 매혹 및 그밖에 여러 가지 형태의 사랑 간의 차이를 밝히고자 여러 애정관계들을 분석했다. 그 결과 사랑은 다음과 같은 세 가지 요소, 즉 '친밀감 요인', '열정 요인' 그리고 '헌신/결심 요인' 등으로 구성된다고 결론지었다.

① 사랑의 구성요소
로버트 스턴버그가 1986년에 발표한 '사랑의 삼각형' 이론의 사랑의 기본적인 세 가지 구성 요소인 친밀감, 열정, 헌신/결심에 대해서 설명하면 다음과 같다.

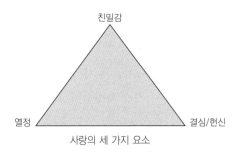

사랑의 세 가지 요소

친밀감(intimacy)은 사랑하는 관계에서 나타나는 가깝고, 연결되어 있고, 결합되어 있다는 느낌이다. 친밀감을 나타내는 열 가지 표지를 말하는데 그것은 사랑하는 대상에 대하여 복지 증진 열망, 함께 행복 경험, 높은 존경심, 필요시 의지함, 이해함, 소유를 공유함, 정서적 지지를 받음, 정서적 지지를 줌, 친밀한 의사소통, 삶에서 높은 가치평가 등이다.

열정(passion)은 사랑하는 관계에서 낭만, 신체적 매력, 성적인 몰입 같은 것으로 이끄는 욕망이다. 성적 욕구가 주요 부분이지만 자아 존중감, 상대방과의 친화, 상대방에 대한 지배, 상대방에 대한 복종, 자아실현 같은 욕구들이 열정의 경험에 요소가 되기도 한다.

헌신/결심(commitment, decision)은 단기적으로는 어떤 사람을 사랑하기로 결심하는 것이다. 장기적으로는 그 사랑을 지속시키겠다는 헌신을 말한다. 이런 결심과 헌신이 꼭 함께 가는 것은 아니다. 많은 사람들이 상대를 사랑한다는 혹은 사랑에 빠졌다는 것을 인정하지 않은 상태에서 그 사람과의 사랑에 헌신을 한다. 그리고 헌신 이전에 사랑에 대한 결심이 있는 경우가 많다.

② 사랑의 세 가지 구성요소의 속성

사랑의 세 가지 구성 요소인 친밀감, 열정, 헌신 혹은 결심은 서로 다른 속성을 가지고 있다. 로버트 스턴버그(Robert Sternberg, 1998)는 사랑의 세 구성 요소가 각기 시간이 경과함에 따라서 다르게 변화하는 과정을 나타낸다고 하였다. 즉, 친밀감은 처음에 꾸준히 증가하다가 점차 느린 비율로 증가하고 마지막에는 감소하며, 열정은 빠른 증가 후에 습관화가 나타나고 출발점 이하로 떨어진 후 점차 회복된다고 하였다. 반면, 헌신 혹은 결심은 일반적으로 서서히 증가하다가 관계가 더 장기화되면 수준이 대체로 감소한다고 하였다. 그러나 이 세 요소의 변화 수준은 개인마다 다르게 나타나며, 개인의 사랑 유형은 일생을 통해서 변할 수 있다. 로버트 스턴버그의 사랑의 세 가지 구성요소의 속성을 도표화 하면 다음과 같다.

【 사랑의 세 가지 구성요소의 속성 】

속 성	구성 요소		
	친밀감	열 정	헌신/결심
안정성	상당히 높음	낮은	상당히 높음
의식적인 조절 가능성	보통	낮은	높음
단기간의 관계에서의 중요성	보통	높음	낮음
장기간의 관계에서의 중요성	높음	보통	높음
예정관계에서의 보편성	높음	낮은	보통
심리적 · 생리적 요소	보통	높음	낮음
의식적 감수성	상당히 낮은	높음	상당히 높음
경험적 특징	불안정함	높음	불안성함

출처: Sternberg, R.J.(1998), Cupid's Arrow: The Course of Love through Time, 14

로버트 스턴버그(Robert Sternberg, 1998)는 사랑의 세 가지 구성 요소의 균형과 정도에 따라서 질적으로 다른 사랑의 유형을 제시하였고, 이러한 사랑의 유형이 상이한 관계의 특성을 설명해 줄 수 있다고 보았다. 사랑의 삼각형은 사랑의 정도, 형태, 유형을 나타내는데, 삼각형이 클수록 사랑도 그만큼 뜨겁고, 삼각형의 특성상 각을 바꾸면 사랑의 유형도 달라진다. 세 각이 같은 정삼각형은 이상적으로 균형을 이룬 사랑을 나타낸다. 이를 바탕으로 스턴버그는 사랑의 유형을 여덟 가지로 나누었다.

【 스턴버그의 사랑의 유형 】

속 성	구성 요소		
	친밀감	열 정	헌신/결심
호감	O	X	X
도취된 사랑	X	O	X
공허한 사랑	X	X	O
낭만적 사랑	O	O	X
우애적 사랑	O	X	O
얼마찐 사랑	X	O	O
성숙한 사랑	O	O	O
사랑이 아닌 것	X	X	X

　　친밀감만 있는 사랑은 호감, 열정만 있는 사랑은 도취된 사랑,
헌신만 있는 사랑은 공허한 사랑이다. 그리고 친밀감과 열정이
결합한 것은 낭만적 사랑, 친밀감과 헌신이 결합한 것은 우애적
사랑, 열정과 헌신이 결합한 것은 얼빠진 사랑이다. 그리고 친밀
감, 열정, 헌신이 결합한 것을 성숙한 사랑이라고 한다.

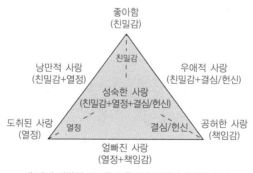

세 가지 사랑의 요소를 조합하여 나타낸 사랑의 종류

친밀감만 있는 호감(liking) = 친밀감

좋아함은 진정한 친구들과의 관계에서 경험하는 우정의 감정을 말한다. 강한 열정이나 헌신이 없어도 상대방과 가까이 결합되어 있는 느낌과 따뜻함을 느낄 수 있다.

열정만 있는 도취된 사랑(infatuated love) = 열정

도취된 사랑은 친밀감과 헌신의 요소가 없어서 열정적 흥분만으로 도취된 것이다. 상대방에 대한 진정한 사랑이라기보다는 자기 자신의 욕구가 투사된 것으로 소모성이 크다.

헌신만 있는 공허한 사랑(empty love) = 헌신

공허한 사랑은 친밀감이나 열정 없이 의지적인 결단에 따르는 것이다. 감정적 몰입이나 육체적 매력이 없이 의무적이다. 대개 관계 말기에 나타나고 어느 한편의 일방적일 수 있다.

친밀감과 열정이 결합한 낭만적 사랑(romantic love) = 친밀감 + 열정

낭만적 사랑은 육체적, 감정적으로 서로 밀착되어 있는 것이다. 그것의 영원성과 지속성은 현재의 과제가 아니다. 가을을 바라지 않는 여름 한 때의 사랑이라고 할 수 있다. 낭만적 사랑은 도취적 사랑에서나 우정에서도 시작될 수 있다.

책임감과 친밀감이 결합한 우애적 사랑(companionate love) = 친밀감 + 헌신

우애적 사랑은 열정의 주된 원인인 육체적 매력이 약해진 오래

된 결혼생활 같은데서 자주 발견되는 사랑이다. 한마디로 서로에게 헌신된 우정의 관계라고 할 수 있다.

열정과 책임감이 결합한 얼빠진 사랑(fatuous love) = 열정 + 헌신

얼빠진 사랑은 헌신이 친밀감 없이 열정에 근거하여 이루어지기에 어느 정도 도취적이다. 열정이 식어 가면 헌신만 남는데 그것은 성숙한 헌신은 아니다. 결국은 실망하게 된다.

사랑의 세 요소가 모두 있는 성숙한 사랑(consummate love) = 친밀감 + 열정 + 헌신

성숙한 사랑은 친밀감, 열정, 헌신의 세 가지 요소가 다 있는 것이다. 특히 낭만적 사랑에 있는 사람들이 이것에 도달하려고 노력한다. 성숙한 사랑을 얻기도 어렵지만 그것을 지키기는 더 어렵다. 그것은 추구해야 할 이상적인 목표일지도 모른다.

사랑의 세 요소가 모두 결여된 사랑이 아닌 것(nonlove) = 사랑의 요소가 없음

사랑이 아닌 것은 사랑의 기본 요소 세 가지가 없는 경우이다. 일반적으로 우리가 갖는 인간관계의 대부분이 그렇다. 그러기에 필요 이상으로 관심을 나타내지 않는 것이다.

스턴버그는 이런 사랑의 요소들을 분석한 다음 이런 사랑이 만들어 내는 삼각형의 다중성에 대하여 그리고 상대방의 삼각형과의 비교를 한다. 이것이 또 다른 변수가 되기 때문이다. 균형 잡힌 자기 삼각형과 또 상대방의 삼각형과의 일치를 이상형으로 제시한다. 그리고 또 하나의 변수는 시간이다. 시간 속에서 이 사랑은 어떤 형태로든 변해 가는 것으로 생각하고 문제는 긍정적인 형태로 성장하느냐 아니면 부정적인 형태로 파괴되어 가느냐 하는 것이다.

3) 사랑의 발전과 종결

사랑의 단계란 너와 내가 만나서 하나를 이루어가고, 발전시키는 과정을 의미한다. 그런데 사랑의 대상이나 유형이 워낙 다양해서 일반화된 단계 모형을 제시하기는 쉽지 않을 것으로 보인다. 사랑의 단계 이론 가운데 스땅달(Stendhel, 1783-1842)의 사랑의 7단계와 알트만과 테일러(Altman & Taylor, 1973)의 사랑의 5단계 이론 등이 있다.

스땅달은 남녀간에 이루어지는 사랑, 즉 연애 관계를 중심으로 7단계의 사랑의 단계를 제시하였다.

첫 번째 단계는 상대방에 대한 매력에 감탄하는 단계로 상대에 대한 상상력이 발휘되는 단계이고, 두 번째 단계는 상대방에게 가까이 다가가고 싶어하는 단계로 접근 충동의 단계이다. 세 번째는 희망의 단계로 미래의 어느 날을 함께하고 있다고 상상하는 단계이다. 네 번째는 사랑이 본격적으로 시작되는 단계로 사랑의 열병을 앓는 단계이고, 다섯 번째는 상대를 극도로 미화하는 단계로 상대의 새로운 아름다움을 발견하는 단계이다. 그리고 여섯 번째는 의혹의 단계로 서로 간에 조바심하거나 질투하는 단계로써 안정을 위한 갈등의 단계이며, 일곱 번째는 마지막 단계로 사랑의 증거를 찾아 확신하는 견고한 믿음의 단계이다(이동진, 2011).

알트만과 테일러(Altman & Taylor, 1973)가 제시한 사랑의 5단계를 살펴보면 다음과 같다.

1단계는 첫인상의 단계이다(first impression stage). 이 단계는 상대방을 만나 주로 외모나 행동의 관찰을 통해 인상을 형성하게 된다. 이 단계에서 상대방에게 호감을 갖게 되면 관심이 높아져 더 알고 싶은 마음이 생기게 되며 개인적인 정보에도 관심을 갖게 된다.

2단계는 지향단계이다(orientation stage). 이 단계에서는 서로 자신에 대한 피상적인 정보를 교환하고 상대방을 탐색한다. 개인적인 정보에 의하여 관계 지속 여부가 결정되는데 많은 만남이 여기서 종결된다. 이 단계는 상대의 거부로 자존심이 상할 수는 있지만 마음의 상처는 그다지 크지 않다.

3단계는 탐색적 애정의 교환단계(exploratory affective exchange)이다. 상호간 좀 더 친밀한 태도를 취하고 대화의 내용이 좀 더 풍부하고 깊어지며 자발성도 증가하게 된다. 상대방에 대하여 호감 이상의 초보적 애정감정 또는 사랑의 감정을 느끼게 되며 자신의 좋아하는 감정을 상대방에게 알리려고 노력하고 상대방도 자신을 사랑하는지 확인하려고 한다. 이 단계는 감정이 이미 개입되어 있었기 때문에 관계가 종결되는 경우 나름대로의 상당한 아픔이 있다.

4단계는 애정교환의 단계(affective exchange stage)이다. 이 단계는 서로 사랑하며 연인사이라는 것을 암묵적으로 인정하고 좀 더 확실한 방법으로 사랑을 표현하고 전달한다. 그러나 사랑에 대한 결심이나 약속이 공식적으로 이루어진 상태가 아니기 때문에 아직 상대방의 사랑에 대한 확신이 부족하고 계속적으로 사랑을 확인하고 신뢰를 형성하고자 한다.

5단계는 안정적 교환관계이다. 이 단계에서는 서로 속마음을 터놓고 이야기한다. 상대방의 사랑에 대한 확신을 가지게 되고, 신뢰와 친밀감에 바탕을 두고 안정적 애정교환이 이루어진다. 이 시기에 약혼이나 결혼을 약속하기도 한다. 이 단계에서 헤어지면 마음의 큰 상처가 되기도 한다(최혜경 외, 2004).

(1) 사랑의 발전과 종결과정

사랑의 단계란 너와 내가 만나서 하나됨을 이루고, 그 하나됨을 유지하며 결국은 그 하나됨이 종결을 맞는 3단계로 구성하면 다음과 같다.

① 사랑의 결정 단계

사랑의 결정 단계는 누군가를 만나고 호감을 느끼며 관찰 탐색하여 대상을 마음에 선택하는 단계로, 사랑의 시작단계라고 할 수 있다.

첫째, 만남

사랑은 사랑의 대상을 만남에서부터 시작한다. 특히 남녀간의 만남은 중매나 소개를 통해서 이루어지기도 하고, 직장이나 학교 같은 단체 속에서 만나기도 하며 우연히 만나기도 한다.

둘째, 호감

만남의 대상에게 호감을 느끼는데 있어서 경로는 다양하다. 자주 만나서 친숙하거나 만남 속에서 자신이 원하는 요소를 발견하기도 한다. 만남이 좋았다고 느끼거나 다음에 또 만나고 싶다고 느낀다면 호감이 있는 것이다.

셋째, 탐색

만남을 통해서 호감이 가는 대상을 발견하면 다음으로 상대에 대한 구체적 탐색이 이루어진다. 상대방에게 관심을 가지게 되고 그 사람이 어떤 사람인지 알고 싶어 한다. 정보를 수집하고, 사랑을 확인하는 작업을 하며 정말 상대방의 진실이 무엇인지 모든 게 궁금해지는 단계인 것이다.

넷째, 선택

선택은 결정의 마지막 단계이다. 선택을 통해서 사랑이 실질적으로 시작된다. 그런데 남녀간의 선택이나 친구간의 선택은 상대가 있는 선택이다. 나의 선택도 중요하지만 상대방의 선택도 필요한 것이다. 특히 이성간 사랑의 대상을 선택하는 것은 상호간에 이루어져야 한다. 나는 너를 선택했는데 너는 나를 선택하지 않으면 사랑이 시작될 수 없다. 상대의 의사가 고려되지 않은 일방에 의한 선택은 짝사랑이 되거나, 장기적인 집착 단계에 이르게 되면 폭력이나 범죄가 될 수 있다.

부모의 자녀 선택은 이성간의 선택의 결과로 주어진 선택이다. 그러므로 부모자녀는 이성이나 친구의 관계처럼 선택을 위한 복잡한 과정이 전개되지 않는다.

② 사랑의 집행

당사자간의 상호 선택이 이루어지면 심리적으로 하나가 되어 사랑이 전개될 수 있다. 따라서 선택 이후에는 이러한 선택을 유지, 집행해 나가는 작업이 필요한 것이다. 이를 사랑의 집행단계라고 볼 수 있는데 이는 사랑의 전개, 절정, 전환의 단계로 구분해볼 수 있다.

첫째, 안정적 교류 단계

안정적 교류 단계는 너와 나 간에 상호간 신뢰가 구축되고, 편안하고 안정적인 의사소통이 이루어지는 단계이다. 이 단계는 정기적 만남이 이루어지고 상호 독점성과 배타성을 확보하게 된다.

둘째, 정당화 단계

정당화 단계는 서로간의 만남이 사회적 정당성을 확보하는 단계이다. 약혼이나 결혼 등을 통해 가족과 친구들에게 두 사람의 관계를 공식화, 제도화하는 단계라고 할 수 있다. 만남은 사회적으로 정당화되고 제도적으로 보호된다.

셋째, 유지 관리 단계

정당성을 확보한 후에는 사랑을 유지 관리하는 단계로 접어든다. 부부간, 부모 자녀 간, 하나님과 인간 간의 주어진 행위 규범을 실천하는 단계이다.

넷째, 성취 단계

이 단계는 사랑의 절정 단계로, 서로의 만남을 통해 결실을 이루게 되는 단계이다. 부부가 자녀를 나아서 기르다가 성인으로 성장시켜 독립시키는 것과 같은 것들이다.

다섯째, 평가 및 성찰단계

지나온 삶은 반성하고 정리하며 생을 평가하고 성찰하는 단계이다. 결혼하고 떠난 텅 빈 가정에서 부부간에 나누는 우애적 사랑을 확인하고, 은퇴 후 지나간 삶을 반추하는 전환의 단계라고 할 수 있다.

③ 사랑의 종결 단계

사랑은 만남과 선택을 통해 하나됨을 이루며 시작한다. 이러한 시작은 집행의 단계를 거쳐 종말에 이른다. 사랑의 종결 단계는 너와 내가 물리적으로 해체되는 단계이다. 사랑의 집행단계에서 이혼이나 결별을 통해 종결하기도 하지만. 모든 단계를 거치고 와도 인간은 보편적으로 다가오는 죽음을 통해서 너와 내가 이별을 피할 수는 없다.

물론 인간은 죽음 등을 통한 육체적 이별 이후에도 정서적으로나 정신적으로 만남을 유지한다. 육체적 이별 이후 정서적으로도 잊혀 진다면 그 사랑은 종결된다. 그러나 육체적으로 이별을 하지만 그 영혼이나 정신과 함께 한다면 정서적으로는 이별이라고 할 수 없다. 사람들이 어떤 대상에 대해 떠나간 후에도 정서적으로 관계를 유지한다면 정서적으로는 사랑하는 것이기 때문이다. 죽음으로 헤어진 연인이라도 정서적으로 연결되어 있다면 그 사랑 역시 해체된 것은 아니다.

【 사랑의 단계 】

단 계		세부 과정	특 징
3단계	5단계		
사랑의 결정	사랑의 시작	1. 만남	너와 내가 하나 되기
		2. 호감	
		3. 탐색	
		4. 선택	
사랑의 집행	사랑의 전개	1. 안정화	너와 내가 함께 살아감
		2. 정당화	
		3. 관리유지	
	사랑의 절정	4. 성취	
	사랑의 전환	5. 평가 및 성찰	
사랑의 종말	사랑의 결말	6. 해체 및 종결	너와 내가 분리 됨

출처: 유앤아이북스

4) 행복한 사랑을 위한 전략

사람은 누구나 사랑하고 사랑받으며, 그 사랑이 영원히 변치 않기를 바란다. 사랑하고 사랑받고 있다는 사실로써 인생의 보람을 느끼고 행복을 느끼기 때문이다. 남녀간의 사랑은 화초와 같아서 물을 주고 가꾸지 않으면 시들어 버린다. 따라서 애정을 키우기 위해서는 서로에게 많은 노력이 필요하다. 에릭 프럼(Erich Fromm, 1956)은 사랑이란 즐거운 감정이라기보다는 기술(art)이며, 사랑하기 위해서는 지식과 노력이 필요하다고 했다. 그러기 위해서 먼저 남녀의 차이를 인식해야 한다. 남녀의 차이만 잘 알고 있어도 위기의 관계를 행복한 관계로 만들 수 있다. 미국 펜실베니아대학 라지니버마 심리학과 교수가 미국 국립 과학협회보(Proceedings of the National Academy of Sciences)를 통해 커넥톰(connectome)이라는 이름의 지도를 통해서 남녀는 분명한 차이가 있음을 보여주었다. 대부분의 남성은 여성들이 돌려서 말하거나 수다스럽게 떠드는 것을 고통스럽다고 느낀다. 그러나 여성에게는 그 수다가 고통스럽기보다는 즐겁다. 이유는 뇌의 측두엽에 있는 '베르니케 언어중추(언어 저장고)'의 뇌신경 세포가 두껍기 때문이다. 따라서 여성의 경우 많은 이야기를 들을 수 있는 용량이 있고 여러 정보를 동시에 담을 수 있다.

반면에 남성은 이 뇌신경 세포가 적기 때문에 한 번에 많은 이야기를 듣지 못하는 구조로 되어있다. 따라서 대화중에 말을 돌리거나 여성들의 수다를 들어야 하는 것은 남성들에게 고통이다. 남성의 뇌는 일정분량 이상의 언어가 들어가지 못하게 되어있기 때문에 사물에 집중하는 능력이 우수해지는 장점이 있다. 그래서 이야기의 감각은 남성이 좋다고 한다. 소리의 질, 템포, 말하는 간격, 억양 등의 요소를 '포로소티'라고 하는데 이것들이 우뇌에서 처리되기 때문에 남성은 말수가 적지만 이야기의 감이 좋아서 줄거리나 상대의 심정을 잘 파악한다. 그리고 공간을 지각하는 능력은 우뇌에 있기 때문에 남성은 공간능력이 우수하다. 평면도를 보고 금방 입체도를 상상하기 때문에 지도를 잘 읽는다. 또한 먼 거리의 사물까지 거리를 쉽게 추측하고 목표물에 화살 맞히기와 주차를 잘 한다. 공간능력이 떨어지는 여성은 지도를 읽는 것이 어렵고 사격이나 주차를 남성처럼 하지 못한다.

또한 남녀의 관심사는 차이가 있다. 여성은 다이어트, 교제, 결혼, 육아, 애인, 성격, 양복, 타인의 행동, 직장의 인간관계 등에 관심이 많고 남성은 스포츠, 일, 뉴스, 기계의 메커니즘, 기술, 자동차, 비행기, 산, 바다 등 사물과 자연에 관심이 많다.

영국 스털링 대학 심리학과 연구팀은 남녀를 대상으로 '성적 행동의 연구 기록'(The Journal Archives of Sexual Behaviour)을 통해 상대 성(性)에게 매력을 느끼는 남녀 차이를 알 수 있었다. 연구 결과 남성은 새로운 여성의 얼굴이 등장할 때 선호도의 비율이 올라간 반면, 여성의 경우에는 익숙한 남성의 얼굴이 등장할 때 선호도의 비율이 올라갔다. 이는 남성이 유전적으로 야생동물처럼 최대한 많은 여성과 관계를 맺기 원하는 반면, 여성은 자식을 부양해 줄 믿음직한 남성에게 호감을 느끼기 때문에 나타난 것으로 보고 있다. 더 나아가 남성은 본능적으로 새로운 여성에게 관심을 갖지만 여성은 믿음직한 남성만 바라보는 경우가 많다고 했다. 그래서 실험 참가자 중 남성들은 이미 본 여성 사진을 다시 보여주면 선호도가 떨어졌는데, 연구팀은 이를 '쿨리지 효과(Coolidge Effect)'로 보았다.

이렇게 여성과 남성이 다르다는 점을 받아들이면 세상을 살아 가는데 편할 수 있다. 행복한 관계와 가정을 만들기 위해서는 남 녀의 차이를 이해하고 노력한다면 서로의 행복지수를 높일 수 있 게 된다.

사랑하는 관계에서는 서로가 무엇을 원하고 필요로 하는지에 대 한 표현뿐만 아니라 감정적인 지지를 주고받는 것이 매우 중요하 다. 그레이(Gray, 2007)는 진실로 애정이 넘치고 감정적인 협력관계 를 창조하는데 필수 불가결한 일곱 가지 요소를 사랑, 보살핌, 이 해, 존중, 감사, 수용, 신뢰라고 하였다. 이러한 일곱 가지 감정적 요소를 잘 활용하게 될 때 행복한 사랑을 키워갈 수 있을 것이다.

8. 감사지수 높이기

1) 감사의 의미

'감사' 라는 말에 해당하는 우리말 표현은 '고마움' 이다. 이 '고 마움' 이라는 말은 명사로 '고맙게 여기는 마음' 을 뜻하고, 동사로 '고맙다' 라는 말은 '은혜나 신세를 입어 마음이 흐뭇하고 즐겁다' 라는 뜻이다. 우리말에서 감사라는 뜻은 고마운 마음을 간직하는 차원에 머물러 있지만, 한자의 의미로써 감사(感謝)는 고마움을 느 끼고, 이것을 구체적으로 사례를 표하는 것을 의미한다. 영어에서 의 감사(gratitude)는 라틴어 gratia(호의)와 gratus(기쁘게 함)에서 유래 되었는데, 이 라틴어에서 파생된 영어 단어들은 kindness, generousness, gifts 등으로 아무 대가없이 무엇인가를 얻는 것을 의미한다.

협의적 의미로써 감사는 어떤 혜택으로 유발된 정서로써 자신에게 이익을 준 특정 대상에게 고마움을 인식하여 그것을 은혜로 여기는 것이고, 광의적 의미의 감사는 존재에 감동하며 사물, 사람의 활동뿐만 아니라 영적이고 초월적인 경험에 대한 반응으로 나타나는 것이다(Lambert, Fincham, Stillman, & Dean, 2009).

인간은 감사를 통해서 다양한 긍정적 감정을 경험하게 될 뿐만 아니라 겸손하고 친절한 행동을 나타내게 된다. 따라서 맥컬로 (McCullough, 2001)는 사람들이 감사함을 느끼게 되면 친사회적인 행동을 실행하고, 도덕적 행동을 지속하며, 파괴적인 대인관계 행동을 억제한다고 하였다.

감사는 인간에게 중요한 덕목이기 때문에 성경은 감사에 대해서 일관되게 강조하고 있다. 감사는 구약에 127회, 신약에 57회 모두 184회로 감사의 중요성이 강조되고 있으며, 특히 신약성경 데살로니가 전서 5장 18절에 "범사에 감사하라 이는 그리스도 예수 안에서 너희를 향하신 하나님의 뜻이니라"라는 말씀 속에서 우리를 창조하신 목적이 감사의 삶을 살게 하는데 있음을 알 수 있다. 그리고 하나님께서 삼대절기를 지키라고 한 것은 하나님의 은혜를 잊지 않기 위한 감사교육임을 볼 수 있다. 따라서 믿음의 사람에게 가장 먼저 배워야 할 것은 하나님께 감사를 표현하는 것이다.

상황과 여건에 상관없이 믿음으로 범사에 감사하며 살아가게 될 때 하나님께서 하시는 일들을 깨달아 알 수 있게 된다.

감사에는 3가지 종류가 있다. 첫째는 만약(if)의 감사이다. 이는 무엇을 이루어 주시면 드리겠다는 조건부의 감사로써 가장 낮은 단계의 감사이다. 둘째는 '때문에(because)'의 감사로 무엇이 이루어졌기 때문에 드리는 감사이다. 셋째는 '그럼에도 불구하고(in spite of)'의 감사이다. 어려운 환란에도 불구하고 드리는 감사이다.

넬슨 만델라(Nelson Mandela) 전 남아프리카 공화국 대통령은 27년간 감옥 생활을 했음에도 불구하고 어떻게 건강을 유지할 수 있느냐는 기자의 질문에서 "나는 감옥에서 하나님께 늘 감사했습니다. 하늘을 보고 감사하고, 땅을 보고 감사하고, 물을 마시며 감사하고, 음식을 먹으며 감사하고, 강제노동을 할 때도 감사하고, 늘 감사했기 때문에 건강을 지킬 수 있었습니다."라고 했다.

2) 감사는 희망을 끌어오는 기적의 힘을 가지고 있다.

토크쇼의 여왕 오프라 윈프리(Oprah Gail Winfrey)는 한 언론과의 인터뷰에서 불행했던 과거를 딛고 성공할 수 있었던 이유를 묻자 주저하지 않고, "감사노트를 쓴 것"이라고 말했다. 오프라 윈프리에게는 매일 하루에 5개씩 그날 감사했던 것들을 기록하는 감사노트가 있었다.

불평과 불만, 원망과 저주는 모든 질병의 원인이 되지만 감사는 우리의 질병을 치료하는 특효약이다. 그래서 행복은 감사의 문으로 들어와서 불평의 문으로 나간다는 말이 있다.

감사는 지하수를 끌어올리기 위해 펌프질을 할 때 선행되어야 할 마중물과 같아서 작은 감사는 큰 감사를 불러일으킨다. 그리고 작은 감사의 횟수를 증가시키면 큰 감사의 열매가 맺히게 된다.

제2차 세계대전에 일본의 해군 장교로 참전했던 가와가미 기이치(亡希望)라는 사람이 있었다. 그가 전쟁이 끝난 후 고국으로 돌아왔을 때 눈앞에 펼쳐진 현실은 차마 입을 다물 수가 없을 정도로 처참했다. 그를 더욱 괴롭게 만든 것은 어디를 가나 군인만 보면 "저것들 때문에 우리가 패전했다."고 손가락질하고 노려보는 사람들이었다. 그럴때마다 그는 분노와 좌절감에 시달려야 했다. 그런 고통의 세월을 보내다가 급기야 얼굴을 제외한 온몸이 마비되어 마치 식물인간처럼 움직일 수 없게 되었다.

가와가미 기이치를 진료하게 된 정신과 의사인 후치다는 그에게 이렇게 질문을 했다.

"기이치 선생, 낫고 싶으세요?"

"예, 낫고 싶지요."

"그럼 제가 시키는대로 할 수 있겠어요?"

"예, 뭐든지 하겠습니다."

그럼 오늘부터 '감사합니다' 란 말을 하루에 1만 번씩 하셔야 합니다. 감사하는 마음만이 당신의 마비된 몸을 치료해줄 수 있습니다."라고 하였다.

분노와 적개심으로 가득한 그가 "감사합니다."라고 말하려니 처음에는 입이 움직이질 않았다. 하지만 병은 고쳐야 하므로 "감사합니다"라는 말을 억지로 내뱉다시피 했다. 그런데 시간이 지날수록 "감사합니다."라는 말이 마음에서 진심으로 우러나오게 되었고, 분노와 적개심이 점점 줄어들고 마음에 평안이 찾아오게 되었다.

하루는 그의 막내아들이 감나무에 홍시가 빨갛게 익은 것을 보고는 '저 홍시를 아버지께 갖다 드려야겠다.' 고 마음먹고 두 개를 따서 아버지의 방문을 열었다.

"아버지, 감 드세요!"

그때 아버지 기이치가 "감사합니다."고 하면서 자신도 모르게 손을 내밀었다.

'아, 이럴수가!'

신기하게 마비되어 꼼짝도 하지 못한 손이 움직였다.

손에서 일어난 기적은 그 이후 팔, 다리 등 몸 구석구석까지 이어졌다. 굳어 있던 그의 몸은 마치 감사의 주문에 의해 마법이 풀리듯 그렇게 풀리고 있었다.

감사와 같은 긍정적인 사고가 수명에 영향을 미친다는 것은 켄터키대학병원의 데이비드 스노우든(David A. Snowdon) 박사의 연구 결과에서도 확연히 드러났다. 이 연구팀은 성모 수녀회에 소속된 180명의 수녀를 대상으로 실험을 했다. 수녀들이 22세 때 작성한 자서전에 들어있는 긍정적 감정의 내용과 노년 시 사망률 사이의 관계를 조사한 것이다. 이 자료가 분석될 당시 수녀들의 나이는 75-107세였다. 수녀들 중 자서전에 감사, 만족, 행복, 희망, 사랑 등과 같은 긍정적인 경험을 많이 했다고 고백한 수녀들은 60년이 지난 때까지 살아 있을 확률이 현저히 높았다. 가장 행복하다고 보여진 수녀와 가장 불행하다고 보여진 수녀와의 수명 차이는 무려 7년이 났다. '감사하다'와 같이 긍정적인 감정을 나타내는 단어를 가장 적게 쓴 수녀와 가장 많이 쓴 수녀와 비교해 볼 때 어느 연령에서든지 사망 위험이 2배나 높았다고 한다.

3) 감사를 통한 행복

감사는 행복의 문을 여는 열쇠이므로 철학자 아리스토텔레스(Aristoteles 384-322 B.C)는 "행복은 감사하는 사람의 것이다."라고 했다. 그리고 빌헤름 웰러(Wilhelm Weller)는 "가장 행복한 사람들은 가장 많이 소유한 사람들이 아니라 가장 많이 감사하는 사람들입니다."라고 했다. 행복은 소유에 비례하기 보다는 감사에 비례하기 때문에 감사한 만큼 인생은 행복해진다. 따라서 감사지수를 높여야 행복지수가 높아진다. 인생의 행복과 불행의 기준점이 감사이고, 성공과 실패의 기준점도 감사이다. 유대인의 인생독본 탈무드에는 "세상에서 가장 행복한 사람은 감사하며 사는 사람이다."라고 말한다. 감사하며 사는 사람은 불평하며 사는 사람보다 훨씬 건강하고 행복하다.

인간의 신체구조와 감정도 감사할수록 맥박이 고르고, 위장도 활발하여 소화력을 증진시켜준다. 반면 불평은 혈액순환을 방해해서 맥박을 급하게 하는 동시에 소화 기능까지 저하시킨다. 이처럼 사람은 감사할수록 몸도 마음도 건강하고 행복해진다.

감사가 행복해지는 연습이라면 불평은 불행해지는 연습이다. 따라서 우리가 감사의 수준을 높이는 만큼 인생의 퀄리티(quality, 質)도 높아진다. 작은 감사가 큰 행복을 가져오고 작은 감사 속에는 더 큰 감사를 만들어내는 기적이 숨어있다. 지극히 작은 것에 감사할 수 있는 사람이 많은 것에 감사할 수 있으며, 아울러 작은 것에 감사할수록 가장 행복할 수 있다.

인도의 시성 타고르(Rabindranath Tagore, 1861~1941)는 "감사의 분량이 곧 행복의 분량이다."라고 말했다. 단순히 행복해서 감사하기 보다는, 감사가 넘치니까 더욱 행복한 것이다. 행복은 소유에 비례하는 것이 아니라 감사에 정비례한다. 내 삶의 모든 일들을 감사로 여기는 만큼 행복도 크다. 결국 감사의 수준에 따라 행복지수도 높아지게 되는 것이다.

【 맬컬로우(McCullough, Michael), 에먼스(Emmons, Robert)가 개발한 감사지수 검사 】

 아래 수치 기준을 참고하여 각 진술 문항 앞 빈칸에 당신의 생각과 비슷한 수치를 체크하세요.

1 = 전혀 아니다.　　2 = 아니다.　　　3 = 그렇지 않은 편이다.
4 = 보통이다.　　　5 = 그런 편이다.　6 =그렇다.
7 = 정말 그렇다.

_____ 1. 나는 감사해야 할 것이 아주 많다.

_____ 2. 만일 내가 고맙게 여기는 것들을 모두 삭성하면 아주 긴 목록이 될 것이다.

_____ 3. 세상을 둘러볼 때, 내가 고마워할 것이 별로 없다.

_____ 4. 나는 각계각층의 많은 사람들에게 고마움을 느낀다.

_____ 5. 나이가 들수록 내 삶의 일부가 되어온 사람, 사건, 상황들에 감사하는 마음이 더 커 지는 것을 느낀다.

_____ 6. 오랜 시간이 흐른 뒤에야 비로소 나는 사람이나 일에 고마움을 느낀다.

✻ 점수 계산법
1. 항목 1, 2, 4와 5의 점수를 모두 더한다.
2. 항목 3과 6의 점수를 역산한다. 다시 말해 만일 검사지에 7이라고 썼다면 당신의 점수는 1이 되고, 6이라고 썼을 경우에는 당신의 점수는 2가 되는 식이다.
3. 항목 3과 6을 역산한 점수를 1번의 합계와 더한다. 이것이 바로 당신의 감사도 점수, 즉 감사지수(GQ-6)이다. 최종 점수는 6점에서 42점 사이가 되어야 한다.

9. 용서지수 높이기

1) 용서의 의미

용서에 대한 논의는 종교, 철학, 윤리, 신학 등에서 오랫동안 인간생활 전반에 연관성을 가지고 포괄적으로 다루어 왔지만, 단번에 파악될 수 없는 초월적이고 복합적인 측면이 있어 그 의미를 단순하게 규명하기는 쉽지 않다(Trindis, 1996).

용서는 학자에 따라서 다양하게 정의 되지만, 사전적 정의와 심리적·성경적 정의를 포함해서 종합하면 용서는 피해자가 가해자에 대한 잘못이나 죄를 꾸짖거나 처벌을 무효화하며, 가해자에 대한 원한을 품거나 보복을 포기하는 것이다. 이는 고통을 수반하지만 이를 통하여 관계를 회복하며 결국은 내적인 마음의 상처가 치유되어 서로의 관계가 회복되는 것이다(노향규, 2009).

(1) 용서의 유사개념

용서의 유사개념으로 묵인과 변명이 있는데, 의미와 차이가 있다. 묵인은 고통을 느끼면서 학대를 견디어내거나 학대를 받아도 당연하다는 마음으로 견디는 것이고, 변명은 가해자와는 싸울 가치도 없다고 말하거나, 상처를 안 받은 척하거나 또는 가해자가 정말로 상처를 줄 의도가 아니었다고 눈감아 주는 행위이다. 이에 비해 용서는 이미 행해진 행동이 잘못이었다는 것을 인정하는 것이다. 따라서 반복되면 안 된다는 것을 전제하고 또 이를 가해자에게 인식시킨 행동이다(Enright, 2002). 그리고 용서는 무조건적으로 잊어버리기를 의미하지 않는다. 용서는 가해자에게 입은 마음의 상처를 용인하고 다 털어버리며 잊는 것이 아니다. 실제로 용서한다고 해서 그 사건 자체를 잊는 것도 아니며 또한 고통스런 사건을 잊어버리려고 노력하는 것도 적응적이며 건강한 태도가 아니다. 그러나 용서라는 과정은 과거의 사건에 대해서 기억하는 방식을 변화시키는 효과가 있다(Luskin, 2005).

용서는 화해와도 다르다. 용서는 기본적으로 개인의 내적인 치유과정이지만, 화해는 두 명 이상의 당사자들 간에 문제를 해결하는 외적이고 행동적인 과정이다. 따라서 화해는 실질적인 관계가 변화되어야 한다. 이러한 관점에서 용서는 화해를 향한 과정의 첫 단계로 볼 수 있다. 마음속 깊이 이루어진 용서가 없이는 진정한 화해가 불가능하다.

그리고 용서는 사면이나 변명해주는 것이 아니다. 사면은 법률을 집행하는 사람이 법률을 위반한 사람에게 위반에 해당하는 처벌을 감해주는 것으로 상처를 입은 당사자가 하는 행동이 아니기 때문에 용서와는 구별된다. 또한 용서가 변명해주는 것이 아닌 것은, 용서는 상처를 직면하고 공정한 판단을 하여 상대방에게 있는 책임을 지는 것으로 출발하지만, 변명해주는 것은 상처를 받았을 때 여러 가지 이유로 자신의 상처가 그것을 저지른 사람이 책임질 바가 아니라고 말하는 것이기 때문이다.

이 밖에도 용서는 상대방의 행동을 간과하는 것이나 무관심해 버리는 것이 아니며, 시간이 흘러서 상처로 인해 생긴 분노가 줄어드는 것도 아니다. 용서는 능동적인 행동이며 에너지가 많이 소요되는 과정으로 처음에는 여전히 분노를 느끼면서도 상대방을 해방시켜주는 투쟁이다(P. Fitzgibbons, 1986).

(2) 용서의 신학적 의미

용서에 대한 신학적 논의의 주요 특징 중 하나는 성경과 예수님의 가르침에서 나타나듯이 대인관계적 용서와 신적(神的)인 용서가 상호 밀접하게 관련되어 있어 하나님의 용서라는 맥락을 떠나서는 다른 사람에 대한 용서, 즉 대인 용서를 고려할 수 없다는 것이다(Patton, 1985).

용서는 용서하기로 선택한 사람의 정서적 치유를 넘어, 상처를 준 사람과 받은 사람과의 관계, 나아가 공동체에 영향을 미치기 때문에 성경은 용서의 중요성을 강조하고 있다. 그리고 신구약성경을 통하여 하나님은 거듭하여 자기 자신을 포함하여 용서하라고 가르치고 있다(Groome, 1998). 하나님은 용서를 통해서 참된 사랑의 관계를 보여주시고 치유하시는 분이다. 그러므로 하나님의 용서 없이는 인간은 손상되고 고립된 관계에 머물 수밖에 없다. 하나님의 용서를 통해서 인간은 새로운 생명을 얻었고(요 14:7; 롬 5:1), 기쁨을 얻게 되며(요 16:20), 구원을 보장받게 되었다(롬 8:1). 용서의 하나님은 기독교인에게 용서의 삶을 요구하시며 진정한 회개도 용서를 전제로 삼고 있다(Padovani, 1988).

2) 용서의 단계

용서 전문가인 버지니아대학의 에버레트 워딩턴(Everett Washington) 교수는 사람들이 용서할 수 있도록 용서의 다섯 단계를 가르친다. 그는 사람들이 이 단계들을 기억할 수 있도록 REACH를 사용한다. 용서에 성공할 수 있는 정도는 사람들의 노력 여하에 달렸다(이영돈, 2006).

1단계

R(Recall the hurt): 상처를 다시 기억해 낸다.

상처는 부인하지 말고 기억해내야 한다. 최대한 객관적으로 기억하려고 노력해야 한다.

2단계

E(Empathize): 당신에게 상처를 입힌 사람과 감정이입(입장 바꾸기)을 강하게 해본다.

감정이입이란 입장을 바꿔 상대방 입장에서 생각해 보는 것이다(역지사지). 동정심을 느끼고, 연민이 생기고 심지어 사랑이 생기는 것까지 포함한다. 사랑하는 것은 말하기는 쉬워도 정말 힘든 것이다. 그래서 이 단계의 사람들은 자신이 용서해야 하는 사람의 관점으로 보기까지 적게는 4-5시간, 많게는 20시간이 걸리기도 한다.

3단계

A(Altruistic): 상대를 축복해줌으로써 본인이 자유로워진다.

이것의 매력은 용서하지 못하는 것에서 자신을 자유롭게 해줌으로써 정신을 건강하게 만드는 것이다. 비록 상처를 입었지만 타인을 축복할 수도 있는 것이 용서의 애타적(愛他的) 산물이다.

4단계

C(commit): 당신이 경험한 용서의 결정을 바꾸지 않는 것이다.

사람들이 전념하는 것은 많다. 용서하려고 전념하고, 용서하려는 결정을 내리려고 전념한다. 그리고 감정적 용서를 경험하면

'이만큼의 감정적 용서를 했어요' 라고 말하면서 결심을 바꾸지 않으려고 전념한다.

5단계
H(Hold on): 용서를 했는지 의심이 들 때마다 용서를 붙잡고 있는 것이다.

누군가가 내 기분을 상하게 했는데도 그를 용서하려고 많이 노력해서 다음 날 그를 보면 '당신을 용서했어요' 라고 쉽게 말할 수 있다. 그렇게 용서한 것에는 자격을 부여할 수 있다.

용서의 다섯 단계는 상처를 회상하고, 당신에게 상처 입힌 사람에게 감정이입(입장 바꿔 생각하기: 역지사지)하고, 용서를 해줌으로써 자신이 자유롭고 즐거운 마음이 들며, 당신이 경험한 용서의 마음을 계속 유지하는 것이다.

3) 용서하는 방법

플로리다 주립대학의 짐 맥널티(Jim McNulty) 교수는 용서가 초래하는 비용과 혜택에 대해 연구해 왔다. 2010년 맥널티 교수는 신혼부부 135쌍에게 다이어리를 주고 일주일 동안 "오늘 배우자가 당신이 싫어하는 행동을 했지만 용서했습니까?"라는 질문에 매일 답해 달라고 요청했다. 용서했다고 답한 경우, 다음날 상대가 부정적인 행동을 다시 저지를 가능성이 용서하지 않은 경우에 비해 6.5배나 높은 것으로 나타났다.

미국 테네시대학 제임스 맥널티(James McNulty) 교수는 부부 72쌍을 대상으로 결혼 5주년을 맞을 때까지 조사했는데, 각 배우자는 자신이 용서를 잘 하는지를 묻는 질문에 "도와주려고 했는데도 배우자가 짜증을 낸다면 용서하겠습니까?"라는 항목에 답했다. 연구에 참여한 각 부부는 배우자와 심리적, 물리적으로 충돌(모욕이나 욕설, 밀치기 등)을 했었는지 묻는 질문에 6개월마다 답했다.

이어진 실험에서 맥널티 교수는 "나는 타인을 배려한다.", "나는 마음씨가 착하다." 등 질문을 기반으로 각 참가자가 얼마나 착한 성격이고 용서를 얼마나 잘하는지 수치화했다. 용서를 잘하는 참가자가 착한 배우자를 두었을 경우에는 참가자의 자존심이 점점 상승했으나, 착하지 않은 배우자를 두었을 경우에는 자존심이 점점 하락한다는 결과가 도출되었다. 착한 배우자를 용서한 참가자는 결혼생활 만족도가 계속 높았으나 착하지 않은 배우자를 용서한 참가자는 만족도가 떨어졌다. 가장 놀라운 사실은 착하지 않은 배우자를 용서하지 않은 참가자의 결혼생활 만족도가 높게 유지되었다는 것이다.

맥널티 교수는 "용서를 하면 금방 기분이 좋아지지만 용서가 용서를 받는 사람에게 어떤 영향을 끼치는 지가 관건이다."라고 말하고 "용서의 위험은 상대가 잘못된 행동에 대해 책임을 지지 않게 한다는 것이다."라고 지적했다.

전문가들은 마음에 상처를 받는 현상이 진화에 따른 방어수단이라고 보고 있다. 미국 시카고 드폴대학의 숀 호란(Sean Horan) 교수는 "피해자가 느끼는 슬픔과 공포는 피해자가 가해자에게 다시 돌아가지 않게 하는 역할을 한다."고 지적했다.

상대를 용서했다고 해서 그 사람과 관계를 유지해야 한다는 뜻은 아니다. 용서하고 떠날 수도 있다. 그렇지만 현실에서 내 마음에 상처를 준 사람 전부와 인연을 끊어야 한다면 아마 거의 모두가 혼자 남게 될 것이다.

용서하기로 결정했다면 용서를 가장 잘할 수 있는 방법은 무엇일까? 우선 내 마음이 왜 상했는지를 분석해야 한다. 상대의 행동 자체에 화가 난 것인지, 아니면 상대 행동이 이제까지 내 마음 속에 쌓여온 무언가를 건드려서 화가 난 것인가? 호란 교수는 "과거 경험이 각자 다르기 때문에 사람마다 민감하게 반응하는 것이 다르다."고 말한다.

나도 타인에게 상처를 주었을 가능성이 높다는 사실을 주지하며 내가 용서를 받는다면 어떤 기분일지 생각해 보라. 상대가 의도치 않게 저지른 행동이라고 일단 생각하는 것이 좋다. 용서에 대한 책을 저술한 작가 리사 깁슨(Lisa Gibson)은 "내게 상처를 주려고 일부러 한 행동이 아닌데도 고의라고 오해하는 경우가 많다."고 지적한다.

용서가 어떻게 이루어질 것인지에 대해 상상하는 것도 도움이 된다. 뭐라고 말할 것인가? 상대가 어떻게 답할 것인가? 상대의 입장에 서서 왜 그랬는지를 생각해 보는 것이 중요하다.

마지막으로 내가 왜 마음이 상했는지를 상대에게 설명하라. 상대가 자신의 행동을 이해하고 후회하는지 주시하라. 다른 모든 것이 효과가 없다면 편지를 쓰는 것도 한 방법이다. 실제로 보내지 않더라도 상황과 감정을 정리할 수 있게 해주기 때문이다.

4) 용서를 통한 행복

여러 연구에 따르면 용서를 잘 하는 사람은 일반적으로 더 행복하고 건강하며 스스로를 탓하거나 스트레스를 받는 일도 적다고 한다. 심지어 콜레스테롤 수치도 낮다. 심리학자인 리 잼폴스키(Jampolsky, Lee) 박사는 마음의 평화와 웃는 삶을 방해하는 생각들을 청소하는 데는 용서가 가장 효과적인 해결책이라 주장하면서, 하루를 시작할 때 '5분 용서시간'을 가지라고 권한다. 용서는 마음의 무게를 덜어주며 삶을 놀랍도록 가볍게 만들어준다.

딕 티비츠(Dick Tibbits) 박사는 플로리다 병원과 스탠포드 의과대학과의 공동 작업을 통해 분노와 용서가 건강에 미치는 영향을 입증하는 연구를 실시했다. 그는 연구를 통해, 혈압이 높고 분노를 크게 느끼는 사람들의 상태를 다스리는 데는 용서가 효과적인 치료법이 될 수 있다는 것을 입증했다. 8주라는 기간 동안 용서에 대해 배우고 그것을 실천한 사람들이 용서를 통해 분노와 적대감을 줄임으로써 고혈압을 낮출 수 있다는 것을 입증한 것이다.

140년 전통을 지닌 미국 최고의 병원 중 하나인 메이요 클리닉(Mayo Clinic)에서 눈여겨볼 만한 연구결과를 내놓은 바 있다. 타인이 자신에게 잘못을 했을 때 그것을 잘 이해하지 못한 경우, 자신의 혈압과 심박동수를 높이는 원인이 되어 심혈관계에 큰 부담을 준다는 결과이다. 반대로 다른 사람을 너그럽게 이해하고 용서할 경우, 내재된 불안감과 우울감이 감소하며 자존감이 향상될 뿐 아니라 부정적인 신체 반응도 사라졌다.

폴 투르니에(Paul Tournier, 1899-1986)의 환자 가운데 악성빈혈을 가진 사람이 있었는데, 병이 치료되지 않아서 어려움을 겪게 되었다고 한다. 그런데 어느 날 그 환자가 병원을 찾아왔는데 혈색이 너무나 좋아보였다. 어떻게 해서 혈색이 좋아졌는지 궁금해서 폴 투르니에가 환자에게 물어보았더니 그 환자가 말하기를 특별한 치료는 없었고, 다만 몇 년 동안 자기가 미워하고 증오하던 사람이 있었는데 그 사람을 얼마 전에 용서했다는 것이다. 그러고 나자 마음이 편해지더라는 것이다. 그때부터 잠도 잘 오고 식사도 잘 되고 생활도 명랑해지면서 삶이 행복해졌다고 한다. 그러면서 자신도 모르는 사이에 이렇게 얼굴이 좋아졌고 더불어 악성 빈혈도 깨끗이 나았다고 한다.

미국에서 가장 존경받은 대통령인 에이브러햄 링컨(Abraham Lincoln, 1809-1865)의 용서의 일화는 유명하다. 그가 대통령 되기 전에 에드윈 스탠턴(Edwin McMasters Stanton) 변호사라는 정적이 있었다고 한다. 그는 사사건건 링컨을 비판하고 무례하게 행동한 적이 한 두 번이 아니었다고 한다. 세월이 흘러 대통령이 된 링컨은 내각을 구성할 때 국방부 장관이라는 중요한 자리에 정적이었던 스탠턴을 임명하게 된다. 참모들은 적극 반대했다고 한다. 왜냐하면 링컨이 대통령에 당선되자 스탠턴이 '링컨이 대통령이 된 것은 국가적 재난이다' 라고 공격했기 때문이다. 하지만 링컨은 "사명감이 투철한 스탠턴은 국방부 장관을 하기에 충분하다"며 그를 임명했다. 후에 링컨이 암살되었을 때 스탠턴은 링컨의 시체를 부둥켜안고 통곡하며 이렇게 말했다고 한다. "여기 가장 위대한 사람이 누워 있습니다". 이렇듯 링컨은 자기를 미워했던 원수까지도 용서함으로써 자신의 편으로 만들 수 있었다. 용서는 단순히 남과 화해하는 것을 뛰어넘어 자신의 삶에 화해를 건네는 것이고 행복하게 되는 지름길이다.

【 용서지수 검사 】

　　다음의 각 질문들에 답변하면서 자신의 내적 상태를 솔직하게 1점에서 10점까지의 점수로 표기한다. 각 질문의 대답이 1점에 가까울수록 그 질문에 대한 부정이 강하다는 것을 뜻하는 것이고, 반대로 10점에 가까울수록 그 질문에 대한 긍정적인 의미가 강하다는 것을 뜻한다.

용서 평가 문항	점　　수
1. 당신에게 상처를 주었던 그 사람을 생각해 보십시오. 당신은 그 사람을 생각할 때 어느 정도 화가 나십니까?	1점: 전혀 화를 내지 않는다. 10점: 극도의 화가 치민다. (　　)
2. 당신에게 일어난 그 상황과 상처를 생각할 때 수치심이 어느 정도 드십니까?	1점: 전혀 수치스럽지 않다. 10점: 극도의 수치심이 든다. (　　)
3. 당신은 하루 동안 가해자에 대한 생각과 그가 나에게 한 일에 대한 생각이 들 때마다 그 감정과 생각을 추스르느라고 얼마나 많은 에너지를 소모하고 계십니까?	1점: 매우 적은 에너지를 소비한다. 10점: 하루 에너지의 대부분을 소비한다. (　　)
4. 과거에 시도했던 다른 방법들에 비교해서 지금의 용서는 당신에게 어떤 효과를 내고 있습니까?	1점: 다른 해결책보다 별로 효과적이지 않다. 10점: 다른 해결책들에 비교하여 훨씬 더 효과적이었다. (　　)
5. 이제 당신은 가해자에 대해 얼마나 많은 동정과 연민의 마음을 가지고 있습니까?	1점: 절대로 동정이나 연민을 느끼지 않는다. 10점: 아주 많은 동정과 연민의 마음이 든다.(　　)
6. 당신이 겪은 그 고통을 받아들이기가 얼마나 어렵습니까?	1점: 너무 어렵다. 10점: 매우 쉽다. (　　)
7. 당신은 사람을 진정으로 용서해 본 경험이 있습니까?	1점: 없다. 10점: 사람을 깊이 용서해 본 적이 있다. (　　)

출처: Enright Forgiveness Inventory(EFI)

　　사전-사후 평가에서 1번, 2번, 3번의 질문에 대한 평가점수가 낮아질수록 영적으로 성숙하고 치유되고 있음을 반영하는 것이다. 또한 4번, 5번, 6번의 질문에서는 평가점수가 높아 갈수록 상황이 향상되고 있음을 뜻한다. 사전-사후 점수표를 비교하면 자신의 용서지수를 가늠해 볼 수 있다.

10. 영성지수 높이기

1) 영성의 의미

세 가지 의미

오늘날 영성에 대한 논의는 종교인들의 전유물이 아닌 다양한 분야에서 활용되는 일반용어가 되었다. 영성이란 용어는 17세기 프랑스에서 출간된 영성에 관한 작품들에서 그 기원을 찾을 수 있는데 그 말이 처음 쓰여질 때는 '순수하게 영적인 것만을 추구함' 또는 '물질세계와의 모든 관련을 단절함'과 같은 인상을 가지고 있었다. 그러나 영성이란 말의 의미는 오늘날 크게 세 가지로 쓰이고 있다.

산드라 쉬나이더스(Sandra M. Schneiders)에 따르면 첫째로, 영성이란 인간의 근본적인 차원을 가리킨다. 즉, 모든 인간은 인간존재의 근본적인 차원인 영성을 가지고 있다는 것이다. 둘째로, 영성이란 인간의 근본적인 차원을 실현하는 삶의 경험을 가리킨다. 이런 점에서 영성이란 말과 영성생활이란 말은 동일한 의미로 사용될 수 있다. 셋째로, 그러한 삶의 경험을 연구하는 학문 분야를 가리킨다.

브래들리 홀트(Badley P. Holt)는 이러한 세 가지 실재들을 약간 다르게 설명한다. 첫째로, 영성이란 모든 사람들이 가지고 있는 능력이다. 둘째로, 영성이란 하나님의 세계와 관계 맺는 하나의 스타일 또는 유형을 가리킨다. 이런 의미에서 우리는 포스트모던 영성, 가족 영성, 메소디스트 영성, 예배의 영성이란 말을 사용할 수 있다. 셋째로, 영성은 위의 두 가지 의미에 대한 연구, 즉 새롭게 떠오르는 학문분야이다.

이러한 현대의 영성 사용의 경향을 보면 영성이란 말이 기독교에만 국한된 용어도 아니고 다른 종교에만 국한된 용어도 아님을 알 수 있다. 따라서 오늘날 논의되고 있는 영성은 크게 일반적 영성, 종교적 영성, 기독교적 영성 이 세 가지로 구별해 볼 수 있다.

첫째로, 오늘날 세상에서 말하는 영성은, 철학자들이 인간의 영성을 자기초월을 위한 능력, 또는 단순한 자기유지나 자기이익을 넘어서는 능력으로 규정하는 것과는 달리, 보통 하나님과 거의 무관한 인간 중심적인 자기실현에 초점을 맞추고 있다. 이러한 영성은 특정한 종교와는 무관한 것으로 매우 절충주의적이며, 자아에 초점이 맞춰져 있고, 그리스도, 성경, 신앙적 생활 같은 것에는 상관하지 않으며 사회, 혹은 환경문제에 초점을 맞추는 특징을 가지고 있다.

둘째로, 종교적 영성은 초월자를 탐구하고 고차원적 존재의 도움으로 삶의 의미와 목적을 찾는다. 종교적 영성은 이슬람, 힌두교, 불교 같은 종교의 형태로 큰 영향을 발휘하고 있다. 동시에 영지주의 같은 기독교 이단들을 통해서도 강력한 힘을 발휘한다. 요가, 초월명상, 뉴에이지 운동과 같은 유사종교도 여기서 나온다. 다양한 형태로 등장하는 종교적 영성은 몇 가지의 공통점이 있는데 신앙고백, 교리, 기도, 예식 같은 잘 정의된 형태로 표현되고 있다. 또 종교적 영성은 종종 상대적이기도 하다. 이들은 영적 목표를 이루기 위해서는 여러 가지 방법을 사용할 수 있다고 가르치고, 항상 은혜보다는 공로를 통한 구원을 강조한다. 인간의 노력을 통해 "신에게 이르는 사다리를 올라갈 수 있다."는 것이다.

셋째로, 기독교적 관점에서 영성이란 말은 본래 최근까지 로마

가톨릭교회에서 주로 사용되었던 용어이다. 가톨릭의 독점적 용어였던 영성이란 말이 개신교에서 사용되기 시작한 것은 대략 1960년 이후(또는 제2차 바티칸 공의회 이후)이다. 그동안 개신교는 영성이란 말에 대해 부정적인 입장을 취해왔는데 그 기피 원인을 보면, 가톨릭적 접근 방식이 자기성화의 방법을 정당화하는 것으로 보였기 때문이다. 말하자면 수덕신학과 신비신학, 영성신학과 영성이란 용어들이 행위를 통한 잘못된 구원론으로 오염되어 있는 것으로 생각되었던 것이다. 그리고 종교개혁자들이 중세 후기 스콜라주의가 영성과 신학, 교리와 윤리사이를 분리시켰던 방식을 반대했기 때문이다. 그러나 1960년대로 접어들면서 개신교 진영에서도 영성에 대한 논의가 시작되었는데, 구체적인 계기는 동방정교회가 세계교회협의회에 가입하던 1961년부터이다. 이때부터 개신교의 에큐메니칼 교회지도자들 사이에서 영성에 대한 관심이 새롭게 일어났다.

성경에서의 영성

성경에는 영성이란 표현은 없지만, 영적이란 용어가 나온다. 그것도 오로지 바울서신에만 나온다. 바울은 절대 신령한 품성이나 성질이란 의미로 "영적"이란 용어를 사용한 적이 없다. 오히려 이렇게 이해하는 고린도 교인들을 비판한다(고전 3:1). 바울은 "영적(pneumatikos)"이라는 의미를 결코 사람의 "육적"인 본질 혹은 "세상에 속한" 본질과 대립하는 뜻으로 사용한 적이 없다. 플라톤식의 이 세상과 저 세상의 대립 가운데 저 세상에서 오는 성품이 아니라는 말이다. 영적이라는 말은 저 세상을 가르치거나 물리적인 세상에 속하지 않는다는 뜻이 아니다. 바울은 고린도 교인들이 영적이라는 말을 잘못 사용하고 있다는 것을 지적하였다. 영적인 것은 본질적으로 결코 방언하고 신비체험을 하는 것이 아니다.

고린도전서(2:6-3:1; 12:1-14:40; 15:44-46)에서 영적이라는 표현은 '영에 속한 삶' 이고 이에 대한 유일한 기준은 살아계신 하나님의 영에 속하거나 혹은 인도하심을 받는 것이다. 프뉴마티코스(영적, pneumatikos)라는 뜻은 결코 '경건한', '물질이 아닌', '신비로운', 혹은 '신자 내면의 삶' 에 관한 뜻이 아니다. '프뉴마티코스' 에 관한 'spiritual' 이란 잘못된 영어번역은 그간 많은 오해를 낳았다. 영적인 것은 신비스럽고 초자연스러운 기운이 주는 품성이 아니다. 즉, 영적이라는 말은 성령이 역사하는 그리스도의 새 시대와 관련된 모든 것을 의미한다. 육적인 것과 영적인 것은 삶의 모든 분야에서 플라톤적인 이 세상과 저 세상이 아닌 성령의 새 언약 시대인 그리스도의 통치 이전과 이후로 나뉜다. 육적인 것은 죄악의 성향이라기보다는 옛 시대와 관련된 모든 것(옛 사람의 몸, 영, 정신, 옛 시대의 사회, 정치, 경제, 종교 등)을 우선적으로 의미한다. 그러나 영에 속한 사람은 옛 시대가 아닌 하나님 나라의 새 시대의 새로운 피조물답게 하나님의 영의 영역에 속하여 영의 인도하심대로 모든 영역에서 복음의 삶을 사는 사람이다. 성령의 능력을 통해 주되신 그리스도의 통치를 받으면 사회, 정치, 경제 모든 것이 영적이 되는 것이다.

영에 속한 사람 즉, 영적인 사람은 이제 올바른 기준을 가지고, 세상의 가치가 아닌 하나님의 영이 인도하는 대로 걸어가고 살아가는 존재의 사람이 되는 삶이다. 다시 말해서 영적이라는 표현은 성욕, 식욕, 혹은 세상에 관한 관심을 버리는 신비로운 신자의 '내면의 삶' 이 절대 아니다. 이는 옛 세상의 가치관을 버리고 성령의 인도를 통해 예수의 주되심을 언제 어디서나 실현하는 복음의 가치관으로 사는 삶이다. 그러므로 삶의 모든 영역 즉, 지성, 성욕, 식욕, 사회, 정치, 경제, 문화, 예술, 종교 등 전반에 관한 관심도 살아계신 하나님의 인도하심 가운데 살아갈 때 영적인 것이라 할 수 있다.

2) 영성과 행복

교육심리학자 하워드 가드너(Howard Gardner)는 알프레드 비네(Alfred Binet)의 'IQ'와 다니엘 콜만(Daniel Coleman)의 'EQ' 외에도 인간에게는 크게 8가지 지능이 있다고 하였다. 이 다중지능이론은 바로 인간에게는 공통적으로 음악적, 운동학적, 수학적, 언어적, 공간적, 대인관계, 자기이해, 자연탐구 지능이 있다는 것이다. 하지만 최근에는 이 8가지 지능 외에도 새로운 9번째 지능이 주목받고 있다. 미국의 데이비드 호킨스(David Hawkins) 박사가 『의식 혁명(Power vs. Force)』이라는 책에서 소개되고 있는 9번째 지능은 '영성지능(SQ)' 즉, 'Spiritual Quotient'이다. 인간은 전인적인 존재이고 영적인 존재이기 때문에 행복한 삶을 영위하기 위해서 영성지능이 반드시 개발해야만 한다. 영적인 존재인 인간이 영성을 개발하지 않고는 행복하게 살 수 없다는 것이다.

실용적 학문을 통해서 인류 문명이 고도로 발달한 것이 사실이지만, 광활한 우주와 거대한 사회 속에서 나 자신은 왜 태어났고, 무엇을 위해 살아가는지에 대한 고찰이 부족해 많은 부작용이 서서히 나타나고 있기 때문에, 바로 이 영성지능이 주목받고 있는 것이다.

영성지능이 높은 사람들은 대부분 정서적인 안정감이 탁월하며 나보다 우리를, 성공보다는 가치를 따르게 하는 힘을 갖게 된다. 영성지능은 나는 누구인가에 대하여 눈을 떠가는 능력이며 자유와 사랑과 평화를 최고의 가치로 삼는 능력인 것이다. 그래서 영성지수가 높은 사람과 같이 있으면 편안하고 평화롭고 즐거워진다. 훌륭하다고 평가되는 사람들은 대부분 영성지능이 일반 사람들보다 더욱 높게 측정된다. 그리고 영성지능은 어린 시절 교육을 통해서 충분히 높일 수 있다고 전문가들은 하나같이 말하고 있다.

우리가 얼마만큼 인생을 성공적으로 살아갈 수 있는가는 우리의 훈련된 인격과 성품, 그리고 영적 수준에 의해 결정된다고 해도 과언이 아니다. 따라서 진정한 행복을 추구한다면 영성지수를 높이는 작업이 중요하다.

【 SQ(영성지수, Spiritual Quotient) 검사 】

영성지수(SQ; Spiritual Quotient)는 데이비드 호킨스 박사가 의식 혁명이라는 책에서 소개한 개념으로 IQ, EQ에 이어 정립된 인간의 지능에 대한 새로운 척도이다.

다음에 있는 질문 중에서 자기에게 해당하는 번호를 선택한다. 그리고 전체 점수를 합산한 후에 각 점수에 해당하는 결과를 토대로 하여 자신의 SQ를 측정한다. 아래 질문에 대해서 자신이 5개의 답변 중에 해당하는 번호를 기재한다.

① 매우 그렇지 못하다 (1점)　　② 다소 그렇지 못하다 (2점)
③ 중간 정도이다 (3점)　　　　 ④ 약간 그렇다 (4점)
⑤ 매우 그렇다 (5점)

□ 체크리스트

▶ 자아정체성 (self identity)

① 하나님이 주신 비전과 인생의 확고한 목적을 이루기 위해서 최선을 다하고 있다. ( )

② 성경적인 세계관과 가치관을 알고 세상적인 세계관과 가치관을 선별하여 수용할 수 있는 지혜가 있다. ( )

③ 내가 가장 많은 시간을 투자하고 있는 현재의 일이나 직업은 하나님이 기뻐하시는 분야이다. ( )

④ 나는 지식 정보화 시대, 디지털 시대에 적응할 만한 능력이 충분히 있다. ( )

⑤ 나는 존경하는 멘토가 있다. ( )

⑥ 나를 신앙적으로 인정하고 따르는 사람들이 많다. ( )

⑦ 생각과 행동의 우선순위가 하나님 중심, 가정, 사회활동 순이다. ( )

⑧ 나는 성령의 9가지 열매(갈 5:22~23)와 같은 인격을 겸비했다. ( )

▶ 사회적 정체성 (social identity)

① 복음은 변치 않지만 전파하는 방법은 문화의 역동성에 맞게 대처해야 한다. ( )

② 나는 우상숭배, 점, 미신, 뉴에이지, 종교 다원주의, 혼합주의를 단호하게 배격한다. ( )

③ 나의 실력은 속한 분야에서 최고 전문가 수준이다. ( )

④ 나는 사회적으로 성공의 경험이 많다. 신문이나 TV, 매스컴에 등장한 경험이 있다. ( )

⑤ 나는 외국어(영, 중, 일, 불어 등)에 능통하다. ( )

⑥ 나는 정직한 인격과 최고의 지적수준으로 국가와 사회 공동체에서 탁월한 리더십을 발휘하고 있다. ( )

⑦ 문화생활과 다양한 네트워크의 인맥을 형성하고 있다. ( )

⑧ 정치, 사회단체에 가입하여 적극적으로 봉사하고 있다. ( )

▶ 영적정체성 (spiritual identity)

① 성경말씀을 늘 묵상하고 하루에 QT를 반드시 한다. 성경 공부 모임에 반드시 참석한다. 자신의 일상생활에 성경말씀을 늘 적용한다. ( )

② 새벽 기도, 철야기도, 금식 기도, 하루 중에 일정한 시간에 규칙적으로 기도생활을 한다. (　　)

③ 나는 성령의 9가지 은사를 체험했다(고전 12:8~11). (　　)

④ 기도에 대한 응답을 날마다 체험한다. 간증을 남길 정도의 특별한 기적과 은혜를 많이 체험했다. (　　)

⑤ 십일조와 주일성수를 준수한다. 교회에서 하는 선교, 구제, 교회 건축 헌금에 최선을 다하고 있다. (　　)

⑥ 교회 공동체의 질서에 잘 따른다. 가정이나 사회 공동체의 질서와 규칙을 잘 지킨다. (　　)

⑦ 신앙과 관련된 서적을 정기적으로 읽는다. (　　)

⑧ 전도와 선교, 구제 활동에 최선을 다하고 있다. 나는 교회 공동체에서 중요한 직분을 맡고 있다. (　　)

□ 종합 점수별 평가와 전망

▶▶ 90~100점 이상
　　지성, 감성, 영성이 탁월한 카리스마적 리더이다. 탁월한 SQ의 소유자는 '3S'를 겸비한 전인적인 크리스천이다.

▶▶ 80~90점
　　탁월한 영적지수를 통해서 하나님의 목적을 이루도록 최선을 다해야 한다.
　　다른 사람을 세워주고 격려하는 위로자가 되어야 한다.

▶▶ 70~80점
　　비교적 뛰어난 영적지수의 소유자이다. 교회와 가정에서 비교적 순탄한 삶을 누리고 있다.

▶▶ 60~70점
　　보통 수준의 영적지수 소유자이다. 교회 공동체에서는 멤버로서 최선의 의무를 다해야 한다.

▶▶ 50~60점
　　초신자 수준의 영적지수를 소유하고 있다.

▶▶ 50점 이하
　　이 정도의 영적 수준은 분발을 요구한다.

11. 명상(묵상)지수 높이기

1) 명상의 의미

백과사전에 나와 있는 명상의 의미는 마음을 자연스럽게 안으로 몰입시켜 내면의 자아를 확립하거나 종교 수행을 위한 정신집중을 널리 일컫는 것을 의미한다. 한자어로 冥想(명상)은 눈을 감고 차분한 마음으로 깊이 생각하는 것을 의미하며, 또 다른 한자어로 瞑想(명상)은 '눈을 감고 깊이 생각한다.'라는 뜻을 가진다. 영어에서 명상은 메디테이션(meditation) 또는 컨템플레이션(contemplation)으로 '깊이 생각하다', '계획한다', '묵묵히 생각한다' 등으로 쓰이고 있다. 보편적인 명상의 의미는 모든 생각과 의식의 기초는 고요한 내면의식이며 명상을 통하여 순수한 내면의식으로 자연스럽게 몰입하게 되는 것을 의미한다.

2) 명상의 기원과 발전

명상의 발전은 동·서양이 다르게 발전하였다. 서양의 명상은 서양의 정신문화를 지배해 왔다고 할 수 있는 기독교에 의하여 발전되었다고 할 수 있는데 그 대표적인 형태가 기독교의 기도(祈禱)이다. 기독교의 기도는 곧 서양식의 명상이다. 한편 동양은 명상의 시작이 서양과 마찬가지로 종교의 발생과 같이 하였지만 그 전개와 발전과정이 서양과는 다르다. 동양에서 명상을 발전시킨 주체는 인도에서 발생한 요가와 불교 그리고 유교와 도교이다.

(1) 요가와 불교의 명상

요가는 인간이 신(神)과 합일(合一), 즉 신과 같아지려는 훈련체계라고 할 수 있고, 그 훈련체계가 곧 명상이다. 현대의 스트레칭, 필라테스(Pilates) 그리고 동양의 도인법(導引法) 등에 많은 영향을 준 요가의 몸 움직임의 형태인 아사나(Asana)도 명상의 한 과정이라 할 수 있다. 요가 명상의 최고의 경지를 삼매(三昧)라고 하는 것에서도 요가는 하나의 명상 체계인 것을 알 수 있다.

불교는 흔히 깨달음의 종교라고 한다. 불교는 그 대상이 되는 신(神)이 없는 것이 특징이라고 할 수 있다. 불교는 인간이 깨달음을 통해서 역설적(逆說的) 완전함인 공(空)에 이르려는 자력종교(自力宗教)라고 부르는 것으로 그 수행(修行)의 한 형태가 선(禪)이고, 바로 이것이 불교의 명상을 의미한다. 요가와 불교에서 발전한 여러 형태의 명상은 현대인의 심인성(心因性) 질환의 원인인 스트레스 치료에 많은 효과가 있는 것으로 심리학자와 의학계에서 임상적인 보고가 되고 있다.

(2) 유교(儒教)의 명상

동양 정신문화를 이끌어온 유불도(儒佛道) 삼교(三校) 중 하나인 유교는 인(仁)과 예(禮)를 중심으로 하늘에서 인간에게 부여한 본성(本性)을 지키고, 이를 바탕으로 인간관계를 세우는 것을 중요시한다. 도교(道教)의 영향을 받았다고 할 수 있는 유교 명상의 특징은 정좌(靜坐)이다. 인간이 칠정(七情)에 휘둘리지 않도록 고요하게 바로 앉아 몸의 내면과 외면을 바로잡아 완전한 인간으로서의 본성(本性)을 지키는 것이라고 할 수 있다. 퇴계 이황은 유교의 명상 형태인 정좌(靜坐)를 평생 수련하여 좌탈입망(坐脫入亡) 즉, 앉아서 임종한 것으로 유명하다. 퇴계는 유교 명상의 형태인 정좌(靜坐)를 평생 수련하여 일상의 생활화되었기 때문에 수련의 전문가도 이루기 어렵다는 좌탈입망(坐脫入亡)을 할 수 있었다.

(3) 도교(道敎)의 명상

도교는 인간이 신(神)의 경지에 이르는 심신(心身)의 완전함을 목적으로 하는 양생(養生) 종교(宗敎)이다. 도교의 명상은 인간이 본래의 완전함, 즉 선천(先天)의 상태로 돌아가기 위하여 수행하는 방법이라고 할 수 있다. 도교 명상의 특징은 몸의 동작과 자세에 호흡과 의식을 합하여 수행함으로써 완전함으로 돌아가는 것이다. 도교는 인체를 정(精), 기(氣), 신(神)의 세 가지 기(氣)로 이루어졌다고 하는 기론(氣論)적 우주관과 신체관의 사상으로 동양의 생리학과 의학에 매우 중요한 영향을 주었다. 동양의 대표적인 의학경전이라고 할 수 있는 황제내경(黃帝內經)은 도교의 이러한 우주관과 인체관의 영향을 받았다. 도교 명상의 특징은 심신의 완전함으로 나아가는 방법이라고 할 수 있다.

(4) 기독교의 명상

기독교에서는 하나님을 세계의 창조주이자 궁극적 신앙 대상으로 삼기 때문에, 명상 역시 하나님에 대한 의식의 집중과 관련이 깊다. 즉, 완전한 존재인 하나님께 자신을 온전히 맡김으로써 하나님의 은총 아래 새로운 존재로 거듭나는 것을 목표로 삼는 것이다.

기독교의 명상에는 묵상(默想: meditation)기도와 관상(觀想: contemplation)기도의 형식이 있다. 묵상기도는 주로 하나님의 말씀과 그 말씀의 진리와 내용을 음미(吟味)하며 말씀에 담겨있는 참 뜻과 진리를 추구하면서 맛보는 것이다. 이러한 기도 과정을 통해서 성서 안에 담겨져 있는 진리가 기도하는 사람의 인격 안에 내면(內面)화되어 그 진리가 인격화(人格化)된다. 관상기도는 성서를 중심으로 하나님과 대면하고 위로를 받으며, 같이 행동하는 내적 경험을 갖는다. 그러나 이들 두 가지는 서로 관련성을 가지고 있으므로, 묵상으로부터 관상으로 들어가기도 하고, 관상으로부터 묵상으로 들어가기도 한다.

12세기 카르투시오회의 제 9대 원장을 지낸 귀고 2세는 묵상과 관상에 대해서 독서(lectio), 묵상(meditatio), 기도(oratio), 관상(contemplatio)으로 피력하였고, 이러한 네 단계의 개념은 800년이 지난 지금까지도 사용되고 있다. 네 단계의 개념은 귀고 2세가 독창적으로 창안해 낸 것이 아니고 이미 전통적으로 이와 비슷한 형태를 띠면서 내려오던 단계들을 나름대로 정리했다고 볼 수 있다.

묵상기도의 각 단계들은 함께 긴밀하게 연결되어 있어 서로를 위해서 필연적인 작용을 한다. 즉, 독서는 묵상으로 이어지는 준비작업인 동시에 묵상이 계속되어야 독서 또한 계속될 수 있다. 그리고 묵상이 기도로 심화되지 않으면 관상의 높은 경지에 이르기 힘들게 된다. 하지만 묵상기도의 네 가지 단계는 계층적 단계라기보다는 순간(moment)으로 이해해야 한다. 왜냐하면 관상 단계에 이르는 과정이 항상 순서를 갖고 일어나지 않기 때문이다. 묵상기도와 관상기도는 상호 관계적으로 서로 연결되어 있으며 중심은 성서를 통하여 그리고 가슴속에서 말씀하시는 하나님의 성령이시다. 성령이 하시는 일은 "바람이 임의로 부는 것"(요 3:8)과 같기 때문에 일정한 틀이 없고 인간적인 지식이나 어떤 고정된 틀로써 제시될 수 없으며, 그러한 방식으로는 하나님을 만날 수가 없다. 그러므로 관상으로 나아가는 영성의 여정으로써 독서와 묵상과 기도의 단계는 우리를 점진적으로 더 깊은 영적 세계로 인도하는데 있어서 엄밀한 의미에서 구분일 뿐이지 각 단계가 개별적으로 분리될 수 없다. 다시 말해서 관상을 지향하는 영적 생활에서 이러한 단계들이 필연적으로 어떤 고리처럼 연결되어 일어나는 것은 아니겠지만, 이런 단계들을 통해서 영적인 삶은 하나님 안에서 더욱 기쁨과 풍요로 가득해질 것이다(박주태, 2006).

말씀묵상기도를 위해서는 다음과 같은 준비가 필요하다.

① 외적준비와 내적준비를 해야 한다.

외적준비로는 묵상기도를 하려면 최소한의 조용한 시간을 확보해야 한다. 하루에 20-30분 아니면, 일주일에 두세 번이라도 30분 이상 시간을 내어 말씀 앞에 서는 시간을 확보해야 한다(Thomas Keating, 2006). 그리고 고요한 장소와 필기도구가 준비되어야 한다. 가능하면 묵상하고 기도할 때 깨달은 것을 기록으로 남겨 두어야 한다. 기록은 기억보다 오래가기 때문이다. 그 기록들이 모아져 묵상으로 연결되어 더 깊어진다.

내적준비는 목마른 사슴처럼 우리 영혼이 주님의 은혜를 사모하며 갈망하는 것이다. 그리고 몸과 마음을 바르게 하는 것이다. 첫째, 자세가 중요한데, 여러 앉는 자세가 있으므로 자기에게 맞는 방법을 선택해야 할 것이다. 보통 좌선 자세를 권하는데, 이 자세에서 중요한 것은 몸의 중심이 단전에 모이도록 척추를 곧게 세워 귀와 어깨가 수직이 되게 하고, 머리끝으로는 천장을 밀어

올리듯 하고, 턱은 안쪽으로 당기는 것이다. 턱이 들리면 자세에 힘이 빠지고 쉽게 졸음이 온다. 눈은 반쯤 살며시 감거나 뜨는 게 좋고 완전히 뜨거나 감지는 말아야 한다. 눈을 가볍게 뜰 때는 앞에 모셔진 십자가나 이콘(동방 그리스도교 전통에서 벽화나 모자이크, 목판 등에 신성한 인물이나 사건 등을 그린 그림)에 시선을 고정시키면 된다. 이때 손의 모습은 왼손을 오른손 위에 올리고 엄지손가락끼리는 인(印)자 모양으로 가볍게 붙여 몸 쪽에 닿게 하고, 엄지손가락은 대충 배꼽 높이에 둔다. 양팔은 자유롭게 편하게 두되 팔 밑에는 계란을 하나 끼워둔 것처럼 가볍게 뗀다(석지현, 1994). 둘째는 호흡이다. 가장 널리 알려진 방법은 복식호흡이다. 이것은 아랫배와 가슴을 부풀려 숨을 크게 들이마시고 잠시 멈췄다가 다시 숨을 토해내는 간단한 방법이다. 단전호흡은 배꼽 3-4cm 아래의 단전에서 솟아나기 때문에 단전호흡을 하면 숨도 고르고 깊어진다. 이 외에도 여러 가지가 있겠지만 각자 자기에게 맞는 방법들을 골라서 활용하는 것이 좋다(정태혁, 1994). 셋째, 하나님의 임재 의식하기이다. 몸과 마음을 바르게 했다면, 이제 하나님의 임재를 기다려야 한다. 하나님의 임재를 깊이 느낄수록 묵상과 기도가 깊어질 수 있다. 하나님의 임재를 자주 느낀다는 것은 그만큼 하나님께 몰두한다는 것이다. 그리고 하나님께 몰두할수록 친밀함이 높아진다. 친밀함이란 나와 하나님 사이에 거리감이 없다는 뜻이다. 둘 사이에 거리감이 없을수록 더 깊은 교제와 대화가 가능하다. 넷째, 성령의 도우심 간구하기이다. 몸과 마음을 고요하게 하고 하나님의 임재를 깊이 느낀다 하더라도 하나님의 말씀을 깨닫고 알게 하는 분은 성령이시다. 성령은 하나님의 깊은 것까지도 통달하시는 분이다(고전 2:10). 그러므로 우리는 겸손히 성령의 인도하심과 조명하심을 간구하며 기다려야 한다. 진리의 성령이 오시면 그분이 우리를 진리로 인도하시며(요 14:17), 좀 더 깊은 기도로 이끄실 것이다.

② 묵상기도 수행 시 일반적 원칙들

첫째, 순수한 마음을 지녀라. 묵상기도는 여타의 독서와는 다르다. 지적으로 분석하거나 비판하지 말고, 순수하고 깨끗한 마음으로 임하라.

둘째, 적합한 자료를 선택하라. 적절하지 못한 자료의 선택은 오히려 영성생활에 걸림돌이 될 수 있다. 그러므로 가장 적합한 자료를 선택하는 것은 매우 중요하다. 모든 자료 중에서 가장 으뜸은 바로 하나님의 말씀인 성서이다.

셋째, 고요한 시간과 장소를 확보하라. 묵상기도를 할 때 시끄럽고 번잡한 시간과 장소는 가능하면 피해야 한다. 이런 기본적인 사안들을 무시할 경우, 하나님 말씀의 심오한 의미를 깨닫는 데 여러 어려움들이 따를 수 있다. 그래서 가능하면 남에게 방해받지 않는 고요한 시간과 장소를 확보하는 것이 좋다.

넷째, 전 존재로 읽어라. 고대나 중세 수도자들은 성서를 읽고, 귀로 들으며 마음으로 배웠다. 오늘날 이런 모습이 많이 사라지긴 했지만, 인간 전 존재로 성서를 읽고 듣는다면 하나님 말씀의 심오한 신비를 더욱 잘 깨닫게 될 것이다. 따라서 말씀묵상기도를 할 때에는 언제나 열린 마음으로 자신의 전 존재로 말씀을 읽고 들어야 한다.

다섯째, 성서 말씀에 집중하라. 주어진 본문에 온전히 집중하지 못하는 것도 말씀 묵상기도의 참 맛을 잃게 할 수 있다. 이때의 집중은 마음으로 뿐만 아니라 온몸으로도 하는 집중을 의미한다. 수도 전통에서 말씀묵상기도는 영적 수행이었음을 상기해야 한다.

여섯째, 성령께 도움을 청하라. 묵상기도를 하면서 하나님의 말씀을 지적으로만 이해하려 하거나, 그 말씀 자체에 어떤 저항이나 거부감을 가지게 될 때도 참된 말씀묵상기도를 하기 어렵다. 이런 때일수록 더욱 단순한 마음으로 하나님의 도움을 청하는 겸손한 마음이 필요하다.

일곱째, 항구(恒求)하라. 묵상기도는 인스턴트식품처럼 빠른 효과를 내는 것이 아니다. 그것은 시간이 지나면서 서서히 배어드는 먹물과 같다. 그러므로 꾸준히 해야 한다. 우리가 육체를 위해 매일 규칙적으로 식사하듯이, 영혼을 위해서도 같은 성실성이 필요하다. 우리가 하나님 말씀과 끊임없는 친교를 가지지 못한다면, 결코 하나님의 참된 자녀가 될 수 없으며, 우리의 사도직 활동 역시 불가능하게 될지도 모른다. 왜냐하면 "어느 누구도 자신이 가지지 않은 것을 결코 남에게 줄 수 없다."는 영성생활의 금언 때문이다. 묵상기도를 하면서 때로 무미건조함을 체험할 수도 있는데, 이때도 하나님께 대한 신뢰를 저버리지 말고 꾸준히 묵상기도를 행함이 중요하다.

여덟째, 여유를 가져라. 묵상기도는 서둘거나 긴장하지 말고, 고요하고 평화롭게 행해야 한다. 조급하거나 시간을 낭비했다는 아쉬움 없이 행해야 하며, 단순한 마음으로 꾸준히 행함이 묵상기도의 참모습이다. 성급함은 계시된 하나님의 신비에로 접근하려는 우리를 방해할 수 있다. 그러므로 묵상기도를 할 때는 조급함 없이 여유를 가지고 기도하는 마음으로 꾸준히 행하는 것이 좋다. 그리고 많은 양을 읽으려고 욕심부리거나 한 책을 정해진 시간까지 다 끝내려고 과욕을 부려서도 안 된다. 또 어떤 부분을 완전히 다 읽기도 전에 다른 부분을 읽으려는 유혹에 빠져서도 안 된다. 중요한 것은 빠르고 많이 읽는 것이 아니라, 말씀을 온전히 받아들이는 것이다.

아홉 번째, 성서를 자주 읽고 되뇌어라. 성서 독서 중에 특별히 어떤 본문이 마음에 와 닿으면 그것을 기억 속에 채워 넣고 계속 되뇔 필요가 있다. 사실 옛 수도자들에게 있어 묵상은 오늘날과 같이 머리로 숙고하고 반성하는 것이 아니라, 하나님의 말씀을 단순히 반복하고 끊임없이 되뇌는 수행이었다. 이것은 마치 소가 되새김을 함으로써 음식물을 철저히 자기의 살과 피가 되게 하는 것과 같다. 성서를 독서하는 중에 특별히 마음에 와 닿은 구절이나 문장들이 있다면, 그것을 단순하게 자주 되뇌는 수행을 끊임없이 행한다.

열 번째, 하나님 말씀에 순종의 삶으로 응답하라. 묵상기도는 수양을 위한 수단이 아니다. 이것은 하나님의 초대에 대한 응답이기 때문에 그분의 주도권을 인정하고 그분이 우리를 인도하시도록 자연스럽게 내맡기며 그분 말씀에 순종해야 한다. 이때 묵상기도는 우리 모든 생활에 풍요로운 결실을 가져다 줄 것이다.

3) 명상(묵상)의 효과와 행복

명상은 정신과 육체를 동시에 이롭게 한다. 명상은 깊은 내면의 세계로 들어가야 하기 때문에 정신의 안정을 가져와 심리적 조화를 이룰 수 있다. 정신이 안정되고 심리상태가 조화되면 생리대사가 원활해지고 생체 에너지의 활동이 정체가 없이 온 몸을 조절하기 때문에 육체적으로도 그 기능이 안정된다. 그리고 몸과 정신의 조화로 늘 맑은 정신이 유지되고 주변과의 친화력이 높아지며 잠재능력을 최대로 활용할 수 있게 됨으로 행복지수가 높아지게 된다. 특히 명상은 의식의 지평을 넓게 함으로 사소한 것에 흔들리지 않는 여유 있는 삶을 영위하게 된다.

명상을 통한 임상적 효과를 살펴보면 첫째, 명상은 고혈압·심장병 등 신체적 질환까지도 치료하는 효과가 있는 것으로 밝혀지면서 스트레스로 인한 우울증이나 화병 등 마음에서 기인하는 심인성(心因性) 질환 치료를 위한 보조 수단으로 활용되고 있다. 미국 매사추세츠의대 존 카밧진(Jon Kabat-Zinn, 2012) 박사가 개발한 '마음 챙김 명상(MBSR · Mindfulness-Based Stress Reduction)' 프로그램은 현재 미국 270여개 병원에서 행해지고 있고, 한국에도 이 프로그램을 도입하여 실시하는 병원이 하나 둘 생겨나고 있다. 둘째, 명상은 우리 몸의 감각 메커니즘을 조절한다. 우리의 몸은 모든 감각이 통합된 시스템으로 이것이 조화롭게 균형 잡혀 움직여질 때 평화롭고 최대의 기능이 발휘된다. 몸의 구성단위인 수십조의 세포는 살아 있는 감각 단위로써 각기 의식을 가지고 있다. 이 세포들의 의식을 의도적인 지각활동을 통해 일깨우고 서로서로를 연결시켜 순수의식으로 고취하는 것이 명상이다.

12. 자원봉사 및 섬김지수 높이기

1) 자원봉사의 의미

자원봉사(voluntarism)라는 용어의 어원은 인간의 자발적 의지(will)와 욕망(desire)을 나타내는 라틴어 볼런타스(voluntas)에서 유래했는데, 이는 이웃사랑을 실천하기 위한 모든 자발적인 활동을 의미한다. 1997년판 미국의 『사회복지백과사전』(Encyclopedia of Social Work)에서 자원봉사자를 정의하기를 모든 분야의 사회복지 활동에 관련된 민간조직이나 공공기관에서 보상 없이 무상으로 서비스를 제공하는 개인이라고 하였다. 근래에 들어 자원봉사는 봉사가 의미하는 주는 자와 받는 자의 관계와 같은 일방적인 관계가 아닌 "한 인간으로서 스스로 타인과 더불어 생활하며 선한 활동을 함으로써 자기실현과 자아초월을 지향하는 것"으로 자원 복지라는 용어를 많이 사용하고 있다.

자원봉사운동은 산업화 이후에 등장한 근대적 개념이라고 볼 수 있다. 영국의 사회학자 마샬(Marshall)은 18세기를 인류가 시민 권을 획득한 세기로 보았는데 바로 그때부터 '자원봉사'의 사회 적 개념도 등장했다고 본다. 자원봉사는 내가 지역사회의 주인이 라는 민주주의 시민의식이 싹 트고 민간조직이 등장하면서 시작 된 새로운 개념인 것이다.

오늘날과 같은 양식의 봉사활동의 시초는 19세기(1800년대) 유럽 에서 활성화하기 시작한 '자선조직협회운동(Charity Organization Societies)'과 '복지관운동'에서 찾아 볼 수 있다. 자선조직협회운 동은 중상류층의 부인들이 가난한 가정을 방문해 봉사한 것이고,

'복지관운동'은 주로 대학생들이 빈곤 지역에 들어가 함께 생활하면서 사회개혁을 이루려던 것으로 YMCA, YWCA, 보이(걸) 스카우트 등이 이에 속한다.

우리나라에서는 조선시대 말 기독교가 들어오면서 기독교인들이 서양식의 봉사활동을 실천하기 시작했다. 물론 서구 문화가 들어오기 전에도 우리나라 사람들은 우리 식의 봉사활동을 생활화했다. 지금도 친목계 등등의 이름으로 심심찮게 이용되는 '계'만 해도 원래 상부상조를 목적으로 하는 '품앗이'라는 것으로 그 역사가 삼한 시대까지 거슬러 올라간다.

향약의 4대 덕목 가운데 환난상휼(患難相恤)은 어려운 이웃을 함께 돕기 위한 약속이었다. 또한 작은 마을에서 일생을 살았던 우리 조상들은 농사일이나 혼인, 장례 등 일상생활의 크고 작은 일을 '품앗이'로 했다. '품을 앗는다(남을 돕는다)'는 것은 곧 때가 되면 나도 남의 '품을 받는다(도움을 받는다)'는 것을 의미했다.

이렇게 우리 조상들은 서로 돕고 도움을 받으며 살기 좋은 마을 공동체를 가꾸어 나갔던 것이다. 품앗이는 서로 아는 사람끼리 노동력, 서비스, 관심 등 비슷한 것을 주고받는 것인 만큼 낯선 사람에게 아무런 대가 없이 주는 봉사활동과는 성격이 약간 다르다. 아직까지 우리나라 사람들은 모르는 사람들을 돕는 일에는 그다지 익숙하지 못하고 그 방법도 잘 모르는 것이 사실이다. 그렇기 때문에 더욱 시대 변화에 알맞은 새로운 생활양식을 찾는 과정에서 봉사활동의 중요성이 강조되고 있다.

2) 자원봉사를 통해서 얻는 행복

인간은 출생에서 사망에 이르기까지 사회생활을 영위하며, 여러 가지 생활과업을 갖는다. 인간의 생활은 동서고금을 막론하고 사회생활을 통하여 도움을 주고받는 과정에서 서로 의존할 수밖에 없는 것이며, 가정과 지역사회를 중심으로 대부분의 필요한 자원과 서비스와 기회를 개발하고 공급하는 것이 자연적이고 바람직한 것으로 되어 있다. 다시 말하면, 인간은 생활과업의 달성을 통해서 행복한 삶을 영위하게 된다.

그러나 행복한 삶은 나 혼자의 노력만으로는 불가능하며, 가정과 지역사회 그리고 국가와의 공동참여 노력으로 조화롭고 자연스럽게 이루어 질 수 있다. 선진제국의 경우를 볼 때, 인간이 추구하는 행복한 삶은 성숙한 사회형성을 통해서 이룩되며, 성숙한 사회를 이루어가기 위해서는 국민이 자발적으로 참여하는 봉사활동이 기본적이고 필수적이다. 따라서 성숙한 사회와 봉사활동은 우리가 추구하는 민주주의적 사회형성의 요체이기도 하다. 또한 봉사활동은 자원봉사 정신을 고취하고, 자아실현을 하고자 하는 사회구성원들의 자발적인 실천과정으로 가능하다.

자원봉사는 금전적 대가와 비교할 수 없는 행복과 즐거움을 얻게 된다. 자원봉사를 통해서 얻을 수 있는 행복감과 즐거움은 크게 두 가지 이유에서 비롯된다.

첫째는 자원봉사를 하면서 만나는 사람들로부터 긍정 에너지를 얻기 때문이다. 사람의 뇌에는 거울 뉴런이라는 신경세포가 있다. 거울 뉴런이란 다른 사람의 감정 상태에 거울처럼 반응하게 하는 신경세포로, 거울 뉴런 때문에 우리는 다른 사람이 울거나 웃을 때 함께 울고 웃을 수 있다. 따라서 누구를 만나느냐가 우리의 마음에 아주 중요한 영향을 미친다. 늘 부정적인 사람을 만나면 부정적이 되지만, 긍정적이고 밝은 사람을 만나면 그 영향으로 비슷하게 될 수 있다. 자원봉사를 하면서 만나는 사람들은 긍정적이거나 밝은 편이다. 활동에 참여하는 자원봉사자들 뿐만아니라 봉사의 대상이 되는 사람들(예, 독거노인 등)도 자원봉사자들을 웃는 얼굴과 감사의 마음으로 대한다. 이런 분위기에서 우리는 거울 뉴런 덕분에 자연스럽게 밝고 행복한 긍정의 에너지를 얻게 된다.

둘째로 자원봉사는 스스로 원해서 하는 활동이기 때문이나. 사람들은 언제나 자신의 행동에 대한 원인을 찾으려고 한다. 매일 아침 지하철을 타고 출근하는 직장인들은 자신들의 행동의 원인을 '월급'에서 찾고, 공부하는 학생들은 '성적'에서 찾는다. 심리학자들은 이처럼 행동의 이유가 외부에 있는 것을 가리켜서 외재적 동기(extrinsic motivation)라고 말한다. 반면 자기 스스로 원해서 어떤 행동을 하는 경우, 즉 행동의 이유가 자신의 내면(마음)에 있는 경우를 내재적 동기(intrinsic motivation)라고 말한다.

외재적 동기와 내재적 동기 중 어느 것이 행복과 연관이 있을까? 바로 내재적 동기다. 사람들은 누군가로부터 통제받고 싶어 하지 않기 때문이다. 외재적 동기는 누군가가 자신을 통제한다는 느낌을 받지만, 내재적 동기는 자신의 삶을 스스로 통제하고 있다는 느낌을 준다. 이런 면에서 돈을 벌기 위해 직장에서 일하는 것보다 아무런 대가도 바라지 않고 자원봉사를 하는 것이 더 즐거울 수 있다.

다른 사람을 도왔다는 만족은 주관적 삶의 질을 높인다. 반복된 일과 무력감으로 작아 보이던 내가 이웃의 어려움을 함께하며 나의 삶에 대해 감사하게 된다. 자원봉사는 다른 누군가를 위해 하는 활동처럼 보이지만, 실은 자기 자신을 위한 활동이다. 자원봉사를 통해서 무엇과도 바꿀 수 없는 행복과 즐거움을 얻을 수 있기 때문이다.

3) 성경에서 말하는 섬김의 의미

섬김의 의미는 다른 사람이 성장할 수 있도록 희생하고 헌신(獻身)하는 것을 의미한다. 구약성경에서 '섬김'이란 단어는 히브리어로 '아밧(עבד)'인데, 이 단어는 '섬기는 사람=종'을 뜻하는 '에벳'에서 나온 말이다. '에벳'은 구약성서에서 약 800회에 걸쳐 나오는 단어로 하나님을 섬기는 종, 하나님의 종으로 쓰인다. 섬김의 의미는 하나님과 밀접한 관계를 보인다. 섬김의 대상이 하나님께 국한된 것이 아니고 세 번 중 두 번은 하나님께서 창조한 인간과 자연을 포함한 뜻으로 쓰인다. 하나님께서 창조한 인간과 세상을 보시고 심히 좋았더라 하셨으므로 하나님을 사랑하는 것은 이웃사랑과 자연 사랑을 통해서 구체화 되는 것이다.

신약에서 '섬김'을 나타내는 대표적인 단어는 '디아코니아(διακονία)'이다. 디아코니아는 직분에 해당하는 명사이고 '디아코네인(διακονειν)'은 동사형 봉사와 관련된 사람을 나타내는 명사형으로 '디아코노스(διακονος)'가 있다. 이 세 단어는 신약성경에서만 100번을 걸쳐 등장한다. 섬김은 아랫사람이 윗사람을 섬기는 것이 일반적이나 마태복음 20장 26-28절에서는 크고자 하는 자는 섬겨야 되고 으뜸이 되고자 하는 자는 종이 되어야 한다고 말하고 있다.

4) 성서에서 말하는 섬김의 방법

구약에서의 섬김의 주된 모습은 나그네를 섬기는 일이다. 나그네에게 친절하게 대접을 하는 일은 사막에서 사는 필수 조건이기도 하지만 '섬김'이 하나님과 사람의 관계, 사람과 사람의 관계속에서 일상이 되었다.

구약시대 나그네, 가난한자, 고아와 과부, 노예들에 대한 사회적 약자의 보호는 신앙적 의무였다. 십일조, 안식일, 안식년, 희년 등의 율법적 규정은 사회적 약자를 위한 동시에 율법의 규정을 통해 섬길 수 있도록 의무화한 것이다. 구약은 거듭 보호대상자들에 대한 '섬김'을 강조하고 악한 대우와 착취를 경고했다(Waltre C Kaiser, 1993).

신약성서에서 말하는 섬김은 예수 그리스도의 공생애 사역 전체를 말하고 있다. 예수님은 "인자가 온 것은 섬김을 받으려 함이아니라 도리어 섬기려 하고 자기 목숨을 많은 사람의 대속물(代贖物)로 주려 함이니라(마 22:28)"라고 말씀하셨다. 그리고 친히 말씀하신 대로 섬김의 본을 보이셨다. 또한 "내가 진실로 너희에게 이르노니 너희가 여기 내 형제 중에 지극히 작은 자 하나에게 한 것이 곧 내게 한 것이니라 하시고(마 25:40)" 말씀하시면서 가난한 자를 자신과 동일시 하셨고 굶주린 자, 헐벗은 자, 병든 자, 옥에 갇힌 자, 나그네 된 자에게 대접한 것이 곧 예수님 자신에게 대접한 것이라고 말씀하셨다. 하나님 나라 운동을 통한 예수님의 섬김의 모범은 사도행전에 나오는 초대교회의 섬김에서 모델로 제시되고 있다.

신약성서의 여러 본문들이 성도의 섬김의 실천을 최후 심판 때

상급과 연결시키고 있지만, 구원받은 성도들에게 요청되는 자세는 "우리는 무익한 종이라 우리가 하여야 할 일을 한 것뿐이라(눅 17:10)"는 철저한 섬김의 종의 자세이다.

어느 날 테레사 수녀가 한 어린아이 상처의 고름을 만지며 치료하고 있을 때 한 사람이 이런 질문을 하였다. "수녀님, 당신은 잘 사는 사람이나 편안하게 살아가는 사람 혹은 높은 자리에 있는 사람들을 바라볼 때 시기심이 생기지 않나요? 당신은 이런 삶이 만족하나요?"

이 질문에 테레사 수녀는 조용히 대답을 하였다. "허리를 굽히고 섬기는 사람에게는 위를 쳐다볼 시간이 없습니다." 이렇듯 섬김과 봉사는 남이 알아주는 데 있는 것이 아니라 은혜를 받고 성숙한 자들이 기쁨으로 나아가는 삶의 태도에서 비롯된다고 할 수 있다.

5) 섬김과 행복

인디언 속담에 '빨리 가려거든 혼자 가라. 멀리 가려거든 함께 가라.'라는 말이 있다. 하지만 오늘 우리의 현실은 생존경쟁(生存競爭), 약육강식(弱肉强食), 적자생존(適者生存) 등 세상에서 살아남는 승자의 자리에 오르려면 어떻게 해서든지 상대방과 경쟁에서 이겨야만 한다. 그래서 상대방을 이길 수만 있다면 어떠한 수단과 방법을 가리지 않으려고 한다. 하지만 이러한 삶은 불행할 수밖에 없다. 고대 그리스의 철학자인 플라톤(Platon, 428-348 B.C)은 '남을 행복하게 해줄 수 있는 사람만이 행복을 얻을 수 있다.'고 하였다. 주위의 모든 사람들이 불행한 상태에 빠져있는데 그 상황에서 자기 혼자서만 행복감을 느낄 수 있을까? 만일 그렇다고 할지라도 그 행복은 아마 그리 오래가지 않을 것이다. 내가 주위 사람들을 행복하게 해줌으로 인해 그들이 행복해질 때 나 자신의 행복 또한 배가 되고 오래 지속된다. 내가 먼저 상대방의 행복과 성공을 위해 온전한 맘으로 섬긴다면 자연스럽게 나의 행복과 성공도 뒤따라오게 된다. 나의 끊임없는 섬김을 통해서 주변 사람들이 위로받고 용기를 얻을 수 있도록 그들을 이끌어 올려준다면 나중엔 그들이 나를 이끌어 올려주게 된다. 따라서, 섬김은 윈윈(win-win)하는 상생의 비결인 셈이다.

섬김은 최고의 재능기부이다. 요즘 사회 일각에서 부는 바람직한 흐름 중에 하나를 꼽는다면 '재능기부 운동'이 바로 그것인데, 기부의 새로운 형태로 자신의 재능을 사회에 기부하는 것을 말한다. 즉, 각 개인이 갖고 있는 재능을 개인의 어떤 이익이나 기술개발에만 사용하지 않고 이를 활용해 사회에 기여하는 새로운 기부 형태를 일컫는 말이다. 재능기부는 각자가 가진 재능을 사회에 환원한다는 점에서 의미가 있다. 이런 점에서 보면 섬김이야말로 최고의 재능기부인 셈이다. '나는 아무 재능도 없다.' 라고 말할 수 있는 사람이 있을 것이다. 넬슨 만델라(Nelson Mandela)는 "아무런 대가도 바라지 않고 시간과 힘을 쏟아 남을 돕는 것만큼 큰 재능은 없을 것이다."라고 말했다. 남보다 뛰어난 어떤 특별한 재능이 내게 없다 할지라도 섬김의 삶을 산다면, 섬김 자체가 가장 큰 재능이다. 나의 보이지 않는 작은 섬김이 영혼을 살리고 그를 주님의 제자로 세운다면 이보다 더 훌륭한 일이 어디 있겠는가?

그리스도인들은 특히 예수님을 영접하고 성령의 은혜를 경험하게 되면 특별한 재능이 주어지게 되는데 그것이 바로 성령의 은사(恩賜)이다. 성령님께서 우리에게 은사를 주시는 까닭은 교회에 맡겨진 사역들을 감당하고 다른 지체들을 섬기도록 하시기 위함이다. 누구나 가치 있는 삶을 살아가도록 하나님께서 특별히 배려하신 것이다.

제 4 장

불행지수 낮추기 프로젝트

1. 스트레스지수 낮추기

2. 분노지수 낮추기

3. 트라우마지수 낮추기

4. 비교의식 및 열등의식지수 낮추기

5. 불안지수 낮추기

chapter 4

불행지수 낮추기 프로젝트

1. 스트레스지수 낮추기

1) 스트레스의 의미

우리는 흔히 이 시대를 스트레스(stress)의 시대라고 부른다. 미국의 한 연구 보도에 따르면 모든 질병의 75~90%는 스트레스와 관련된 질병이라고 한다. 대표적인 '신경증(노이로제, Neurose)'의 주범도 '스트레스'라고 알려지고 있다. 우리가 생활하는 사회가 점점 더 복잡해져서 사회에 적응하기 위한 모든 요구가 스트레스를 유발하는 사회에 살고 있다. 그래서 최근에는 '스트레스학(stressology)'이라는 학문도 등장하게 되었다(최애림, 1986).

오늘날 일상용어로 사용하고 있는 스트레스(Stress)는 수세기 동안 다양한 의미로 사용됐다. 스트레스(Stress)의 어원은 라틴어의

'stinger'로 '팽팽하다(tight)', '좁은(narrow)'이라는 뜻을 가지고 있는데, stinger는 후에 String, Strest, Staisse 등으로 쓰이다가 14세기에 'Stress'라는 용어가 일반적으로 사용되기 시작했다. 15세기경부터 영어권에서는 스트레스라는 용어가 압력(pressure), 또는 물리적 압박(physical strain)의 뜻으로 쓰이기 시작했으며, 17세기에는 그 의미가 공학이나 건축분야로부터 일반화되기 시작하여 고난(hardship), 곤경(strait), 역경(adversity) 등을 의미로 받아들여졌다. 18세기와 19세기에 와서는 한 개인의 신체(organs)나 정신적 힘(mental powers)에 대한 압박, 긴장 또는 힘든 노력(strong effort)을 나타내는 말로 사용되었다(Richard, 1984).

그리고 20세기 초에 이르러서 캐나다의 내분비학자인 셀리에(Hans Selye)가 물리학과 공학에서 사용하던 스트레스 개념을 의학에 적용시키면서 일반인들 사이에서 널리 사용되는 용어가 되었다. 셀리에는 "스트레스란 인체에 균형을 깨려고 하는 어떤 원인에 대하여 신체 전체 혹은 대부분의 기관이 항상성(homeostasis)을 유지하기 위해 노력하는 적응 반응을 말하며, 그런 반응을 일으키게 하는 요인을 스트레스원(stressor)이라고 한다"라고 말했다(Hans Selye, 1974).

지금까지 스트레스라는 용어가 일상에서 널리 사용되고 많은 연구자들이 다양한 연구를 수행하고 있지만 현재 스트레스에 대한 정의는 통일되지 못하고 다양하게 사용된다. 일반적인 분류로는 근원으로써의 스트레스(Stimulus-based Model of Stress), 반응으로써의 스트레스(Response-based Model of stress), 환경과 개체 사이의 상호작용(Transactional Model of Stress)으로써의 스트레스라는 3가지 범주(category)로 나누어서 정의하는 경우가 많다.

근원, 반응, 상호역동으로써의 각 모델의 개념을 종합해 본다면 일반적으로 사용하는 의미의 스트레스는 우리에게 가해지는 외부적인 영향을 의미하며, 스트레스는 주로 일반적인 요구에 대하여 개인이 반응하는 과정에서 생긴다고 할 수 있다. 이렇게 해서 생긴 스트레스는 인간에게 항상 존재하는 것으로 개인이 대응하여야 할 위협이 더욱 강화될 때 개체에 미치는 자극에 대한 신체의 적응과 반작용으로 긴장을 일으키는 역동적인 힘이다. 이와 동시에 생리, 심리, 사회적 체계에 부과되는 환경적 자극과 개인 내부에서의 요구로 인하여 각 개인이 경험하는 심리적 긴장감의 반응 수준의 양적 측정이라고 할 수 있다(Richard, 1984).

2) 스트레스의 문제증상

스트레스를 받게 되면 단백질, 칼륨, 인 등의 배설이 증가하고 칼슘 저장이 줄어들며, 비타민 C는 스트레스 상태에서 부신에서 소모되어 부족하게 된다. 또한 스트레스로 인한 내분비계통의 호르몬 분비, 과도한 자유 유리기(free radical)의 분비는 세포나 면역 기능의 이상을 유발할 가능성이 크다. 자율신경의 균형을 깨뜨리는 가장 큰 요인은 지속적인 스트레스의 누적이다.

스트레스로 인한 육체적 증상으로는 피로, 두통, 불면증, 근육통이나 경직(특히 목, 어깨, 허리), 심계향진(맥박이 빠름), 흉부 통증, 복부 통증, 구역질, 전율, 사지 냉감, 안면홍조, 땀이 나고 자주 감기에 걸린다.

그리고 정신적 증상으로는 집중력이나 기억력 감소, 우유부단, 마음이 텅 빈 느낌, 혼동, 유머감각이 소실된다. 그리고 정서적 증상으로 불안, 신경과민, 우울증, 분노, 좌절감, 근심, 걱정, 불안, 성급함, 인내부족 등이 나타난다.

행동적 증상으로는 안절부절 못함, 신경질적인 습관(손톱 깨물기, 발 떨기), 흡연, 울거나 욕설, 비난이나 물건을 던지거나 때리는 등 폭력적 행동이 증가한다.

스트레스 유발요인은 외적요인(external stressor)과 내적요인(internal stressor)으로 구분하기도 하고 육체적 원인, 심리적 원인, 환경적 원인 등으로 나누어서 구분하기도 한다.

3) 스트레스의 진단

스트레스의 진단방법은 여러 가지가 있는데, 가장 활용이 많이 되고 있는 한국교류분석학회(KTAA)의 '스트레스도(度) 체크리스트'와 서울 삼성병원에서 개발한 '스트레스 체크리스트'를 소개하면 다음과 같다.

【 스트레스도(度) 체크리스트(KTAA식) 】

작성일: 년   월   일
직장명: 직 위:
성 명: 연 령: (남 여)

다음은 최근 3개월간에 당신의 심신(心身)의 상황(狀況)에 대한 질문인데 해당하는 숫자에 ○를 쳐 주세요.

질 문 항 목	거의 없음	가끔	보통	자주	언제나
1. 잠을 청해도 잠이 오지 않으며 잘 잘 수 없다.	1	2	3	4	5
2. 밤중에 잠이 깨고 만다.	1	2	3	4	5
3. 밤중에 잠이 깬 후 잠들 수가 없다.	1	2	3	4	5
4. 눈이 피로하다.	1	2	3	4	5
5. 입이 마른다.	1	2	3	4	5
6. 혀가 까칠까칠하다.	1	2	3	4	5
7. 코의 상태가 나쁘다.	1	2	3	4	5
8. 이명(귀가 울림)이 있다.	1	2	3	4	5
9. 피부가 가렵다.	1	2	3	4	5
10. 현기증을 느낀다.	1	2	3	4	5
11. 두통이 있다.	1	2	3	4	5
12. 위의 상태가 이상하다.	1	2	3	4	5
13. 가슴앓이를 한다.	1	2	3	4	5
14. 하리(下痢: 이질)나 변비를 반복하거나 한다.	1	2	3	4	5
15. 식욕부진(食慾不振)이다.	1	2	3	4	5
16. 어깨가 결린다.	1	2	3	4	5
17. 등이나 허리가 아프다.	1	2	3	4	5
18. 피로하기 쉽다.	1	2	3	4	5
19. 안색이 좋지 않다.	1	2	3	4	5
20. 숨이 차거나 가슴이 두근두근 한다.	1	2	3	4	5
21. 원기가 없다.	1	2	3	4	5
22. 아침에 기분 좋게 일어나지지 않는다.	1	2	3	4	5
23. 머리가 무겁고 산뜻하지 않다.	1	2	3	4	5
24. 우울한 기분으로 된다.	1	2	3	4	5
25. 마음이 초조하여 집중력이 모자란다.	1	2	3	4	5
26. 하찮은 일에도 긴장하고 만다.	1	2	3	4	5
27. 자신감을 갖지 못한다.	1	2	3	4	5
28. 다른 사람과 만나는 것도 마음이 내키지 않는다.	1	2	3	4	5

질 문 항 목	거의 없음	가끔	보통	자주	언제나
29. 주위 사람과 잘해 갈 수가 없다.	1	2	3	4	5
30. 아무것도 아닌 것에 마음이 쓰여 일이 되지 않는다.	1	2	3	4	5
31. 불길한 생각이 떠올라서 난처하다.	1	2	3	4	5
32. 재촉받는 느낌이 든다.	1	2	3	4	5
33. 과거의 실패를 충격적(쇼크)이라고 생각한다.	1	2	3	4	5
34. 지독하게 낙담한다.	1	2	3	4	5
35. 자신을 비참하다고 느낀다.	1	2	3	4	5
36. 가정(家廷)이 즐겁지 않다.	1	2	3	4	5
37. 직장(職場)에 가는 것이 싫어진다.	1	2	3	4	5
38. 사는 보람을 느끼지 못한다.	1	2	3	4	5
39. 자신의 성격이 싫어진다.	1	2	3	4	5
40. 「죽어버리고 싶다」고 생각할 때가 있다.	1	2	3	4	5
소 계	☐	☐	☐	☐	☐
총 계					

〈출처: KTAA〉

* 10 이하 10–39: 정상 // 40–69: 스트레스 // 70–100: 치료대상

【 스트레스 체크리스트 】

항 목	그렇지 않다	약간 그렇다	대체로 그렇다	매우 그렇다
쉽게 짜증이 나고 기분의 변동이 심하다.	0	1	2	3
피부가 거칠고 각종 피부질환이 심해졌다.	0	1	2	3
온몸의 근육이 긴장되고 여기저기 쑤신다.	0	1	2	3
잠을 잘 못 들거나 깊은 잠 못 자고 자주 깬다.	0	1	2	3
매사에 자신감이 없고 자기비하를 많이 한다.	0	1	2	3
별다른 이유 없이 불안하고 초조해 한다.	0	1	2	3
쉽게 피로감을 느낀다.	0	1	2	3
매사 집중이 잘 안되고 일의 능률이 떨어진다.	0	1	2	3
식욕이 없어 잘 안 먹거나 갑자기 폭식을 한다.	0	1	2	3
기억력이 나빠져 잘 잊어버린다.	0	1	2	3

〈출처: 삼성서울병원〉

위 항목들에 대해 각각 전혀 그렇지 않다(0점), 약간 그렇다(1점), 대체로 그렇다(2점), 매우 그렇다(3점) 등으로 점수를 매겨 합산한 총점에 따라 아래와 같이 스트레스를 측정한다.

00~05점: 거의 스트레스를 받고 있지 않음.
06~10점: 약간 스트레스를 받고 있음.
11~15점: 비교적 스트레스가 심한 편이므로 스트레스를 줄이기 위한 대책이 필요함.
16~20점: 심한 스트레스를 받고 있으므로 신체 상태에 대한 정기적인 건강검진과 더불어 스트레스를 줄이기 위한 적극적인 대책이 필요함.
21점 이상: 매우 심한 스트레스를 받고 있으므로 당장 전문가와 상담이 필요함.

4) 스트레스의 대처와 행복 키우기

사람이 스트레스를 받거나 위기에 처하면 부신에서 아드레날린(adrenaline)과 코티졸(cortisol)이 분비된다. 이 호르몬들이 정신을 차리게 하고 일시적으로 폭발적인 힘을 낼 수 있게 해준다. 그러나 자주 오래 이 호르몬들이 방출되면 소화와 면역 체계를 교란하고 결국 기력 저하와 질병으로 이어진다. 그리고 혈액 내 당도에 병적 파동을 가져옴으로써 우울함, 불안, 초조, 좌절감을 야기하여 관계에도 영향을 미친다. 코티졸 지수가 높으면 좋지 않은 식습관이 형성되어 폭식을 하거나 탄수화물, 당분을 과다하게 섭취하게 된다. 여성의 경우에는 젖산이 과도하게 분비되고 이를 중화시키기 위해 칼슘이 녹아 나와 골다공증이 되기도 한다. 따라서 코티졸 지수를 낮추고 행복지수를 높일 수 있는 방법을 소개하면 다음과 같다.

(1) 스트레스 사건을 새롭게 본다.

우리가 주관적으로 느끼는 스트레스의 정도는 현재 상태나 상황을 어떻게 보느냐에 달려있다. 따라서 힘든 상황이라도 고통스런 측면을 과장해서 보지 않으면 스트레스를 줄일 수 있다. 또한 대인관계에서 오는 스트레스나 사소한 일을 부정적으로 해석하지 말고 좀 더 유연하고 긍정적인 사고방식을 갖도록 해야 한다.

(2) 스트레스에서 긍정적인 측면을 찾는다.

스트레스 없는 사회는 성장하고 발전할 수 없다. 고통을 통해서 나를 성장시키는 계기로 활용한다면 지금보다 더 나은 자신을 만들어 갈 수 있다. 인간관계에서 오는 갈등도 서로 존중하면서 개방적으로 의사소통해서 해결하면 그 전보다 더 좋은 관계를 만들 수 있다.

(3) 지나친 욕심을 버리고 완벽주의에서 벗어난다.

모든 면에서 완벽하게 유능하고 좋은 성격을 가지고 모든 사람과 어떠한 갈등도 없이 살겠다는 것은 현실적으로 불가능한 일이다. 완벽해지기 위해 노력하는 것은 좋지만 그러다 보면 자신이 불완전하다는 것을 끊임없이 확인하게 되기 때문에 스트레스가 된다. 따라서 최선을 다하지만 모든 점에서 완벽할 수 없다는 것을 받아들이는 마음가짐이 중요하다.

(4) 적극적으로 문제를 해결한다.

스스로 해결할 수 있는 문제라면 적극적으로 문제를 해결하는 것이 스트레스를 줄이는 방법이다. 이를 위하여 중요하고 긴급한 일의 우선순위를 정하여 시행하는 것도 좋은 방법이다. 대인관계에서 생긴 문제도 시간이 너무 지나기 전에 적극적으로 해결하려는 노력이 필요하다.

(5) 자기 존중감을 높인다.

자기를 존중하고 자신감이 넘치는 사람들은 스트레스를 덜 받는다. 사람의 가치를 외적인 기준에서 찾지 말고, 쉽게 변하지 않는 내적인 측면들로 사람을 평가해야 한다. 자신이 가치 있다고 생각하는 사람들은 가치 있는 일을 하고자 노력하게 되지만 무가치하다고 생각하면 무력감에 빠져서 실제로 가치 있는 삶을 살기 힘들어진다. 비록 부족한 것이 많아도 스스로를 존중하는 마음을 갖는 것이 스트레스를 줄여주고, 어려운 상황에서 잘 대처할 수 있게 해준다.

인간의 보편적 감정 중에 절대다수가 부정감정이기 때문에 긍정감정을 극대화시키지 않으면 부정감정의 지배 속에서 살 수밖에 없다. 특히 미해결 된 마음의 상처가 많은 사람은 부정감정 지수가 더 높을 수 있다. 그러므로 행복한 삶을 영위하기 위해서 마음속의 부정감정의 잡초들을 제거하는 작업이 요구된다. 마음의 상처가 많은 사람은 자존감이 낮고 열등감이 높으며 자기효능감이 낮다.

(6) 가까운 사람들에게 정서적인 지원을 받는다.

어쩔 수 없는 불행한 일을 당했을 때 물질적인 도움을 주는 데는 한계가 있지만 정서적으로 지원해주는 것은 어렵지 않다. 스트레스에는 다른 사람의 위로가 큰 약이 된다. 따라서 평소에 정서적 우정을 나눌 수 있는 좋은 관계를 맺는 것도 중요하다.

(7) 몸을 이완시키는 훈련을 한다.

몸을 직접 이완시키는 훈련을 하면 스트레스 상황에서도 신체 증상을 줄일 수 있다. 자신의 몸이 스트레스에 어떻게 반응하는지를 알고, 스스로 신체를 이완시키는 방법을 학습한다면 스트레스의 영향을 최소화할 수 있다. 심호흡과 근육이완법, 규칙적인 운동도 마음의 긴장을 풀어준다. 특히 운동은 세로토닌, 엔돌핀 호르몬이 분비되어 뇌 세포에 작용하여 통증이나 좋지 않은 감각을 무디게 만들어 기분을 좋게 만든다. 그래서 운동은 스트레스로 인한 우울증, 불안증 등 정신심리 질환을 치료하는 보조 수단으로 사용된다. 운동을 할 때는 본인이 오래 즐기면서 시행할 수 있는 것이 효과적이다. 매일 30-45분 정도를 시행하며 일주일에 3-5일이 적절하고, 정신 심리적 효과를 위해서는 걷기와 함께 근력 운동을 일주일에 2-3회 하고, 유연성 운동(스트레칭)을 2-3회 하는 것이 바람직하다.

(8) 즐거운 일을 찾는다.

스트레스가 생기면 적극적으로 해결하려고 노력하는 것도 물론 필요하다. 그러나 그 가운데에도 마음의 여유를 갖고 즐거운 일을 적극적으로 하는 것이 정신건강에 좋다. 그래서 다양한 관심사와 취미를 갖는 것이 스트레스를 줄여주는 한 가지 길이다.

(9) 약물치료를 받는다.

스트레스 자체는 진단명은 아니지만 정확한 정신과적 평가가 내려진 후에 스트레스에 의해 고통 받는 환자에게 항우울제와 항불안제가 사용되기도 한다. 하지만 약물 자체가 적절한 스트레스

대응기술의 개발을 대신할 수는 없으며, 다른 치료를 하면서 보조적인 방법의 하나로써만 사용되어야 한다.

(10) 심리상담 치료를 받는다.

스트레스를 줄이기 위해서 다음과 같은 심리상담 치료를 받을 수 있다. 음악치료(클래식, 민속음악 등을 이용한 심리치료기법), 미술치료(시각과 기억, 지각을 이용한 심리치료기법), 놀이치료(심리적인 부담, 소근육, 대근육을 발달시켜주는 심리치료), 연극치료(자기와 타인과의 관계를 대본화시켜 서로의 입장에서 이해하는 과정의 심리치료기법), 글쓰기치료(글을 통해 생각을 정리하는 심리치료기법), 웃음치료(유머스러운 방송을 보거나 유머 책을 통해 마음을 다스리는 치료기법), 향기치료(인체의 후각을 이용한 치료기법), 울음치료(울음을 통한 정서적 치료기법), 댄스치료(음악과 율동을 통한 치료기법) 등이다.

(11) 스트레스 탈출을 위한 자신만의 기법을 개발한다.

아무리 좋은 것도 자신에게 맞지 않으면 큰 의미가 없다. 스트레스를 푸는 방법도 모두에게 동일한 방법이 적용되지 않는다. 따라서 자기에게 잘 맞는 방법을 모색해 보아야 할 것이다.

2. 분노지수 낮추기

1) 분노의 의미

분노(anger)에 대한 정의는 다양하지만 일반적으로 분노는 가치나 욕구, 신념이라는 자기 보전의 감정이 만족되지 못하고 무시당하거나 거부당할 때 일어나는 반응으로 볼 수 있다. 분노의 개념을 표현하는 단어들이 매우 다양함을 볼 수 있는데, 첫 번째로 '열'(heat)이라는 단어가 있다. 사람들은 분노를 일컬어서 온몸에 불이 나는 상태라고 한다. 그래서 '얼굴이 벌겋게 달았다'고 하고 '불같이 성을 낸다'라고도 한다. 두 번째는 '적개심(hostility)'이라는 단어이다. 화가 난 사람은 고약하거나 악랄해진다. 사람이 화가 나면 마음이 격분해지고 성마르게 되며, 가슴이 터질듯해 진다. 화는 사람을 미친 듯이 날뛰게 만들고 광분하게 만들기 때문이다. 분노의 세 번째 개념은 '난폭한 행동(violent action)'이다. 난폭한 행동은 분노가 터졌거나 또는 터지려 하기 때문에 나타난다. 이 외에도 분노를 표현할 때 '속이 터진다', '부아가 치민다', '속이 부글부글 끓는다'라는 말을 사용한다.

2) 분노의 원인

분노이론

분노의 원인에 대해서 학자에 따라 다르게 규명되어 오고 있다. 대표적인 학자들의 주장에 따르면 첫째, 프로이드는 인간이 좌절로 인한 공격 욕구가 유발되면 많은 에너지가 활성화 되고 공격할 대상자를 찾게 된다고 가정하였다. 그는 원초적 감정인 분노 에너지를 차단하다보면 결국 분노 에너지의 압력이 가중되어 마침내 터져 폭력적인 격노로 발전하게 된다는 것이다. 둘째, 학습이론가들은 분노를 사회적인 학습의 결과물로 생겨난 행동이라고 본다. 즉, 어린이들이 부모의 분노에 대한 반응을 보고 배우며, 텔레비전에서 분노를 표출하는 장면을 보고 학습함으로써 분노가 생겨

난다고 보는 입장이다(한국가정상담연구소, 2006). 셋째, 인식이론을 주장하는 사람들은 자신이 처한 주위 상황을 잘못 판단함으로써 상대방의 행동을 잘못 받아들이고, 스스로 잘못된 결론을 내리고 화를 내게 된다고 본다(심수명, 2004). 그뿐만 아니라 인식론적 이론에 의하면 분노가 생리적인 요소를 가지고 있지만, 전체적인 분노 반응은 사람들이 자기가 처한 상황과 자신에게 일어나는 사건들을 어떻게 이해하느냐에 따라서 일어나기도 하고, 줄어들기도 한다고 보기 때문에 인간의 책임성을 상당히 강조한다. 넷째, 생물학적인 입장은 분노의 원인이 유전 인자의 구조(gene structure)와 혈액화학(blood chemistry), 혹은 두뇌질환(brain disease)에 있다고 본다.

내적요인과 외적요인

분노의 원인을 내적요인과 외적요인으로 분류해서 정리하면 다음과 같다.

첫째, 분노의 내적요인

분노의 내적요인으로는 낮은 자존감과 좌절 그리고 완벽주의(perfectionism), 죄책감, 거절감 혹은 상처 등을 들 수 있다. 자존감이 낮은 사람들은 정상적인 상황에서도 위협을 느끼고, 두려움과 상처와 질투가 쉽게 표면에 나타난다. 그리고 자신이 설정한 목표를 향해 나아가지 못하도록 방해하는 장애물, 사건 혹은 물리적 장애가 나타났을 때 다시 말하면, 제지를 당하거나 창피를 당하는 식으로 좌절당했을 때 분노하게 된다. 또한, 완벽주의(perfectionism)적인 성격을 지닌 사람들은 자신이 상상한 완전에 미치지 못할 때마다 분노를 초래한다. 완벽주의자들 중에는 재능이 뛰어난 사람들이 많이 있지만 여전히 비현실적인 기준들을 세워놓고 좌절한다. 그들이 세워 놓은 기준들은 자기 자신이 가치 있는 존재로 받아들여지고 있다는 느낌을 충분히 갖기 위해서 반드시 그대로 이루어져야만 하는 것들이다. 예를 들면 항상 100점만 받는 학생이 90점을 받을 경우 화가 나서 우울증에 걸리기도 한다. 이렇게 완벽주의를 추구하는 사람들은 자신들의 목표가 가로막혀져 있을 때도 화를 내지만, 다른 사람들에 대해서도 높은 표준을 제시해 놓고 그대로 이룰 것을 요구하며 쉽게 화를 내고 정죄하는 태도를 취한다. 실패에 대한 죄책감이 해결되지 않으면 과민하고 성미 급한 반응을 보이게 되고, 비난을 받게 되면 대개는 많은 분노가 일어나게 된다. 타인의 말이나 행동에 의해서 거절당하게 되면 상처를 받고 분노와 적대감을 갖기 쉬운데, 상처에 대한 반응으로 나타나는 분노는 더욱 큰 위협과 분노로 악순환이 되는 경향이 있다.

둘째, 분노의 외적요인

분노의 외적요인으로는 분노학습, 갈등, 경쟁, 소음, 건강, 알코올 및 약물 오남용 등이 있다. 자녀들은 부모들의 분노 표현과 가족간의 용납 상황을 보면서 자신도 어떻게 분노를 표현할 것인가를 배우게 되고, 학교에서의 미해결된 갈등은 청소년들의 외적인 분노를 유발시킨다. 그리고 경쟁체제에서 뒤처지게 될 때 열등감과 불안감으로 아드레날린 호르몬 수치가 올라가기 때문에 감정이 민감해지거나, 각종 소음에 휩싸여 분노감정을 더욱 자극받기도 한다. 또한 개인적 고통과 피곤, 수면부족, 지나친 다이어트, 저혈당으로 인한 생화학적 변화, 생리 등은 분노감정을 자극시키는 요인이 되기도 하고, 알코올과 약물 오남용 또한 분노를 촉발시킬 수 있다.

3) 분노 표출 유형

분노 자체는 죄악된 것은 아니다. 그러나 분노가 표출되는 방법에 따라 죄악된 분노가 될 수 있다. 나 자신이 왜 분노하는지를 이해하는 것이 중요하다. 그러나 더 중요한 것은 그 분노가 어떻게 처리되느냐는 것이다. 에베소서 4장 26절에서 사도바울은 "분을 내어도 죄를 짓지 말라"고 권면한다. 분노가 일어나는 자체에 대해서는 스스로 조절하기 어려운 경우가 많다. 그러나 그 분노를 어떻게 처리하느냐는 자신의 선택에 달려있다. 분노가 표출되는 유형들을 살펴보면 다음과 같다.

(1) 분노의 억제

화를 겉으로 내지 않고 속으로 참는 것은 가장 빈번하게 사용되는 분노처리 방법이다. 그러나 억제는 분노를 조절하는 바람직한 방법이 아니다. 우리는 화를 내는 것은 나쁜 것이라는 교육을 받으면서 성장했기 때문에 주위사람들에게 화를 내지 않는 사람으로 보이기 위해서 분노를 속으로 억제하고 겉으로 표출하지 않는 사람들이 많다. 특히 자신의 감정을 드러내는 것을 억압하는 교육을 철저하게 받아온 유교문화권의 사람들에게 분노의 억제는 더 많다. 그리고 어떤 경우에는 화를 내어도 소용이 없다는 패배의식 속에서 화를 삼키기도 한다. 또한 타인들에 의해서 무시당한 경험들이 많은 경우에도 반대의견을 제시했을 때 보복을 받거나 해를 당할 것에 대한 두려움으로 인해 억제하는 경우도 있다.

(2) 분노의 공격적 표출

분노의 공격적 표출은 화를 버럭 내거나 상대방을 위협하거나 상대방을 강하게 비난하는 분노의 표현이다. 또는 끊임없이 잔소리를 하는 경우도 있다. 많은 경우에 절제되지 않은 상태에서 분노의 감정을 격양된 어조로 쏟아놓는 경우가 있다. 이러한 노골적인 분노의 표출은 인간관계를 파괴시키고 주위 사람들과 빈번하게 싸움을 하게 되며, 중요하지 않은 일에 지나치게 화를 내어 감정적 에너지를 소비하게 한다.

(3) 소극적인 공격(Passive aggressiveness)

공격적인 언어나 행동을 직접적으로 표현하지는 않지만 분노를 간접적으로 표현하는 것도 분노표출의 한 유형이다. 화가 날 때에 토라지거나, 고의적으로 귀찮아하거나 감정이 있는 사람들은 피하고, 또한 뒤에서 그 사람에 대해서 비난을 한다. 이것은 화를 억제하는 것과는 약간의 차이가 있다. 화를 내고 싶지만 화를 냈을 때에 미칠 손해를 두려워해서 간접적인 방법으로 자신의 분노를 표출한다. 특히 간접적으로 분노를 표출하는 사람들 가운데 오랫동안 상대방에 대해서 분노의 감정을 유지하는 경우가 많다.

(4) 건설적인 자기표현

표현해야 할 말을 속에 품고 있으면 그것이 병이 된다고 한다. 소위 분노의 감정은 폭발해서 환기시켜야 한다(Ventilation Theory)는 주장을 한다. 그러나 화는 파괴적으로 표출될수록 없어지지 않고 오히려 불에다 기름을 붓는 것처럼 더욱 증가된다고 한다. 그러기에 화를 폭발하는 것이나 화를 억누르는 것 둘 다 적절한 방법들이 아니다. 건설적인 자기표현은 분노 속에 감추어져 있는 자신의 요구를 건설적인 방법으로 표현하는 것이다. 상대방을 공격하거나 적대시하는 행동은 나의 요구가 무엇인지 상대방에게 전달할 수가 없다. 인간관계에서 가장 중요한 것은 효과적인 의사소통이다. 건설적인 자기표현을 위해서는 먼저 자신이 스스로 분노의 감정 속에 어떠한 요구를 하고 있는지를 인식해야 한다. 많은 경우에 감정의 홍수에 쌓여서 자신의 요구를 보지 못한다. 그러므로 화를 내지만 화를 내는 속마음은 상대방에게 숨겨져 있다. 따라서 서로 간에 오해가 쌓이게 되고 관계의 파괴를 가져온다. 전통적으로 자기표현을 부정적으로 교육시킨 한국문화의 영향으로 우리들은 건설적인 자기 표현을 하는 데에 미숙하다.

창조적인 분노표현의 핵심은 분노속의 요구를 인식하고 수용하며 걸러내는 것이다. 요구들 중 90%정도는 쓸데없는 것이거나 현실적으로 불가능한 것들이다. 이러한 요구들을 포기하고 10% 정도의 필요한 요구들은 건설적으로 표현해야 한다. 에베소서 4장 26절의 "분을 내어도 죄를 짓지 말라"는 명령은 파괴적이고 공격적인 분노의 표현이나 분노를 속으로 삭이지 말고 건설적으로 표현하라는 말씀이다. 건설적인 자기표현을 하기 위해서는 감정의 독립이 필요한데, 상대방의 감정이 자신을 사로잡지 못하도록 하는 것이 중요하다. 나 표현법이나 자기주장 훈련을 통해서 자기표현의 기술을 습득하는 것이 필요하다.

(5) 분노의 포기

분노의 마지막 표현방법은 분노 자체를 포기하는 것이다. 분노의 감정을 억누르고 속에 품고 있음으로 인하여 육체적이고 정신적인 고통을 받는 것이 아니라 분노의 감정이 사라지게 하여 건설적으로 분노를 처리하는 방법이다. 분노 속에 감추어진 인간의 요구들은 매우 다양하다. 현실적으로 수용되어지고 변화될 수 있는 요구사항들이 있는 반면에 한편으로는 현실의 수용이나 변화가 불가능하고 바꾸려고 하였을 때 오히려 역효과를 가져올 수 있다. 이러한 요구들을 표현했을 때 오히려 상대방과의 갈등을 가져오게 되며 속으로 억누를 때에 내면화된 욕구불만이 쌓이게 된다. 분노의 포기는 모든 상황을 내 마음대로 조절할 수 없다는 인간의 한계를 인정하는 것이며 또한 현실을 인정하고 수용하는 자세에서 출발한다. 자신이 변화시킬 수 없고 바꿀 수 없는 환경을 인정하여 수용하고 용서하며 하나님께 맡기는 과정을 통해서 분노의 건전한 포기가 가능하다.

4) 행복을 위한 분노조절 기법

(1) 인지행동적 치료

다양한 분노 유발 대상자와 구체적 분노 상황에 있어 보다 더 효과적·효율적으로 분노를 조절하기 위한(Anger Management) 최초의 연구는 1970년 대 중반에 노바코(Novaco)에 의해서 시작되었다. 부적응적인 인지나 사고과정을 합리적인 신념체계로 변화시키거나 분노경험과 밀접한 관계가 있는 생리적 긴장상태를 이완하는 연습을 통하여 분노를 조절하며, 인지이완요법을 적용하여 분노 조절을 한다.

(2) 이완기법

이완기법은 신체의 모든 근육에 이완반응을 조건화시킴으로써 자율신경계의 교감신경 활동을 감소시키는 치료적 기술이다. 주로 스트레스에 의한 부정적 신체증상을 감소, 방지하기 위한 목적으로 자신이 처한 어려운 상황을 변화시키기 힘들 때 활용하는 대처방법이다. 최근에는 이완기법이 스트레스 완화 목적 외에 분노조절을 위해서도 활용되고 있다.

최근에 이완기법 가운데 분노조절을 위해서 관심을 받고 있는 것 중 한 가지가 명상이라고 할 수 있다. 명상은 고대 동양 불교 수행법의 하나로써 자기 마음의 내부를 들여다보고 자기를 탐구하여 스스로를 이해하기 위하여 정신을 수련하는 방법을 일컫는다.

명상수련에도 여러 가지가 있는데, 존 카밧진(Jon Kabat-Zinn, 1993)은 자신에게 주어지는 감각 혹은 만트라(mantra, 특별한 소리나 어구를 조용히 스스로 반복하는 것)에 자신의 주의력을 집중하는 것을 주의집중명상이라고 했다. 그리고 로스와 크리저(Roth & Creaser, 1997)는 주의집중명상을 호흡명상(breathing meditation, 복식호흡과 단전에 주의를 기울이는 것), 먹기명상(eating meditation, 먹는 행위에 주의를 기울이는 것), 도보명상(working meditation, 걷는 행위에 주의를 기울이는 것), 요가(yoga, 신체수련의 한 방법)등으로 구분하였다. 위의 주의집중명상들은 이완반응을 발생시키기 위한 것으로써 의식은 각성상태에 있으나 신체는 이완되어 편함을 느끼게 하는 것이다.

(3) 감정표현기법

감정표현기법을 통한 분노 조절에 대한 연구는 90년대 말부터 많이 이루어지고 있다. 감정표현기법 가운데는 이야기하기, 행동하기 및 동작표현하기, 미술치료, 음악치료, 영화와 드라마 활용 등 매우 다양한 방법이 활용되고 있다. 최근에 영화를 통한 분노 조절 프로그램 연구를 실시한 결과 유의미한 효과가 나타났다고 보고하고 있다. 최헌진(2003)은 분노조절에 사이코드라마를 통한 기법이 유용함을 주장했다. 그리고 박혜성과 홍창희(2008)의 연구 결과를 볼 때 감정표현기법이 인지이완기법보다 더 효과가 있는 것으로 나왔다.

(4) 자기주장기법

웹스터 사전에 의하면 자기주장(assert)이란 "긍정적으로 확실하고 솔직하게, 또는 강하게 말하거나 주장하는 것"이라고 정의한다. 진정한 의미의 자기주장은 4가지 특징이 있다.

첫째, 자신을 주저 없이 드러낸다. 언어와 행동으로써 "이것이 바로 나다. 이것이야말로 내가 느끼고 생각하고 원하는 것이다" 라고 말할 수 있어야 한다. 둘째, 대상에 구애받지 않고 모든 사람들 −처음 본 사람이나 친한 친구 또는 가족 모두− 과 대화할 수 있다. 이때 대화는 항상 개방적이고 직접적이며 솔직해야 하지만 정도를 벗어나서는 안 된다. 셋째, 인생을 적극적으로 산다. 자신이 원하는 목표를 추구하며, 일이 일어나기를 기다리는 수동적인 사람과는 달리 일을 만들어 나간다. 넷째, 자신을 존경할 수 있는 행동을 한다. 그러나 언제나 자신이 옳을 수만은 없으며 스스로 한계가 있다는 사실을 수용해야 한다. 비록 목표를 이루지 못했다 하더라도 최선을 다함으로써 승패와 관계없이 자긍심을 지녀야 한다.

자기주장 훈련은 영어를 배우는 것과 비슷하다. 영어를 배우기 위해서는 기본적인 문법을 배운 후에는 실제로 말을 해 봄으로 언어를 습득할 수 있다. 이와 같이 자기주장 훈련도 단순한 이론을 배운 후에는 행동적인 실습을 통해서 몸에 익히는 것이 중요하다.

(5) 요청하기

각자 두 사람씩 짝을 지어서 요청하기를 훈련한다. 오늘은 잘 모르는 학생에게 강의안을 빌려달라고 요청하라. 상대방이 꼭 빌려주어야 한다는 생각을 하지 마라. 또한 잘 모르는 식당에 가서 물 한잔을 달라고 요청하라. 물을 주면 마시고 감사하다고 말하라. 그러나 주지 않더라도 "어쨌든 고맙습니다."라고 말하고 나오라. 나는 상대방에게 강요하는 것이 아니라 단지 요청하는 것이다. 그러나 내가 요청할 수 있는 권리가 있는 것과 같이 상대방은 거절할 수 있는 권리가 있다. 상대방의 거절은 나를 거부한 것이 아님을 기억하라.

(6) 거절하기 훈련

살아가면서 누구나 많은 요청과 요구를 받게 된다. "서로 사랑하라"는 주님의 말씀에 따라서 서로의 요구를 들어주는 것이 필요하다. 그러나 모든 요청을 받아들이며 살수는 없다. 경우에 따라서는 상대방의 요청을 거절하여야 한다. 거절을 하지 못하면 자기 권리를 주장할 수 없고 자기 인생을 컨트롤할 수 없게 된다. '아니오'라고 말하며 거절하는 것이 최선이라고 느낄 때 억지로, 마지못해서 하는 대답은 잘못된 것이다. 거절을 못하고 자기 의사를 분명하게 밝히지 못하면 사람에 대한 불만이 쌓이고 나중에는 결국 엉뚱한 화를 낼 수 있다.

1단계- 주어진 상황에 어떻게 대답할 것인가를 써 보아라.

2단계- '아니오' 라고 거절하는 연습을 하라. 자신에게 내려진
　　　　적이 있거나 내려질 부당한 요청들을 생각해 보라.

3단계- 실제상황에서 거절할 기회를 찾는다.

(7) 감정이 담긴 대화 훈련

자신의 감정을 인식하고 적절하게 표현하는 것은 자기표현에
매우 중요하다. 자신의 이야기를 잘 하지 못할 뿐 아니라 감정표
현을 못하는 사람들이 많다. 자신의 감정에 무감각해지면 감정조
절을 잘 못하게 되고 파괴적인 감정의 폭발이 되기 쉽다. 자신을
표현하지 못하면 주위 사람들은 당신의 감정을 읽는 독심술자가
되어야 한다. 자신을 있는 그대로 드러내지 못하면 주위의 사람
들과의 관계가 불편해진다. 감정의 훈련에는 목소리에 감정을 넣
는 것, 직접적으로 감정 표현하기, 감정을 얼굴에 나타내기 등 다
양한 측면에서 훈련이 필요하다.

감정을 강조하는 동사를 이용해서 주위사람들과 직설적으로
대화하는 문장을 연습하라. 특히 '나' 라는 단어를 사용하는 것이
좋다. "나는 그 말을 들으니 참 좋군요." "나는 당신의 그 말이 싫
어요." 등등 감정표현을 하는 문장들을 하루 동안 몇 번이나 사용
했는지 기록한다. 일주일 후에 이러한 문장들을 몇 번이나 사용
했는지 검토하고 횟수를 늘려라.

(8) 기타 기법

분노조절을 위한 집단상담 프로그램으로 감사 프로그램
(thanksgiving Program)이 있다. 이 기법은 감사하는 마음이 무엇인지

깊이 생각해 보면서 스스로 자신의 주변에서 감사할 것들을 찾아보고, 그 감사함을 직접 행동으로 실천해 보도록 해주는 집단상담 프로그램이다(서덕남, 2009). 그리고 최근 분노조절을 위한 기법으로 웃음치료가 있다. 웃음치료는 기존의 다양한 심리기법을 웃음치료를 위해서 통합시킨 것이다.

(9) 렉시오 디비나(말씀묵상기도)를 통한 분노조절

분노는 모든 사람들이 가지고 있는 감정이므로 기독교인도 예외가 될 수 없다. 그러므로 이들의 분노감정을 기독교적인 방법으로 조절하고 다스릴 수 있는 가장 현실적 대안을 찾는 것이 중요하다.

수도원 전통에 의한 렉시오 디비나(Lectio Divina)는 정보습득을 위해서 성서를 읽는 것이 아니고 하나님의 신비와 말씀에 열린 자세로 하는 것이며, 복잡한 방법이 아닌 간편한 방식으로 말씀 안에 머물면서 마음에 와 닿는 구절을 자연스럽게 자신 안에 내면화하고 육화시키는 방법이다.

성서는 예수님이 가장 위대한 상담자이실 뿐만 아니라 분노조절에 대한 완벽한 모델임을 제시하고 있다. 그리고 성서는 하나님의 생명력이 넘치는 말씀이며 우리의 영성을 형성하고 삶을 변형시키는 힘이라고 말하고 있다. 바울은 디모데후서 3장 16-17절에서 성서는 교훈, 책망, 바르게 함, 의로 교육하기에 유익하다고 했으며, 바울은 성서의 이러한 형성적(formative) 목적은 "이는 하나님의 사람으로 온전케 하며"(딤후 3:17)는 역할을 위해서 라고 말하고 있다.

히브리서 기자는 "하나님의 말씀은 살았고 운동력이 있어 좌우에 날 선 어떤 검보다 예리하여 혼과 영과 및 관절과 골수를 찔러 쪼개기까지 하며"(히 4:12-13)라는 진술 속에서 성서의 생명력과 인간을 형성시키고 변화시키는 역할을 상기시킨다. 성서는 인간의 온전함을 위한 것임이며, 존재와 영적 순례의 길에서 삶을 형성 (formation)하고 재형성(re-formation)하며 변화(transformation)를 위한 것이다(최창국, 2010).

수도원 전통의 렉시오 디비나는 영성형성과 성숙을 위해서 성서를 반복하여 읽고 성서와 함께 살면서 기도하는 방법이 가장 성서적인 영성훈련 방법이라고 말할 수 있다. 성서에 입각한 이러한 영성훈련방법은 기독교 청소년들의 분노감정을 조절하는데 근원적이고 처방적 접근이 될 수 있을 것이다.

허성준은 렉시오 디비나를 통해서 '분노와 같은 우리 안의 부정적 감정들을 가라앉히고 긍정적인 에너지를 가지게 하며… 신체적, 정신적 치유도 일어난다' 라고 하였다(허성준). 이는 무한질주 속도시대에 분노감정을 다스리지 못하는 청소년들에게 정적이고 자아성찰적인 접근을 시도하고 있는 렉시오 디비나가 그들의 분노감정을 조절하고 인격성숙과 신앙성숙을 위해서 매우 중요한 신앙훈련 방법임을 말하고 있는 것이다. 특히 인간의 근원적인 분노문제에 대해서 심리적인 분노조절 기법을 일시적으로 적용하거나 프로그램에 동참시킨다고 해서 완전히 해결될 수는 없다. 그러므로 보다 근원적이고 연속적인 접근이 필요하다.

이러한 측면에서 볼 때에 렉시오 디비나는 분노조절에 매우 유용하다고 할 수 있다. 하나님의 사람으로 온전케 하는 성서를 읽고 묵상하며 기도하고, 관상을 통해서 위로부터 부어주시는 하나님의 은혜 안에 거할 때 인격이 더욱 성숙해짐으로 분노를 순기능적으로 다스릴 수 있게 될 것이다.

【 분노지수 검사 】

본 검사지는 분노를 측정하기 위한 도구로 총 25문항으로 되어 있다. 아래의 각 문항을 읽고 당신의 감정에 대해서 가장 잘 나타내는 응답에 V표를 하기 바란다.

분노 평가 문항	거의, 아무 화도 느끼지 않는다 0	조금 화가 난다 1	어느 정도 화가 난다 2	상당히 화가 난다 3	매우 화가 난다 4
1. 당신은 방금 구입한 기계의 포장을 풀어 플러그를 꽂았으나 작동하지 않을 때					
2. 당신을 제멋대로 대한 가게주인에 의해 바가지를 썼을 때					
3. 다른 이의 행동은 주목되지 않고 당신만 유독 지적당할 때					
4. 당신 물건을 진흙에 빠뜨렸을 때					
5. 당신이 사람들에게 이야기해도 그들이 대답하지 않을 때					
6. 어떤 이들은 그렇지도 않으면서 대단한 사람인 것처럼 한다.					
7. 식당에서 당신이 식탁으로 컵 4개를 운반하려고 애쓸 때 누가 당신과 부딪쳐 음료수를 쏟았다.					
8. 당신이 옷을 걸어 놓았는데 누군가 그것을 쳐서 바닥에 넘어뜨렸다.					
9. 당신이 어느 가게에 들어선 순간부터 점원에게 구박 당한다.					
10. 놀림과 조롱을 당할 때					
11. 당신이 어떤 이와 함께 어떤 곳에 가기로 약속했지만 그 사람이 마지막 순간에 당신을 바람맞힐 때					
12. 교통신호등에서 당신 차의 엔진이 꺼진 판에 당신 뒤차의 사람이 경적을 계속 울려 댈 때					

분노 평가 문항	거의, 아무 화도 느끼지 않는다 0	조금 화가 난다 1	어느 정도 화가 난다 2	상당히 화가 난다 3	매우 화가 난다 4
13. 당신이 운전을 잘 하지 못할 때 어떤 이가 당신에게 "어디에서 운전을 배웠어?" 하며 소리친다.					
14. 어떤 이가 실수하고는 당신 탓으로 돌린다.					
15. 당신은 집중하려 애쓰지만 당신 근처의 사람이 발을 토닥거린다.					
16. 당신은 중요한 책이나 물건을 빌려주었으나 그 사람이 돌려주지 않는다.					
17. 당신은 바빴다. 그런데 당신과 함께 사는 사람이 당신이 그 사람과 함께 하기로 동의한 중요한 것을 어떻게 잊었느냐고 불평하기 시작한다.					
18. 당신은 당신의 느낌을 표현할 기회를 주지 않는 동료나 상대와 중요한 일을 토론하려고 애쓴다.					
19. 별로 아는 바도 없으면서 어떤 화제에 대해 논쟁하기를 고집하는 어떤 이와 신은 토론하고 있다.					
20. 어떤 이가 당신과 다른 이의 논쟁에 기어든다.					
21. 당신은 급히 어떤 곳에 가야 한다. 그러나 당신 앞 차는 속도 제한 70Km의 도로에서 약 40Km로 가고 있는데다가 당신은 앞지르기조차도 할 수 없다.					
22. 껌 덩어리를 밟았다.					
23. 당신은 적은 무리의 사람들을 지나치다가 그들에게 조롱당한다.					
24. 어떤 곳에 급히 가려다가 뾰족한 물건에 좋은 바지가 찢어진다.					
25. 당신은 하나 남은 동전으로 캔을 빼려 했으나 캔은 안 나오고 동전을 삼켰다 ( )					

출처: Novaco, Anger Inventory

0~45점: 일반적으로 체험하는 분노와 괴로움의 양이 상당히 적다. 소수의 사람만이 이에 해당된다.

46~55점: 보통 사람들보다 상당히 평화스럽다.

56~75점: 보통 사람들처럼 적당히 분노를 표출한다.

76~85점: 보통 사람보다 흥분하기 쉬우며 화를 더 잘 내는 편이다. 흔히 성난 방법으로 인생의 많은 괴로움에 반응한다.

86~100점: 강한 분노의 반응을 보이는 분노의 왕이다. 이러한 경우는 격렬한 분노를 표출한 후에도 그 부정적 감정이 쉽게 사그라지지 않는다.

3. 트라우마지수 낮추기

1) 트라우마의 의미

트라우마 즉, 외상 후 스트레스 장애(Post-Traumatic Stress Disorder)의 사전적 의미는 신체적인 손상과 생명의 위협을 받은 사고에서 정신적으로 충격을 받은 뒤에 나타나는 심리적인 질환이다.

한국인의 마음이 아프다는 것은 곧 커다란 심리적 트라우마가 있음을 의미한다. 이러한 심리적 트라우마는 높은 자살률과 불특정 다수를 향한 범죄, 학교 폭력, 배금주의, 도덕적 해이 등으로 표출되고 있다. 몸의 상처는 눈으로 보이고, 직접적으로 고통을 주기 때문에 민감하게 받아들이면서 치료를 받는다. 반면 마음의 상처는 눈에 보이지 않으므로 파악하기 힘들고, 정신적 고통을 주기 때문에 방치하는 경향이 있다.

2) 트라우마와 뇌 활동

마음의 상처는 몸에 생기는 상처와 달리, 신체적인 문제 자체
는 없는 것처럼 보이지만, 충격적인 체험에 의한 쇼크는 뇌 속에
영속적으로 생화학적인 변화를 가져오므로, 이것이 트라우마 후
유증을 심각하게 만드는 원인이 된다.

우리 뇌에는 외부자극에 대한 불안과 두려움을 느끼게 해주고
적절하게 대처하도록 하는 두 개의 정보처리 시스템(information
processing system)이 있다. 하나는 일종의 급행열차(fast circuit)로 편
도체(amygdala)가 관여하고, 또 다른 하나는 완행열차(slow circuit)로
피질과 해마(hippocampus)가 관여한다. 이 두 개의 신경회로 시스
템은 위험한 상황에 처했을 때 각기 다른 역할을 담당한다. 급행
열차의 신경 회로는 외부자극을 시상에서 편도체로 전달, 반사적
이고 즉각적인 신체 반응이나 행동을 유발하는 시스템이다. 즉,
무의식적으로 일어나는 정서반응이나 행동반응, 신체 반응과 연
관이 있는 시스템이다. 완행열차의 신경회로는 외부자극을 시상
에서 대뇌피질과 해마로 전달하여 외부자극을 주의 깊게 평가하
는 시스템이다. 외부자극을 과거의 유사상황과 비교 검토하여 가
장 적절하다고 판단되는 대응책을 의식적으로 실행하도록 한다.
이 두 개의 신경회로 시스템은 외부로부터 위협적인 자극이 들어
올 때마다 서로 상호보완적인 기능을 유지하면서 적절한 평가와
대처를 할 수 있도록 돕는다.

트라우마를 경험하게 되면 뇌의 정보처리 시스템은 커다란 혼
란을 겪는다. 트라우마라는 압도적인 위협자극은 두 개의 신경회
로의 보완기능에 분열을 일으킨다. 그 결과 급행열차의 신경회로

만 일방적으로 활성화되고 완행열차의 신경회로는 억압된다. 매우 위협적이고 위험한 자극이 들어오면 자극을 천천히 평가할 수 있는 여유가 없으므로 응급으로 빠르게 반응하는 시스템만 작동하게 된다. 이는 매우 위험한 상황으로부터 살아남기 위한 적응 반응일 수 있다.

이러한 정보처리 시스템의 지속적 변화에 절대적인 영향을 미치는 신경전달물질은 트라우마를 받게 될 때 뇌에서 분비가 증가되는 노르에피네프린(norephinephrine)이다. 노르에피네프린은 불안과 공포반응, 놀람을 주로 관장하는 물질이다. 급행열차의 신경회로가 활성화되고 완행열차의 신경회로가 억압되는 작업에 관여하고 있는 것이다. 외상의 경험이 지나가고 난 뒤 뇌에서는 계속 노르에피네프린의 분비가 증가되어 있기 때문에 정보처리 시스템은 원래 기능을 회복하지 못하게 된다. 오랜 시간 동안 급행열차로 정보를 처리하는 시스템만 활성화 되어있기 때문에 트라우마와 비슷한 외부 자극만 와도 이 시스템이 경보를 요란하게 울린다. 완행열차의 시스템은 억압되어 있기 때문에 외부자극을 원래의 트라우마와는 다른 것으로 평가하고 적절하게 대처할 수가 없는 것이다.

이 밖에도 도파민(dopamine), 오피오이드(opioid), 글루코코르티코이드(glucocorticoid) 같은 신경전달물질도 증가하게 된다. 반면 세로토닌(serotonin)은 감소하고, 신경전달물질의 변화는 외상의 기억을 처리하고 통합하는 기능을 마비시킨다.

3) 빅 트라우마와 스몰 트라우마

넓은 의미에서 심리적 외상인 트라우마는 자신이나 세상에 대해 부정적이고 비합리적인 잘못된 믿음이 생겨나도록 하는 모든 경험들이다. 우리가 살아가면서 경험하게 되는 트라우마는 두 가지로 대별(大別)할 수 있다.

첫째, 빅 트라우마이다. 이것은 전쟁, 재난, 천재지변, 불의의 사고, 강간, 아동기 성폭행 등과 같이 일상을 넘어서는 커다란 사건이 한 개인의 삶에 극적인 영향을 주는 경험을 말한다. 이러한 경험들은 개인이 세상에 대해서 가지고 살아온 기본적인 가치와 관점을 뒤흔들어놓는 엄청난 충격을 주게 된다. 따라서 많은 경우 악몽, 플래시백, 불안, 공포, 회피, 일상에서의 부적응과 같은 외상 후 스트레스 증상을 일으키게 된다.

둘째, 스몰 트라우마는 각 개인의 삶에서 자신감 혹은 자존감을 잃게 만드는 일상에서의 경험, 사건 등으로 우리 삶 곳곳에 존재한다. 이러한 경험들 역시 자신에 대해 부정적이고 제한적인 믿음을 갖게 하여 자신의 잠재력을 충분히 발휘하지 못하며, 위축되고 불만족스러운 삶을 살게 된다. 한편 트라우마 경험들은 그것을 경험했을 당시의 이미지, 신체감각, 맛과 냄새, 소리, 그때의 생각들까지 그대로 뇌에 저장하게 된다. 시간이 지나도 그 상태 그대로 얼어붙어 당시의 신경망에 갇히게 되는 것이다. 어릴적의 외상사건과 관련된 모든 기억이 자신의 신경망에 그때의 외상경험 그대로 저장되어 있기 때문에 시간이 지나도 그 기억을 자극하는 반응이 오면 강렬한 정서반응이 나타나게 된다. 망가진 레코드 음반처럼 몇 번이고 반복해서 우리의 몸과 마음에 외상의 경험을 불러일으킨다. 악몽을 꾸고 플래시백처럼 사건이 떠오르는 과정들은 덫에 빠져있는 정보를 어떻게든 스스로 처리해나가고자 하는 우리 정신의 시도라고 할 수 있다.

4) 트라우마 경험과 관련한 부정적 인지

인간의 뇌도 정신건강의 균형을 유지하는 정보처리시스템을 갖고 있다. 많은 스트레스를 받아 힘들고 괴로워도 잠시 쉬면서 휴식을 취하거나 친구들과 만나 마음껏 떠들거나 혹은 여행을 떠나면 다시 마음의 안정을 되찾게 된다. 그러나 강렬한 트라우마의 경험은 이러한 뇌의 정보처리시스템을 붕괴시키기 때문에 오랜 시간이 지나고 난 뒤에도 그 트라우마와 연관된 기억에 전혀 변화가 일어나지 않는다. 트라우마를 경험 했을 당시의 생생한 이미지, 강렬하고 압도되는 듯한 감정, 아프거나 긴장되었던 신체 감각. 그리고 매우 부정적인 생각은 시간이 지나가도 뇌에서 정보처리를 하지 않기 때문에 그대로 고스란히 남게 되는 것이다. 그러므로 트라우마 기억을 떠올릴 때마다 과거의 트라우마를 다시 생생하게 재현하게 되는 현상이 일어난다. 트라우마를 경험할 때 갖게 되는 부정적인 생각이나 신념은 매우 비합리적이고 지나치게 자기 비난적인 경향이 있다.

트라우마를 경험한 사람들이 갖고 있는 부정적인 생각이나 믿음은 크게 다음의 세 가지 영역으로 나눌 수 있다.

첫째, 책임감 혹은 결함과 관련된 부정적인 생각

트라우마를 경험한 사람들은 자신에게 어떤 문제점이나 결함이 있어서 트라우마가 일어났다고 믿는 경향이 있다. 그들은 책임을 다하지 못한 자기 자신을 비하하고 자신은 벌을 받아 마땅하다고 믿는다. 어린 시절 부모로부터 학대를 받은 피해자들은 학대가 일어난 것에 대해서 대부분 자신에게 책임이 있다고 믿는 경향이 높다. 그들은 '내가 사랑스럽지 않아서', '내가 잘못을 해서', '내가 뭔가 부족해서'라고 생각하면서 학대가 일어난 것이 자신의 책임이라고 믿고 살아간다. 모든 인간관계에서 자신이 책임을 지려하기 때문에 부모에게는 좋은 딸이 되려는 노력, 친구에게는 좋은 친구가 되기 위한 노력, 배우자에게도 좋은 배우자가 되려는 노력을 지나치게 많이 한다. 그들은 치료받을 때조차도 치료자에 대해 책임감을 느끼기도 한다.

둘째, 안전 혹은 취약성과 관련된 부정적인 생각

강렬한 트라우마를 경험한 사람들은 트라우마 사건이 이미 지나간 일임에도 불구하고 지금 현재의 환경에서도 지속적으로 위협을 느끼며 안전하지 않고 자신을 보호할 수 없다는 생각을 하는 경향이 있다. 그래서 이들은 어디에서 누구와 함께 있어도 안전하다는 생각을 하지 못한다.

셋째, 조절 혹은 선택과 관련된 부정적인 생각

트라우마를 경험할 당시 피해자들은 자신의 신체에 대해, 가해자에 대해, 자신이 처한 상황에 대해 그 어떤 대처나 조절도 할 수 없는 상황에서 꼼짝없이 당하는 경험을 했기 때문에 무기력감을 느낄 수밖에 없다. 특히 어린 시절 학대를 받은 사람들은 이러한 무기력감과 연관된 부정적인 믿음이 그대로 성인기까지 지속된다. 이런 부정적인 생각이나 믿음에 빠지게 되면 피해자들은 자신을 어떤 상황에서도 힘없이 당하는 희생자로 느낀다. 성인이 되어 어느 정도 자신의 생활에서 힘이 생겼음에도 불구하고 자기 자신은 어떤 선택이나 조절도 할 수 없다고 믿는다.

5) 트라우마지수 낮추고 행복지수 높이기

(1) 트라우마의 치료와 회복단계

① 트라우마 치료의 1단계

트라우마를 반복 경험하였다든지, 혹은 너무 어린 나이에 트라우마를 경험한 경우 외상의 기억을 직접 다루면 오히려 환자가 정서적으로 더 불안정해진다. 따라서 트라우마의 기억을 처리하는 것보다 피해자가 먼저 안전감을 느끼고 스스로 상황을 통제할 수 있다는 자신감을 갖도록 돕는 것이 더 시급한 문제이다. 어떤 의미에서 트라우마의 치료는 피해자에게 위험이 다 지나갔으니 지나친 방어를 이제 그만 풀으라고 하는 것인데, 실제로 충분히 안전하지 않은 상황에서 방어를 풀으라고 하면 오히려 더 위험할 수 있다. 그러므로 안전이 확보되지 않은 상황에서는 트라우마에 대한 어떠한 치료적인 도움도 성공할 수 없다. 피해자를 여전히 위협하거나 불안하게 만드는 요소가 실제로 있는지에 대해 잘 파악하여 부정적인 요소가 있다면 우선 이를 차단하고 스스로가 적절한 대응을 할 수 있도록 도움으로써 피해자가 충분히 안전감을 느낄 수 있도록 해야 한다.

급성 트라우마의 경우 대개 며칠에서 몇 주 기간이 걸리지만 만성적인 학대를 받았거나 반복적으로 일어난 트라우마의 경우 몇 개월에서 몇 년이 소요되기도 한다. 만성 트라우마 피해자의 경우 오랫동안 위협감과 불안감 속에서 지내왔기 때문에 세상이 안전하다는 생각을 거의 못 하고 살아왔을 것이다. 그러므로 안전감을 느끼는 것 자체를 두려워하고 받아들이지 못하는 경우가 많다. 안전감에 확신을 가지려면 충분한 시간이 필요하다. 특히 이들에게는 자신의 신체적 증상이나 불안정한 감정에 대해 스스로 조절할 수 있다는 통제감을 피해자 스스로가 터득하고 느낄 수 있어야 한다. 또한 충분히 안전감을 확보하고 난 뒤에는 트라우마 기억을 처리하도록 도와야 한다.

② 트라우마 치료의 2단계

트라우마 치료의 2단계는 본격적으로 트라우마의 기억을 떠올리고 이를 말로 해나가는 것을 돕는 작업을 말한다. 외상기억은 대개 압도적인 감정과 신체의 기억이기 때문에 말로 표현하는데 어려움이 많다. 그래서 대부분의 피해자들은 트라우마 기억을 아예 무감동하게 이야기하거나 반대로 감정에 압도되어 말로 표현하지 못하는 모습을 보인다. 치료자는 피해자들이 안정된 상태에서 언어로 트라우마의 경험을 삶의 이야기로 재구성하도록 돕는 것이다. 피해자는 조금씩 힘을 얻어가면서 얼어붙은 이미지와 압도되는 감정 그리고 조각난 감각의 파편을 하나하나 모아 이야기의 기억으로 통합해 나가야 한다. 이는 대단히 힘든 과정으로 종종 피해자들은 트라우마를 이야기하다가 트라우마의 이미지나 감정에 완전히 압도되어 마치 지금 현실에서 여전히 트라우마를 받고 있는 것처럼 느끼게 된다. 그러므로 피해자가 트라우마의 기억을 조금씩 떠올리면서 동시에 현재의 안전한 상황에 집중하도록 치료자가 적극적으로 도와야 한다. 피해자가 견딜 수 있는 범위 내에서 조심스럽게 치료 작업을 해나갈 때 피해자는 트라우마의 기억에 압도당하지 않으면서 서서히 이야기 기억으로 통합해 갈 수 있다. 이러한 치료과정이 트라우마 기억을 완전히 제거하는 것이 아니라 트라우마 기억을 이야기로 표현할 수 있도록 돕는 것이다. 그런데 트라우마 기억이 처리되어가는 과정에서 많은 피해자들은 트라우마로 인해 생긴 상실감을 크게 느끼게 된다. 트라우마로 인해 소중한 사람을 잃었고, 쌓아온 경력과 직업을 잃었고, 신체적인 건강까지 잃었다면 트라우마 처리과정에서 상실감이 따라올 수밖에 없다.

또한, 트라우마를 이야기 하다 보면 피해자들은 종종 깊은 슬픔과 절망감에 빠진다. 슬픔과 절망감에 빠지는 것은 너무 힘들고 견딜 수 없는 일이므로 피해자들은 이러한 감정을 받아들이려 하지 않는다. 대신 복수심이나 원망감에 빠지거나 혹은 너무 서둘러서 가해자를 용서해야 한다는 강박 관념에도 빠지게 된다. 이러한 상실감의 회피는 결국 트라우마로부터의 회복을 더디게 할 경우가 많다. 상실감은 결국 피해자가 견뎌내야 하고 받아들여야 하는 것이다. 트라우마 기억을 떠올리고 이야기할 때마다 슬퍼지고 절망스러워지겠지만, 슬픔이나 절망감보다 화를 내고 원망하고 재빨리 용서하는 것이 더 견딜 만하다. 이를 조금씩 견뎌내고 받아들일 때 트라우마는 서서히 그 강렬함과 특별함을 잃어가게 된다. 상실감으로 인해 자주 슬픔을 느낄 수밖에는 없겠지만 그 슬픔은 삶의 중심에서 멀어져 간다.

③ 트라우마 치료의 3단계

트라우마 치료의 마지막 3단계는 고립감에서 벗어나 사회적 연결을 다시 만들어 가면서 새로운 삶을 발전시켜나가는 연결의 복구 과정이다. 트라우마로 인해 철저히 단절되고 고립된 삶을 살아온 피해자들은 트라우마 기억을 처리하면서 어느 정도 회복이 되면 다시 주변 사람을 신뢰하고 그들과 친밀한 관계를 만들어나갈 수 있어야 한다. 믿음과 결속감은 트라우마를 경험한 피해자들이 세상을 살아가는 데 아주 커다란 힘이 된다.

회복과정을 통해 트라우마가 견딜 수 있는 인생의 아픔이 되어갈 때 우리는 트라우마가 생기기 전보다 더 깊이 성장할 수 있다. 과거로 되돌아갈 수는 없지만 앞으로 더 나아갈 수 있게 되는 것이다.

(2) 트라우마의 치료기법

① 약물치료

트라우마 치료 작업의 최종 목표는 외상이 발생하기 이전의 기능 수준으로 회복되는 것이다. 트라우마를 치료하는 일에는 많은 노력이 요구된다. 트라우마 약물치료에는 환자의 증상에 따라서 세로토닌 재흡수 억제제나 심환계 항우울제가 사용되고 있다. 최근 열린 'PTSD 최신지견' 학술좌담회에서는 외상 후 스트레스 장애로 우울증 및 공황발작, 사회공포증, 자살사고 등을 동반하는 환자의 치료에 졸로푸트(Zoloft: 일반명은 sertraline) 등 선택적 세로토닌 재흡수억제제(Selective Serotonin-Reuptake Inhibitors: SSRI)가 가장 우수한 1차 선택약물이라고 하였지만 아직 그 치료효과는 확립되지 않은 상태이다.

② 가족치료

트라우마 환자들이 공통적으로 대인관계 기능에 문제가 있다는 점에서 볼 때 가족간의 의사소통을 촉진시키는 가족치료도 도움이 된다. 가족치료에서 가장 중요한 점은 안전하고 지지적인 가족환경에서 외상 경험과 연합된 감정과 생각들을 공유하고 논의할 수 있어야 하며, 모든 구성원들이 연령에 따라 구별되도록 가족을 재구조화를 해야 한다.

미국의 심장 내과의사 딘 오니시(Dean Ornish)는 그의 저서 『사랑과 생존』에서 누군가와 친밀하게 연결되어 있어 정서적으로 지지받고 사랑받는다고 느끼는 사람들은 우울, 불안, 자살, 심장병, 위궤양, 감염, 고혈압, 치매 그리고 암의 발생률이 낮았다고 보고했다. 사랑은 뇌 기능을 촉진하고, 뇌가 건강하면 사랑을 주고받고 유대감을 형성하는 능력을 촉진시킨다.

함께 많은 시간을 보내는 가족간의 긍정적인 지지체계는 몸과 마음의 상처를 극복해 나가는데 가장 강력한 요소가 된다. 자신에 대해서 긍정적이며 자신을 사랑해주는 사람들과 같이 있으면 행복하고 만족스러우며 오래 살 가능성이 크다는 것은 누구도 부인하기 어렵다. 트라우마 치유에 여러 가지 요소가 필요하지만, 긍정적인 가족 지지체계와 그 속에서의 사랑보다 더 좋은 치료제는 없다.

③ EMDR(Eye Movement Desensitization & Reprocessing) 치료기법
EMDR의 시작

EMDR은 1987년, 미국의 프랜신 샤피로(Francine Shapiro)라는 사람에 의해 우연히 발견되었다. 당시 그녀는 자신의 고통스러운 문제로 고민하면서 공원을 산책하던 중, 눈을 움직이면서 과거의 기억을 떠올리다 보니 갑자기 그 기억과 연관되었던 고통이 사라진다는 것을 깨달았다. 그녀는 신기해서 그 기억들을 다시 떠올려보았으나 방금 전처럼 생생하게 고통스럽지 않다는 것을 알게

된다. 그녀는 안구운동이 자신의 고통스러운 감정과 생각을 마치 의식 밖으로 밀어내는 것처럼 느꼈다. 보통 사람 같으면 '그냥 그런가 보다' 하며 대수롭지 않게 생각하고 넘겼을 텐데, 호기심과 탐구심이 많았던 그녀는 이러한 현상에 대한 실험을 진지하게 시작하였다. 대부분의 사람들은 스스로 오랜 시간 동안 안구운동을 지속하지 못한다는 것을 알고 나서 그녀는 자신의 손가락을 따라 안구를 움직이도록 하였다. 수년에 걸친 실험을 통해 샤피로는 안구운동이 고통스러운 기억에 대한 민감도를 감소시킨다는 것을 믿게 되었고, 이를 보다 더 세련된 기법으로 발전시켰다.

EMDR의 효과 검증

EMDR이 긍정적인 치료 효과를 보인다는 연구 결과들이 발표되었다. EMDR의 치료효과를 입증하는 수많은 연구결과로 2004년, 미국 정신의학회는 외상 후 스트레스 장애의 치료에 EMDR을 가장 효과적인 치료 방법 중 하나로 선택했다. 이는 EMDR 치료 효과가 일단 과학적으로 검증을 받았다는 의미이다.

한편 최근 뇌 영상기술(brain image technique)의 발달로 EMDR 치료 효과가 실제로 뇌에서 일으키는 변화를 직접 눈으로 볼 수 있게 되었고, 자연 재해나 재난이 일어난 곳에서 외상 후 스트레스 장애를 방지하는 응급치료기법으로도 알려지게 되면서 EMDR의 치료 기법은 점점 전 세계적으로 퍼져나가게 되었다. 보다 다양하고 복잡한 트라우마 후유증을 치료하기 위해 EMDR의 치료 기술은 현재에도 계속해서 발전하고 있다.

EMDR의 치료의 효과는 우리의 다양한 경험들이 뇌의 정보처리시스템을 통해 처리되면서 미래의 학습과 발전에 도움이 되는 정보기억으로 전환되어 대뇌피질에 저장된다. 일상의 실수나 실패의 경험을 통해 무언가를 배워서 나중에 같은 문제에 직면했을 때 보다 더 잘 대처할 수 있게 되는 것도 바로 이 정보처리시스템이 적응적으로 잘 작동을 하기 때문이다.

트라우마와 변연계

어떤 끔찍한 사건이나 충격적인 경험은 우리 뇌의 이러한 적응적인 정보처리 시스템을 일순간에 교란시키고 마비시키기 때문에 트라우마의 기억은 처리되지 않은 상태 그대로 뇌의 변연계(주로 편도체)에 저장된다. 즉, 처리되지 않은 고통스러운 기억들은 그 당시의 장면, 소리, 냄새, 생각, 느낌 그리고 신체 감각 등의 단편적인 형태로 그대로 남아 마치 '덫에 빠진 것처럼 신경계에 갇혀 버리게' 되는 것이다. 외부로부터 자극을 받을 때마다 처리되지 않은 트라우마의 기억은 망가진 레코드 음반처럼 몇 번이고 반복해서 우리의 몸과 마음에 트라우마 경험을 불러일으킨다.

EMDR 치료

EMDR은 처리가 되지 않은 채 그대로 갇혀 있는 충격적인 경험의 기억을 치료 시간에 다시 끄집어내 재처리함으로써 고통스러운 증상을 없애고 보다 더 적응적으로 현재에 대처하도록 돕는 치료기법이다. 따라서 EMDR치료를 할 때 치료자는 환자에게 트라우마 기억과 연관된 이미지, 생각, 감정 그리고 신체 감각에 집중하게 한다. 이는 결국 트라우마의 기억단편들에 집중하도록 함으로써 트라우마의 기억이 갇혀 있는 기억 네트워크를 자극하려는 시도인 것이다. 환자는 트라우마 기억을 끄집어내면서 고통스러

위한다. 이 때 EMDR 치료자는 환자가 기억을 떠올리면서 계속해서 안구운동을 하도록 격려해야 한다. 기억 때문에 괴롭다고 안구운동을 멈추면 정보처리가 멈춘다. 안구운동을 하면서 정보처리가 진행이 되면 환자는 트라우마 기억에 대해 어느 정도 거리감을 갖게 되고, 차츰 새로운 견해를 가질 수 있게 된다.

안구운동은 기억의 정보 처리 시스템을 활성화시키는 효과가 있다. 즉, 안구운동이 새로운 통찰력과 이해력을 찾을 수 있는 다른 긍정적인 기억의 네트워크로부터 정보를 끌어내고 이를 트라우마의 기억에 연결시킴으로써 트라우마와 연관된 정보를 처리하도록 돕는 효과가 있다는 것이다. 이렇게 두 개의 다른 기억 네트워크에서 정보의 빠른 자유연결이 일어나는 현상을 샤피로는 '가속화된 정보처리과정(accelerated information processing)'이라고 했다. 안구운동을 반복할 때 마다 갇혀 있던 트라우마 정보가 풀려 나와 적응적인 경로로 빠르게 진행되어나가면서 부정적인 생각, 감정, 이미지, 신체 감각 등은 사라지고 자연스럽게 긍정적인 태도와 새로운 통찰력이 자리 잡게 된다. 처음에는 안구운동만이 가속화된 정보 처리 과정을 활성화시키는 것으로 생각했는데 후에 소리, 두드리기에 의한 양측성 자극도 안구운동과 똑같은 효과가 있다는 것이다. 사실 수백 년 전통의 요가나 불교의 자기 수련기법에도 마음을 평온하게 하기 위해 안구운동을 하거나 걷기 수행 등의 양측성 자극을 주었다는 보고가 있다. 러닝머신 위에서 달리기를 하면서 이런저런 고민을 하다보면 마음이 편해지는 경험들을 하게 된다.

안구운동이라는 양측성 자극이 어떻게 정보처리시스템을 활성화시키는지에 대해서는 아직 과학적으로 명확히 밝혀져 있지는 앓지만 과학자들은 EMDR에서 안구운동이나 양측성 자극에 의해 우측 뇌와 좌측 뇌가 동시에 자극을 받으면 두 신경이 네트워크 사이에서 연결교류가 강화되면서 감정과 인지가 통합이 되는 것으로 추측하고 있다. 최근 뇌 영상학 연구 결과는 EMDR치료 후 정서적 요소와 인지적 요소를 통합하는 기능을 하는 뇌 부위가 활성화 되었다고 보고하였다.

REM수면과 EMDR

꿈을 꾸는 수면인 REM수면(rapid eye movement sleep)과 EMDR의 안구운동 효과가 연관이 있다고 하는 연구 결과도 있다. 매일 밤 빠른 안구운동이 일어나는 REM 수면 때 우리의 뇌는 꿈을 꾸면서 몸과 마음에 남아 있는 그날의 기억정보를 처리한다. 문제는 트라우마와 연관된 괴로운 꿈을 꾸다 보면 자꾸 중간에 깨어나게 되어 정보처리가 중간에 멈추게 된다는 것이다. 이처럼 정보처리가 완전하게 일어나지 못했기 때문에 대개 악몽은 비슷하거나 똑같은 내용이 반복된다. 만약 똑같은 악몽을 꾸면서 똑같은 장면에서 깨어난다면 뭔가 처리되지 않은 트라우마가 남아 있다는 의미다. 그러나 중간에 깨어나게 되는 꿈과는 달리 EMDR에서는 트라우마 사건을 떠올리면서 계속해서 안구운동을 하기 때문에 결국 트라우마의 기억이 완전히 처리되고 재통합되는 과정이 일어나게 되는 것으로 보고 있다. 실제 최근 연구결과에 의하면 안구운동을 할 때 뇌 안에서 일어나는 신경전달물질의 변화가 REM수면 때 일어나는 변화와 거의 비슷하다고 보고하고 있다.

EMDR과 정보처리 통합

EMDR은 정보처리시스템을 활성화시켜 갇혀 있는 트라우마 기억을 새롭게 처리하도록 돕는 것이지 기억을 지운다거나 잊어버리게 하는 것은 아니다. 어떤 사람들은 EMDR을 통해 기억이 처리되면 트라우마에 대한 기억상실이 일어나는 것은 아닌가 걱정을 하는데, EMDR은 그 사람에게 마땅히 있어야 할 필요한 정보를 없애는 것이 아니다. 트라우마 기억이 결국 잘 처리되어 통합이 되면 트라우마의 기억의 잔재는 남아 있으나 더 이상 생생하게 고통스럽지는 않게 된다. 대신 정서적인 안정감과 자연스러운 편안함을 되찾게 되어 트라우마를 받기 전보다 정신적으로 더 성장하게 된다. EMDR로 트라우마의 정보가 처리되었을 때 이러한 긍정적인 효과까지 부가적으로 나타나는 것은 EMDR 자체의 효과보다는 우리 인간에게 내재되어 있는 잠재력 때문일 것이라고 본다.

④ 노출법

포아와 릭스(Foa & Riggs, 1993)는 트라우마의 치료법으로 지연된 노출법(prolonged exposure)을 제시하고 있는데, 이는 외상적 사건에 대한 기억과 연관된 불안을 감소시키는데 초점을 맞추고 있다.

⑤ 인지치료

인지치료 기법은 환자가 트라우마 사건에 대해서 어떤 의미를 부여하고 있는지에 초점을 맞추어 탐색하고, 새로운 방식으로 의미를 재구성하도록 유도하는 기법이다.

⑥ 통합적 치료

트라우마를 치료함에 있어서 증상 정도에 따라서 약물치료를 비롯해서 여러 치료기법이 동원되어야 하겠지만, 인간에 대한 전인적인 이해를 바탕으로 하는 통합적인 접근이 필요하다.

이들을 치료하는데 있어서 일차적으로 그들의 감정을 공감하고 신뢰관계를 형성하는 것이 중요하다. 그리고 긍정적인 관점에서 문제를 해석하고 인식하게 하며, 현실의 문제를 극복하는데 함께 목표를 세우고 해결책을 모색해 나가도록 해야 할 것이다.

【 트라우마지수 검사 】

다음 문항은 충격적인 일을 겪은 후에 나타날 수 있는 여러 경험들의 목록이다. '지난 일주일 동안' 어떠했는지 0~4 중에서 해당되는 번호에 v 표 하시오.

문 항	전혀 아니다 0	조금 수단적 1	두 가지 반반 2	조금 정의적 3	매우 정의적 4
1. 그 사건을 떠올리게 하는 어떤 것이 나에게 그때의 감정을 다시 불러 일으켰다.					
2. 나는 수면을 지속하는데 어려움이 있었다.					
3. 나는 다른 일들로 인해 그 사건을 생각하게 된다.					
4. 나는 그 사건 이후로 예민하고 화가 난다고 느꼈다.					
5. 나는 그 사건에 대해 생각하거나 떠오를 때마다 혼란스러워지기 때문에 회피하려고 했다.					
6. 내가 생각하지 않으려고 해도 그 사건이 생각난다.					
7. 그 사건이 일어나지 않았거나, 현실이 아닌 것처럼 느꼈다.					
8. 그 사건을 상기시키는 것들을 멀리하며 지냈다.					

문 항	전혀 아니다 0	조금 수단적 1	두 가지 반반 2	조금 정의적 3	매우 정의적 4
9. 그 사건의 영상이 나의 마음속에 갑자기 떠오르곤 했다.					
10. 나는 신경이 예민해졌고 쉽게 깜짝 놀랐다.					
11. 그 사건에 관해 생각하지 않기 위해 노력했다.					
12. 나는 그 사건에 관해 여전히 많은 감정을 가지고 있다는 것을 알지만 신경 쓰고 싶지 않았다.					
13. 그 사건에 대한 나의 감정은 무 감각한 느낌이었다.					
14. 나는 마치 사건 당시로 돌아간 것처럼 느끼거나 행동할 때가 있었다.					
15. 나는 그 사건 이후로 잠들기가 어려웠다.					
16. 나는 그 사건에 대한 강한 감정이 물밀 듯 밀려오는 것을 느꼈다.					
17. 내 기억에서 그 사건을 지워버리려고 노력했다.					
18. 나는 집중하는데 어려움이 있었다.					
19. 그 사건을 떠올리게 하는 어떤 것에도 식은땀, 호흡곤란, 오심, 심장 두근거림 같은 신체적인 반응을 일으켰다.					
20. 나는 그 사건에 관한 꿈들을 꾼 적이 있었다.					
21. 내가 주위를 경계하고 감시하고 있다고 느꼈다.					
22. 나는 그 사건에 대해 이야기하지 않으려고 노력했다.					

출처: Impact Event Scale-Revised : IES-R-K

보통 25미만   중간정도 25-39
심각함 40-59   매우 심각함 60 이상

4. 비교의식 및 열등의식지수 낮추기

1) 비교의식의 의미

비교의식(comparison complex)은 "우월의식이나 열등의식으로 빠져 들어가게 하는 파괴적인 비교의 태도" 또는 "우월의식이나 열등의식에서 나오는 병적인 비교의 태도"를 가리킨다. 비교의식의 증상은 자신을 상대방과 습관적으로 비교하여 생각하고 비교하는 말을 자주하며, 비교의 결과에 민감한 반응을 보이는 것으로 나타난다. 그 민감한 반응에는 자신이 우월하게 되기를 지나치게 추구하고, 열등하게 비교당하는 것을 견딜 수 없어하고, 자주 분노와 증오심을 표출하며, 극단적이고 파괴적인 말을 쉽게 하고, 돌발적으로 위협적인 행동을 취하며, 신경질을 자주 부리며, 비꼬는 말을 잘 하고, 자주 좌절하며, 불합리한 두려움에 사로잡혀 있는 것 등이 포함된다.

비교의식에 사로잡힌 사람의 자화상은 심히 위축되어 있어 자신감을 잃고 위협과 불안과 두려움에 휩싸여 있는 모습을 보인다. 따라서 누군가는 이런 말을 했다. "인생을 비참하게 만드는 것은 가난에서 오는 슬픔도 아니고 실패에서 오는 고통도 아니다. 그리고 재능이 모자라서 내뱉는 탄식도 아니다." 가장 큰 비참함은 '비교'로 부터 나온다고 했다. 그래서 C. S 루이스(Clive Staples Lewis)는 마귀의 가장 좋은 도구가 비교의식이라고 했다. 비교의식은 그 누구라도 낙담시키고 침체에 빠지게 할 수 있기 때문이다. 남과 견주어 보는 것은 이웃을 평화와 친교의 대상이 아니라 경쟁과 시기의 대상으로 생각하는 것이고, 이런 사람의 이면은 깊은 열등감이나 또는 성공하고자 하는 강한 욕구를 발산함으로 항상 갈등의 증폭된 의식에 휩싸여 있다. 비교의식에 사로잡히면 스스로 삶에 만족하지 못하고 항상 고단하여 쫓기는 삶을 살게 되며 매사에 불만이 많고, 경쟁의 심리에 압박 받으므로 긴장을 늦추지 않는 전투적 자세를 갖고 산다. 경계를 넘은 비교는 발전을 주지 않고 자신을 황폐하게 하고 실패하게 하는 원인이 된다.

2) 비교의식은 불행의 지름길이다.

니컬러스 크리스태키스(Nicholas A. Christakis)와 제임스 파울러(James H. Fowler)가 공저 한 『행복은 전염된다』(Connected)에서 대부분의 사람들은 절대적 매력보다는 상대적 매력, 절대적 지위보다 상대적 지위에 더 신경을 쓰고 자신의 절대적 부보다 상대적 부에 더 행복해 한다고 했다. 사람들이 얼마나 잘 사는지를 평가할 때 자신의 수입이나 소비하는 제품이 얼마나 많은가를 기준으로 삼지 않고, 자신이 아는 다른 사람들에 비해 얼마나 많이 벌고 소비하는지를 기준으로 삼는다는 것이다.

하버드대학 학생들에게 다음 두 곳 중 어느 곳에서 살겠느냐고 실험을 했다. 첫 번째 질문은 1년에 평균 5만 달러를 벌고, 다른 사람들은 평균 2만 5천 달러를 버는 세상에 산다. 그리고 둘째 질문은 1년에 평균 10만 달러를 벌고, 다른 사람들은 평균 25만 달러를 버는 세상에 산다. 이 질문에 대부분의 학생들이 첫 번째 세상을 선택했다고 한다. 절대소득이 적더라도 주변 사람들보다는 더 버는 쪽을 택한 것이다. 유럽 연구팀이 '이코노믹 저널(Economic

Journal'에 밝힌 24개국 1만 9천명을 대상으로 한 연구결과에 의하면 참여자 4명 중 3명가량이 다른 사람과 자신의 수입을 비교하는 것이 중요하다고 생각했다. 연구결과 급여를 비교하는 사람들 특히 직장 동료 보다는 친구나 가족의 급여와 비교하는 사람들이 만족도가 낮으며 행복도 역시 낮은 것으로 나타났다. 또한 가난한 국가의 사람들이 부유한 국가의 사람들과 수입을 비교하는 경향이 크고 한 국가 내에서도 못 사는 사람들이 잘 사는 사람들과 수입을 비교하는 경향이 크다고 한다. 연구팀은 "자신의 급여를 다른 사람과 비교하는데 집착할수록 자신의 삶의 만족도와 생활수준을 낮게 생각해 우울증에 빠지기 쉽다"라고 강조하고 있다.

불행해지는 확실한 방법은 다른 사람과 비교하는 것이다. 다른 사람과 비교하는 순간 행복은 멀어진다. 따라서 행복의 적은 비교에서 시작된다. 자신보다 우월한 사람과 비교하면 열등감에 사로잡혀 비굴해 지고, 자신보다 낮은 사람과 비교하면 우월감에 사로잡혀 교만해 진다. 비교의 눈, 비교 프레임의 함정에 빠지면 불행해질 수밖에 없다. 미국 코넬 대학교 심리학과 연구팀이 올림픽 게임에서 메달을 받은 사람의 행복지수를 조사해 보았다. 올림픽 게임 시 동메달리스트의 행복 점수는 10점 만점에 7.1이었고, 은메달리스트의 행복 점수는 고작 4.8이었다. 은메달을 받은 사람은 금메달과 비교하기 때문에 은메달의 주관적 크기는 선수 입장에서는 실망스러운 것으로 받아들인다는 것이다. 반면 동메달리스트들은 조금만 잘못했으면 4위에 그칠뻔 했기 때문에 동메달의 주관적 가치는 은메달의 행복 점수를 뛰어넘는다는 것이다.

영화 '아마데우스(Amadeus)'를 보면 볼프강 아마데우스 모차르트(Wolfgang Amadeus Mozart, 1756-1791)와 안토니오 살리에리(Antonio Salieri, 1750-1825)의 생애를 통해 비교의식이 얼마나 비참하게 만드는지를 깨닫게 해준다. 살리에리는 당시 최고의 음악가였다. 모차르트가 나타나기 전까지만 해도 그는 많은 사람들의 부러움과 존경을 한 몸에 받았던 행복한 인생이었다. 그렇지만 모차르트와 자신의 음악을 비교하면서 그의 인생은 불행의 늪에 빠지게 되었다. 그를 불행하게 만든 것은 자신은 밤잠을 설치면서까지 온 힘을 다해 작곡을 해도 사람들이 기억해주지 못하는데, 모차르트는 여자들과 어울려 놀 것 다 놀면서 그저 자투리 시간에 취미삼아 작곡하는 것 같은데도 그의 음악은 불후의 명작이 되는 것이었다. 그는 절규하였다. "왜 저에게는 천재를 알아볼 수 있는 능력만 주시고 모차르트와 같은 천재적인 작곡 능력을 주시지 않습니까?" 결국 비교의식과 열등감이 그의 인생을 파멸로 치닫게 했다.

일리노이 주립대학 에드 디너(Ed Diener) 심리학 교수는 한국 사람들이 높은 소득에 비해 행복을 느끼지 못하는 원인으로, 특별히 두 가지 삶의 방식을 들었다.

첫째, 돈을 중요시하기 때문이고 둘째, 다른 사람과의 비교의식 때문이라고 했다. 디너 교수에 의하면, 한국 사람은 수입이 적을지라도 자신이 좋아하는 직업을 선택하는 것이 아니라, 돈의 액수를 보고서 직업을 선택하기 때문에 만족이 떨어지고 행복도가 떨어진다는 것이다. 그리고 만족할 만한 상황이나 여건임에도 불구하고, 끊임없이 다른 사람과 비교하고 경쟁하기 때문에 행복을 느끼지 못한다는 것이다. 다시 말해, 남을 의식하고 비교하며 경쟁하기 때문에 삶의 행복을 느낄 수 있는 마음의 여유가 없다는 것이다.

3) 행복을 위해서 비교의식을 낮추고 절대의식을 높이라

우리는 여러 면에서 다른 사람과 비교하여 우위를 차지하려고 노력한다. 그런데 목적 없는 단순비교를 끊임없이 한다면 이것은 삶의 기력을 앗아가고 행복은 점차 멀어져 갈 것이다.

『바람과 함께 사라지다』(Gone With The Wind)를 쓴 마가렛 미첼(Margaret Munnerlyn Mitchell, 1900~1949)여사의 소설은 많은 우여곡절 끝에 세상에 나올 수 있었다. 그녀는 처음부터 소설가가 되려고 했던 것은 아니었다. 그녀는 큰 꿈을 가지고 신문기자로서 사회에 진출하였으나, 사고로 인해 발목을 다치게 되어 26살 나이에 기자생활을 그만두게 되었다. 낙심하고 절망에 빠져 생활하고 있는 어느 날 비록 다리는 다쳤지만 글은 쓸 수 있지 않을까 하는 생각을 하면서 소설을 쓰게 되었다. 그녀는 생전 처음 쓰는 소설이라 쉽지 않았다. 그런 가운데 10년에 걸쳐서 소설 한 권을 완성하게 되었다. 하루는 누군가가 그녀에게, 그 당시 스테반 빈센트(Stevan Vincent, 1944)가 남북전쟁을 노래로 하여 쓴 『존 브라운의 시신』(John Brown's Body)이라는 책을 보내왔다. 그녀는 책을 읽고 난 뒤 그 작품에 비해 자신이 쓰고 있는 소설이 너무나도 보잘 것 없다고 느껴져, 쓰고 있던 자신의 원고를 옷장 속에 6개월 동안이나 처박아 두고 시름의 나날을 보내고 있었다.

그러나 마가렛 미첼 여사는 다음과 같은 충고를 듣고 다시 소설을 쓰기 시작하여 마침내 훌륭한 작품을 탄생시켰다. "저런, 당신 자신을 다른 사람과 비교하기 때문에 그렇게 된 것입니다. 그러지 마세요. 성공은 당신이 당신의 잠재력을 얼마나 발휘하느냐에 따라 진실로 측량되는 것입니다. 그런 생각으로 노력하시고 나머지는 잊어버리도록 하세요."라는 말이었다.

하나님은 비교의식보다는 절대의식에서 살기를 원하신다. 개개인은 비교의 대상이 아니라 하나님께서 천하보다 귀하게 여기는 고유하고 유일한 생명체이다. 따라서 비교의식보다는 절대의식을, 최고의식보다는 유일의식을 가져야 한다. 남보다 잘하려고 하지 말고 이전보다 잘하려고 해야 한다. 뛰어남보다 다름에 관심을 가지고 자신만의 행복한 삶을 살아야 한다. 인생은 뛰어난 1%의 들러리가 아니다. 하나님은 신앙인들을 지체라고 말씀하신다. 지체는 경쟁자가 아니라 한 몸의 협력자이다. 우열이 있는 것이 아니라 차이가 있는 것이다. 이 사실을 안 바울은 절대자 하나님 앞에서 "나는 비천에 처할 줄도 알고 풍부에 처할 줄도 알아 모든 일 곧 배부름과 배고픔과 풍부와 궁핍에도 처할 줄 아는 일체의 비결을 배웠노라 능력 주시는 자 안에서 내가 모든 것을 할 수 있느니라(빌 4:12-13)"라고 고백한 것이다.

4) 열등의식의 의미

오스트리아의 정신과의사인 아들러(Alfred Adler)에 의해서 처음 도입된 열등의식(劣等意識, an inferiority complex)은 어떤 대상이나 사물 또는 사람 등에 대하여 능력, 외모, 물질, 환경 등과 같은 다양한 내용들이 판단척도가 되어 심리적으로나 정신적으로 위축 또는 왜소하게 느껴지는 상태가 일정기간 이상을 지속하게 되는 부정적 감정을 의미한다고 할 수 있다.

열등의식은 현실적 상태에 대하여 위축되거나 왜소하게 느껴지는 부정적인 감정에 의해서 파생되어 나오는 의식이기 때문에 어떤 형식으로든 부정적인 의식을 근거로 하여 목표를 추진하게 되며, 이로 인해서 심리적 압박감 또한 매우 크게 나타난다.

열등의식을 갖고서 이를 극복하고자 추진했던 목표의 중심에는 항상 비교대상이 자리 잡고 있다. 그렇기 때문에 그와 같은 열등의식을 갖고서 노력하는 사람의 내면에는 언제나 부정적인 시각과 부정적인 의식이 있는 것이다. 다시 말해서 비교대상과 관련하여 비교대상에 버금가는 수준에 있는 대상에 대하여는 존경이나 부러운 마음이 들겠으나, 비교대상에 근접하지 못하는 대상에 대하여는 열등의식을 유발했던 원인이 가치기준이 되어 오히려 비교열위대상으로 격하시켜 생각하거나 부정하는 태도를 형성하게 되는 것이다.

따라서 열등의식은 사람들에게서 자신감을 빼앗아버리고, 대인관계나 사회적인 일에 불필요한 걱정과 두려움을 갖게 만든다. 이는 겸손과는 차원이 전혀 다른 것으로, 일종의 심리적인 위축감이 잠재의식 속에 깊숙이 숨어 있다가 외부로 표출되는 현상을 말한다.

5) 열등의식의 원인

열등의식의 원인은 단일 요소로 인해서 형성될 수도 있겠지만, 대부분은 복합적인 요소가 결합하여 형성되는 것을 볼 수 있다. 어떤 요소들을 원인으로 하여 열등의식이 형성되었든, 일단 형성된 열등의식은 삶에 지대한 영향을 미치게 된다.

열등의식을 생기게 하는 가장 큰 원인 가운데 하나는 어릴 적에 누구나 느끼는 비교약세의 감성과 우리사회가 항상 완벽한 사람을 요구함에서 많이 기인된다고 할 수 있다. 하지만 시간이 지나고 나이가 들면서, 이러한 원초적인 열등의식에서 벗어나는 사람과 그렇지 못한 사람들의 차이는 단 한 가지 요인으로 구분된다. 그것은 바로 세상을 바라보는 시선과 시각의 차이 때문이다.

세상을 바라보는 시선과 시각에는 사람들마다 천차만별로 다르겠지만, 크게 둘로 나눈다면 거시적인 안목과 미시적인 안목으로 나눌 수 있다. 즉, 숲을 보느냐 나무를 보느냐는 것이다. 무릇 숲을 보는 사람은 나무를 잘 보지 못하고, 나무에 집중하는 사람은 숲을 보지 못하는 폐단이 있다. 따라서 바람직한 세상관은 숲과 나무를 동시에 정확하게 바라보는 것이다.

6) 행복의 발목을 잡는 열등의식

열등의식이 높은 사람들은 다른 사람들이나 다른 상황을 바라볼 때, 사실보다 확대해서 보거나 다소 과장된 시각으로 바라보는 경향이 짙다. 또한 바라보는 대상도 항상 자신보다 월등히 나은 비교우위의 것에 치중하는 경향이 높다. 그러다보니 언제나 자신은 부족하고 결함이 많은 상대적 박탈감을 느껴 불행감에 사로잡히게 된다.

최근 21세기를 이끌고 갈 100대 여성으로 뽑힌 현직 대학교수가 깊은 고민에 빠져 목사님을 찾아와 상담을 하게 되었다. 그는 장로님과 권사님의 자녀로 탁월한 실력과 뛰어난 미모, 좋은 집안 배경을 가진 사람으로 주위의 부러움을 사는 자였다. 그런데 이 여성이 목사님과 상담하는 도중에 펑펑 울기 시작했다. 남편도 자신과 함께 신앙생활을 하는데, 허구한 날 구타를 한다는 것이었다. 이 이야기를 듣고 있던 목사님은 너무나 화가 났고, 이런 아내를 매일 업어주고 살아도 모자랄 판에 구타를 한다는 것은 인간이기를 포기한 것이라 생각하게 되었다. 며칠 후 목사님은 그의 남편을 만나게 되었는데, 목사님을 만난 그녀의 남편 역시 펑펑 울기 시작했다. "목사님 너무나 힘듭니다. 아내는 툭하면, '너 대학 입학할 때 학력고사 성적 몇 점이었어?' 라고 따집니다. 아내가 나보다 20점 높게 나왔거든요. 그리고 '너가 뭘 안다고 그래?' 라고 하며 매사에 내 자존심을 깔아 뭉개버립니다. 처음에는 참아 왔지만 갈수록 절제할 수 없는 분노가 일어나고, 나도 모르게 손이 올라가는데... 하지만 그렇게 하고나서 늘 후회를 합니다."라고 말하였다. 보수적인 집안에서 자라온 목사님은 이 남편의 말을 듣는 순간 강한 역전이가 일어났다. 그리고 "남자의 자존심은 고압선인데 건드리면 죽지요. 그런 여자는 일주일에 한번 씩 때려야 한다고 생각합니다."라고 말했다. 어떤 형태로든지 폭력은 잘못된 것이고, 목사님 처방 또한 잘못된 것은 사실이다. 그런데 이야기 속에서 건강하지 못한 커뮤니케이션과 열등감 조장은 갈등과 문제의 촉발 요인이 될 수 있다는 것을 알 수 있다.

　모든 것을 다 갖추어도 열등감으로부터 자유롭지 못하면 진정으로 행복할 수 없음을 구약의 사울 왕을 통해서도 알 수 있다. 사울은 이스라엘에서(삼상 9:2, 10:23) 가장 뛰어난 외모와 좋은 가족 배경(삼상 9:1-2)을 가지고 있었으며, 초대 왕으로 최고의 권력을 지닌 사람이었다. 사울은 많은 장점을 가지고 있었으나 열등의식 때문에 불행한 삶을 살게 되었다. 늘 긍정적인 피드백(feedback)만 받고 자라왔던 그가 춤추는 여자들이 "사울이 죽이는 자는 천천이요. 다윗은 만만이로다(삼상 18:7)"라는 말에 내재된 상대적 열등감을 느끼며 분노와 불안감을 느끼는 모습을 볼 수 있다. 그래서 사울은 촉망받는 리더로서의 삶을 시작했지만 열등의식에 사로 잡힌 삶을 살면서 일그러진 영웅으로 전락하게 되는 것을 볼 수 있다. 그는 왕으로서 할일도 많음에도 불구하고 10년이 넘도록 열등의식에 발목이 잡혀 성숙의 기회를 놓치고 퇴행하는 삶을 살게 되어 비참한 최후를 맞게 된 것이다.

건강한 사람은 'I'm O.K, you are O.K'로 타인의 자원을 존중 하지만, 건강하지 못한 사람은 'I'm O.K, you are not O.K'로 다른 사람이 나보다 잘 되는 것에 불편한 감정을 느낀다. 이러한 사람은 남이 잘되는 것에 부정적 감정, 비합리적 감정을 가지게 된다.

7) 열등의식을 극복하는 행복의 비결

열등감은 특수한 사람에게만 생기는 문제가 아니다. 열등감은 성장과정에서 타인과 나를 비교하면서부터 자연스럽게 만들어지 기 때문에 대부분의 사람들은 모두 저마다의 열등감을 품고 있 다. 다만 정도에 따라서 차이가 있을 뿐이다. 하지만 누구는 이를 성공의 동력으로 삼는가 하면, 누구는 열등감에 지배당해 평생을 열등감의 노예로 지내기도 한다.

아인슈타인(Albert Einstein, 1879~1955)은 학창시절 수학을 못하는 열 등생이었으며, 에디슨(Thomas Alva Edison, 1847~1931)은 아예 학교에 서 쫓겨났고, 엘비스 프레슬리(Elvis Aaron Presley, 1935~1977) 역시 첫 오디션에서 다시 트럭 운전이나 하라는 악평을 들었다. 하지만 이들은 모두 자신에 대한 믿음으로 열등감을 극복하거나 혹은 열등감 자체를 동력 삼아 성공을 향해 내달려 끝내 그것을 쟁취해냈다. 그렇다면 어떻게 열등감을 극복하고 행복해 질 수 있을까?

첫째, 열등감을 유발하는 원인을 직면해야 한다.

열등감을 부정하거나 무작정 이기려 하는 것보다 내 안의 열등감의 원인을 찾아서 먼저 마주봐야 한다. 그리고 자신에게 처음 상처 입힌 말과 생각들이 정당하고 옳았는지를 객관적인 눈으로 바라보아야 한다. 혹시 자신이 이미 오래 전에 이겨내고 고쳐낸 단점들 혹은 처음부터 존재하지 않았던 단점에 지금까지 목매 있었던 것은 아닐까를 생각해 보아야 한다. 거대해 보이는 열등감의 핵은 의외로 작고 사소한 것이다. 열등감은 자신의 생각 여부에 따라서 충분히 이겨낼 수 있는 것이다.

둘째, 분명한 목표를 세우고 전진해야 한다.

과거 혹은 현재의 상처가 열등감을 만들었다면 행복한 미래와 충실한 현재의 삶으로 그것을 이겨낼 수 있다. 그러므로 자신이 원하는 것이 무엇인지 고민하고 분명한 목표를 정해서 충실하게 노력하는 것이 중요하다. 노력은 자부심을 만들어낸다. 스스로의 삶과 일상에 자신감과 자부심이 생기면, 열등감이 끼어들 자리는 없어진다.

셋째, 자신의 긍정적인 부분을 찾아 스스로에게 칭찬을 해야 한다.

열등감 때문에 자신이 작고 하찮아 보인다면 지금부터 매일 거울 앞에서 자신과 주변의 장점을 하나씩 찾아 칭찬을 시도할 필요가 있다. 작고 사소해도 좋고 타인이 알아주지 않는 부분이라도 좋다. 작고 사소한 선행부터 자신의 신체부위, 자신의 소소한 장점 등을 찾아 칭찬을 하다보면 어느새 스스로를 바라보는 시선이 긍정적으로 변해 있을 것이다.

넷째, '완벽한 나' 대신 '있는 그대로의 나'를 추구해야 한다.

열등감의 반발작용으로 완벽해지려고 노력하는 경우가 많다. 어쩌다가 완벽이라는 고지에 도달해도 열등감이 심한 사람은 자신을 높이 평가하는 대신 '운이 좋았어'라는 식으로 자신의 노력을 깎아내린다. '완벽한 나'라는 목표는 허상(虛像)이다. 존재하지 않는 허상을 좇아 끝없는 달리기를 하는 동안에는 스스로에게 만족감을 느낄 수도 없고, 타인에게 좋은 평가를 받아도 부족하게만 느껴진다. 완벽한 나에게 다가가려는 노력 대신에 있는 그대로의 나, 솔직한 나를 받아들이기 위해 노력한다면, 훨씬 삶이 만족스러워지고 행복해 진다.

다섯째, 베풀고 봉사하는 삶을 추구해야 한다.

타인을 위해 봉사하고 선행을 베풀었을 때 느끼는 행복감은 만족스러운 물건을 샀을 때의 행복감을 넘어선다. 베푸는 삶은 자신의 삶을 보다 가치 있게 만드는 행위며, 자신이 타인에게 도움이 되는 존재라는 것을 인식시켜 자존감을 높여 줄 수 있다. 자신의 힘으로 타인을 돕고 스스로를 자랑스럽게 느끼게 되면 자존감도 높아가고 행복지수도 올라가게 된다.

【 열등의식 검사 】

본 검사의 총 문항수는 32문항이며 각 문항에 대한 응답은 4단계로 되어있다 점수 범위는 32점에서 128점이며 점수가 높을수록 열등감이 높음을 나타낸다.

◼ 다음은 평소의 자기 자신에 대한 생각을 알아보는 질문이다. 해당되는 곳에 V 하기 바란다.

열등의식 평가 문항	아니다 1	그저 그렇다 2	그렇다 3	아주 그렇다 4
1. 나는 얼굴이 잘 생긴 사람을 보면 열등감을 느낀다.				
2. 나는 용기가 있는 친구를 보면 열등감을 느낀다.				
3. 나는 아버지(또는 어머니)의 학력이 낮아서 열등감을 느낀다.				
4. 나는 머리가 나쁜 것 같아서 열등감을 가지고 있다.				
5. 나는 키에 대해서 열등감을 가지고 있다.				
6. 나는 지도력이 강한 친구를 보면 열등감을 느낀다.				
7. 나의 아버지(어머니)의 외모에 대해서 열등감을 가지고 있다.				
8. 나는 여러 사람 앞에서 말을 잘 하는 친구를 보면 열등감을 느낀다.				
9. 나는 피부(색, 잡티, 여드름, 거침 등)에 대하여 열등감을 가지고 있다.				
10. 나는 사교성이 좋은 친구를 보면 열등감을 느낀다.				
11. 나는 아버지의 직업이 좋지 않아서 열등감을 가지고 있다.				
12. 나는 공부를 잘 하는 친구를 보면 열등감을 느낀다.				
13. 나는 몸이 약해서 튼튼하고 건강한 친구를 보면 열등감을 느낀다.				
14. 나는 적극적이고 활동적인 친구를 보면 열등감을 느낀다.				
15. 나는 우리 집이 가난해서 열등감을 가지고 있다.				

열등의식 평가 문항	아니다 1	그저 그렇다 2	그렇다 3	아주 그렇다 4
16. 나는 특정교과(영어회화, 미술 등)를 잘 하는 친구를 보면 열등감을 느낀다.				
17. 나는 뚱뚱해서(또는 말라서) 열등감을 느낀다.				
18. 나는 남자친구(또는 여자친구)를 잘 사귀는 친구를 보면 열등감을 느낀다.				
19. 나는 형제나 친척들 중에 잘난 사람(직업, 학력, 지위, 명예 등)이 없어서 집안에 대해 열등감을 가지고 있다.				
20. 나는 능력이 있는 (유능한, 똑똑한) 사람과 같이 있으면 열등감을 느낀다.				
21. 나는 운동선수나 운동을 잘 하는 친구를 보면 열등감을 느낀다.				
22. 나는 성격이 모가 나고 까다로워서 성격이 원만한 사람을 보면 열등감을 느낀다.				
23. 나는 문화시설(좋은 승용차, 대형TV 등)을 잘 갖춘 집에 가면 열등감을 느낀다.				
24. 나는 예능(음악, 미술, 노래, 춤 등)이 뛰어난 친구를 보면 열등감을 느낀다.				
25. 나는 신체적(눈, 코, 귀, 입, 손, 발 등)결함이 있어 열등감을 가지고 있다.				
26. 나는 주위 사람들(부모, 형제, 친구 등)로부터 인정을 받는 친구를 보면 열등감을 느낀다.				
27. 우리 집은 가정불화가 심해 가정에 대한 열등의식을 가지고 있다.				
28. 나는 글을 잘 쓰는 친구를 보면 열등감을 느낀다.				
29. 나는 몸매가 나빠서 열등감을 가지고 있다.				
30. 나는 재치 있고 유머가 뛰어난 친구를 보면 열등감을 느낀다.				
31. 나는 부모가 없어서 (편부, 편모, 계모, 계부 등) 열등감을 느낀다.				
32. 나는 판단이 빠르고 발표력이 좋은 사람을 보면 열등감을 느낀다.				

출처: 김응만(1995) 열등의식 측정도구

총점: 점

70점 ~ 90점: 경미한 열등감을 느끼는 상태(관찰과 개입을 요함)
91점 ~ 110점: 심한 열등감을 느끼는 상태
111점 이상: 극심한 열등감을 느끼는 상태

5. 불안지수 낮추기

1) 불안지수의 의미

현대인들이 공통적으로 경험하는 강한 심리증세 중 하나가 있다면 불투명한 미래에 대한 불안증이라고 할 수 있다. 끊이지 않은 전쟁의 소식, 테러리스트들의 무차별 습격 등 범정치적인 이슈에서부터 각종 강력범죄와 사고, 이혼, 문제 자녀, 난치병과 경제적 생존 등 수많은 문제들이 신체적·정신적인 위협으로 다가와 끊임없는 긴장과 불안에 시달리게 한다. 그래서 많은 사람들은 남들에게 뒤처지지 않을까, 사장(死藏)되지 않을까 하는 걱정과 불안감으로 긴장을 풀 수가 없는 불안의 시대를 살아가고 있는 것이다. 불안(anxiety)[5]은 인간의 생존과 안전에 필요한 정서적 긴장을 동반하는 공포의 내적 정서 상태로 인류가 타락한 이후 지금까지 계속 갖게 되는 정서 중 하나이다(임용우, 1994). 불안 바이러스는 절망의 늪으로 빠뜨리고 죽음에 이르게 한다. 하지만 불안은 없애버려야 할 우리의 적이 아니라 우리의 삶을 건강하고 안전하게 가도록 보여주는 빨강 파랑 신호등으로 생각할 수 있다.

---

[5] 영어의 anxiety, 독일어의 angst의 어원은, 본래 라틴어의 "angustiae"와 독일어 "enge"에서 찾을 수 있다. "angustiae"와 "enge"의 뜻은 좁은 길, 좁은 장소를 뜻하는 것으로서 이는 어떠한 대상이나 사물을 이해하지 못하고 또한 전체를 그대로 받아들일 수 없는 개인의 여유 없는 마음의 상태를 말하는 것이다. 대상이나 사물을 받아들일 수 없고 환경에 적절히 적응해 나가지 못하는 데에 대한 무력감(helplessness)에서 불안이 싹트는 것이다. 이 무력감 상태의 불안은 어떠한 목적이나 대상이 명확하게 인식되기도 하지만 정확하게 지적해 내기 어려운 애매하고 모호한 것에 의해서 나타나기도 한다. 대상이나 목적이 명확하게 인식되든 되지 않든 anxiety라는 말은 독일어의 Bekumment 또는 Besorge라는 말로 이는 '우려하다, 마음을 아파하다, 무엇을 두려워하다, 염려하다'라는 뜻으로 근심하고 걱정하는 것을 뜻한다.

불안감 때문에 열심히 집중하여 일하기도 하고, 불안감 때문에 말과 행동을 삼가고 조심하여 안전을 유지할 수 있기도 하기 때문이다. 반면, 과거의 여러 가지 충격과 상처를 받아 과장되고 자기 파괴적인 불안증으로 끊임없는 걱정과 긴장의 삶을 산다면 전문적 심리치료를 통해 다른 합병증으로 심화되지 않도록 해야 한다. 그래서 늘 우리에게 다가오는 불안감과 위기감이지만 우리는 그것을 성숙하고 건설적인 삶의 기회로 만들어야 한다.

일반적 범주에 따른 불안에 대한 구분으로는 정상적인 불안 (normal anxiety)과 병적인 불안(pathological anxiety)이 있다. 정상적인 불안은 현실적으로 위험을 내포한 위협적인 상황에서 자연스럽고 적응적인 심리적 반응으로 나타나는 불안을 의미한다. 반면에 병적인 불안은 불안반응이 부적응적인 양상으로 작동하는 경우를 말한다. 즉, 현실적인 위험이 없는 상황이나 대상에 대해서 불안을 느끼거나, 현실적인 위험의 정도에 비해 과도하게 심한 불안을 느끼는 경우이다. 이처럼 병적인 불안으로 인하여 과도한 심리적 고통을 느끼거나 현실적인 적응에 심각한 어려움을 겪는 경우를 불안장애(anxiety disorders)라고 한다(Kendall, 2002).

2) 불안의 원인

현대 신경생물학자들은 '청반(locus coeruleus)'이 불안의 생물학적 장소라고 말하고 있다. 그리고 벤조디아제핀(Benzodiazepine)계 약물이 불안을 감소시킨다는 사실이 발견되면서, 이와 관련된 신경전달물질인 GABA(gamma-amino butyric acid: 감마아미노부티르산)에 의해 활성화되는 억제신경이 불안의 원인이라고 한다. 게리 콜린스(Gary R. Collins)는 불안의 원인에 대해서 위협, 갈등, 두려움, 충족되지 않은 욕구들이라고 하였으며, 정신역동적 입장에서는 성격구조간의 역동적 불균형에 의해 경험되는 부동불안(free-floating anxiety)에서 불안문제가 기인된다고 보고 있다. 그리고 행동주의적 입장에서는 불안은 환경자극에 대해서 조건형성된 학습의 결과로 보고 있으며, 인지적 입장에서는 불안한 사람들은 자신들이 위험에 처해 있다고 지각하는 경향이 있다고 본다.

성서는 불안의 원인에 대해서 불필요한 염려 때문에 일어난 현상과 실제로 일어난 일 때문에 염려함으로 발생되는 현상으로 말한다. 그러므로 예수님은 산상수훈을 통해서 불안의 원인이 되는 기본적인 필요에 대해서 염려하지 말라고 가르친다(마 6:25-34). 그리고 바울과 베드로 또한 염려에서 비롯된 불안적인 요소들을 하나님께 맡겨야 한다고 하였다.

3) 불안의 증상

불안의 신체적 증상으로는 위궤양, 두통, 가려움증, 등결림, 배탈, 가슴통증, 수면장애, 피로와 식욕상실 그리고 혈압의 변화와 근육긴장, 소화기의 화학적 변화 등이 발생하며 이런 증상들이 오래 지속될 경우에는 심각한 해를 끼치게 된다.

행동적 증상으로는 약물을 사용하거나 불안의 깊이와 실제를 부인하고, 수면으로 불안을 피해보려고 하거나 작은 자극에 분노하며, 특별한 이유 없이 싸우거나 다른 사람을 탓하기도 한다. 이 외에도 비관주의, 완벽주의, 불확실성에 대한 인내력 부족, 문제해결에 대한 자신감 부족 등이 나타난다.

기본적인 임상특징은 광범위하고 지속적인 불안으로써 어떤 특정한 환경조건에 한정되거나 또는 이들 환경조건에서 특히 강력하게 나타나는 불안이 아닌 경우를 말한다. 다른 불안장애와 마찬가지로 증상은 매우 다양하지만 지속적인 신경과민의 느낌, 전율, 근육긴장, 발한, 두중감(頭重感 : 머리가 무거운 느낌), 심계항진(心悸亢進: 두근거림, Palpitations), 어지럼증 그리고 위 상부(胃 上部)의 불쾌감 등을 호소한다. 환자 자신이나 친척이 곧 병들거나 사고를 당하게 될 것이라는 두려움이 자주 언급이 되고, 이와 함께 다양한 여러 가지 근심과 예감이 표현된다. 이 장애는 여성에서 더 흔하고, 만성적인 환경적 스트레스와 관련된 경우가 많다. 경과는 다양하고 변동이 심하며 만성화되는 경향이 있다.

4) 불안지수를 낮춤으로 행복 만들기

불안 문제에 대한 현재 가장 활발하게 사용되고 있는 치료는 정신역동 심리치료와 인지행동치료 그리고 약물치료를 병행하는 것이다. 범불안장애를 치료하기 위해서 많이 사용되는 약물은 벤조디아제핀(Benzodiazepine) 계열의 약물이다. 이러한 약물은 자극에 대한 과민성을 저하시키고, 사고와 행동을 감소시키는 진정효과를 나타내지만 몇 가지 문제점을 가지고 있다. 우선, 일부 환자에게는 진정한 효과가 잘 나타나지 않으며, 다량으로 복용하면 인지적, 행동적 기능을 저하시켜 공부나 일상 활동을 곤란하게 만든다. 또한 장기 복용하는 경우에는 내성이 나타날 뿐만 아니라 신체적, 심리적 의존이 생겨 약물을 중단하기 어려우며 복용을 중단하면 여러 가지 금단현상이 나타난다. 그래서 가바드

(Gabbard)는 항불안제가 불안을 감소시키거나 없앨 수는 있지만, 결국은 일시적인 해결책일 뿐이라고 하였다. 그리고 가장 큰 문제점은 약물을 계속 복용하고 있을 때에만 효과가 유효하기 때문에 약물치료를 통해서는 불안을 야기한 숨겨진 요인을 밝혀낼 수 없다고 보았다.

인지행동기법을 통한 불안지수 낮추기는 불안감정을 가지고 있는 대상에게 걱정과 관련된 인지적 요인들을 이해시킨 후 걱정이라는 내면적인 사고과정을 자각하여 관찰하도록 격려하는 것이다. 즉, 자신이 언제 어떤 내용의 걱정을 얼마나 오랫동안 하는지를 관찰하여 '걱정사고 기록지'에 기록하게 한다. 그리고 흔히 경험하는 주된 내용의 걱정을 떠올리게 하여, 이러한 걱정이 과연 현실적인 것이며, 효율적인 것인지에 대해 구체적인 논의를 한다. 이 과정에서 불안감을 가지고 있는 대상에게 걱정의 비현실성과 비효율성을 인식하게 하는 동시에, 걱정에 대한 긍정적 신념 역시 수정하게 한다. .아울러 걱정이 떠오를 경우에 이를 조절하고 대처하는 방법을 습득시킨다. 인지행동기법과 더불어 불안지수를 낮추기 위한 과정으로 감정표현과 적극적 경청, 공감적 이해, 긍정적 존중, 목표제시와 지침제공, 불안탈피 프로그램이 활용될 수 있다.

감정표현과 적극적 경청

불안과 염려에 놓여 있는 사람들에게 충분히 자신의 감정을 표현할 수 있도록 도와주며, 적극적인 경청을 해야 한다. 특별히 두려움을 표현할 때 가로막거나 지시하지 않도록 주의해야 한다. 불안장애를 가지고 있는 사람에게 "염려할 것 없다"라는 식의 지시로는 그들의 근본적인 문제를 해결할 수가 없다.

공감적 이해

불안에 처한 사람들을 돕기 위해서는 피상적으로 그들의 불안 심리를 바라보는 것이 아니라, 공감을 통해서 불안을 이해해야 한다. 공감을 통해 그들을 이해하고 치료적 동맹관계가 결성되면, 불안문제를 갖고 있는 사람들로 하여금 내면의 불안에 대해서 통찰을 얻도록 도와주어야 한다.

긍정적 존중

불안문제를 가진 사람은 심리적으로 위축되어 있기 때문 긍정적으로 존중해주어야 한다. 그리고 그들이 가치 있는 존재임을 인식할 수 있도록 도움을 주도록 해야 한다.

목표제시와 지침제공

불안장애를 가지고 있는 사람에게는 불안을 극복할 수 있는 목표를 세우게 하고 극복하게 하는 과정에 대해서 구체적인 지침을 마련해주는 것이 필요하다. 이러한 목표와 실행과제를 수행하기 위해서는 불안을 인정하고 불안을 극복할 수 있는 훈련을 하며, 자신을 향한 모든 관심을 다른 사람을 돕는데 에너지화시키도록 해야 한다. 그리고 기도훈련을 통하여 불안으로부터 해방감을 체험하게 하며, 일시적이고 가변적인 것이 아닌 영원한 것에 관심을 가지도록 한다.

불안 탈피 프로그램 활용

불안으로부터 탈피할 수 있는 프로그램에 적극적으로 참여하도록 한다. 음악을 듣게 하거나, 적당한 운동과 적당한 수면, 자신의 감정을 다른 사람에게 말하기, 미리 염려하지 않기, 염려 시간 제한하기 등의 프로그램들을 구체화하고 적극적으로 실행하도록 한다.

【 불안지수 검사 】

본 검사는 Beck이 제작한 자기평가 불안척도이다. 각 문장을 자세히 읽어보고 오늘을 포함해서 지난 한 주 동안 자신의 상태를 가장 잘 나타낸다고 생각되는 번호에 표시하여 주기 바란다.

불안 평가 문항	전혀 느끼지 않았다. 1	조금 느꼈다. 2	상당히 느꼈다. 3	심하게 느꼈다. 4
1. 가끔씩 몸이 저리고 쑤시며 감각이 마비된 느낌을 받는다.				
2. 흥분된 느낌을 받는다.				
3. 가끔씩 다리가 떨리곤 한다.				
4. 편안하게 쉴 수가 없다.				
5. 매우 나쁜 일이 일어날 것 같은 두려움을 느낀다.				
6. 어지러움(현기증)을 느낀다.				
7. 가끔씩 심장이 두근거리고 빨리 뛴다.				
8. 침착하지 못하다.				
9. 자주 겁을 먹고 무서움을 느낀다.				
10. 신경이 과민 되어 왔다.				
11. 가끔씩 숨이 막히고 질식할 것 같다.				
12. 자주 손이 떨린다.				
13. 안절부절못해 한다.				
14. 미칠 것 같은 두려움을 느낀다.				
15. 가끔씩 숨쉬기 곤란할 때가 있다.				
16. 죽을 것 같은 두려움을 느낀다.				
17. 불안한 상태에 있다.				
18. 자주 소화가 잘 안되고 뱃속이 불편하다.				
19. 가끔씩 기절할 것 같다.				
20. 자주 얼굴이 붉어지곤 한다.				
21. 땀을 많이 흘린데(더위로 인한 경우는 제외).				

출처: Beck 자기평가 불안척도

총점: 점

22점 ～ 26점: 불안상태(관찰과 개입을 요함)
27점 ～ 31점: 심한 불안 상태
32점 이상: 극심한 불안 상태

제 5 장

힐링과 행복을 위한 소통 코칭

1. 의사소통 코칭

2. 직장 내의 소통 코칭

3. 친구와의 소통 코칭

4. 이성친구간의 소통 코칭

5. 부부간의 소통 코칭

6. 부모와 자녀의 소통 코칭

chapter 5 힐링과 행복을 위한 소통 코칭

1. 의사소통 코칭

1) 의사소통의 의미

의사소통(communication)에 대한 정의는 95개나 될 정도로 다양하지만 종합하면, 의사소통이란 두 사람 이상의 사이에서 언어, 비언어적인 수단을 통하여 감정, 태도, 사실(정보), 신념, 생각 등을 전달하는 과정이다(이재창, 임용자, 2002).

일반적으로 사람들은 깨어 있는 동안 70-80%의 시간을 어떤 형태로든 의사소통을 하면서 보내며, 그 중에서도 45%의 시간을 듣는데 소비한다(설기문, 2000). 의사소통을 잘한다는 것은 말하는 사람이 정보를 정확히 잘 전달하며, 듣는 사람은 상대방의 말을 정확히 잘 알아듣는 것을 의미한다. 이러한 의미에서 볼 때 의사소통을 잘하는 사람은 일반적으로 좋은 인간관계를 형성, 유지하는 능력을 지닌 것으로 생각할 수 있다.

2) 의사소통의 유형

사람들이 다른 사람에게 자신의 의사를 전달하는 방법은 단순히 말로 한다거나 글로 전하는 것 이외에도 매우 다양한 방법들이 있다. 말로 생각을 전달하기도 하고, 글을 써서 자신의 의사를 표현하기도 하며, 얼굴표정으로 느낌을 나타내기도 하고, 눈빛으로 감정을 전달하기도 하고, 행동으로 반응하기도 한다. 그리고 그림, 음악, 몸동작, 시적인 표현 등으로 자신의 의사를 표현하고 소통하려고 한다. 이렇듯 생각보다 다양한 수단이 의사소통에 동원된다. 이러한 다양한 의사소통은 언어적 의사소통(verbal)과 비언어적 의사소통(nonverbal)으로 크게 구분할 수 있다.

언어적 의사소통은 인지적 · 감정적 메시지가 단어나 억양, 말의 속도 등에 의해서 전달된다. 언어적 의사소통은 말하기와 쓰기로 정보를 교환하는 것으로, 이때 언어는 사람들이 정보를 효율적으로 나눌 수 있도록 단어를 사용하여 생각과 감정을 표현하는 수단이 된다.

그리고 비언어적 의사소통은 문자를 포함하여 언어적인 의사소통을 제외한 그 밖의 모든 것을 통한 의사소통으로 일반적으로 언어적 의사소통 방법보다 훨씬 많은 방법을 가지고 있다. 그림, 사진 등의 도구를 포함하여 목소리(음조, 억양, 크기), 얼굴표정, 몸짓, 손짓, 자세, 신체적 접촉 등이 이에 해당하며, 이 비언어적 의사소통은 효과적인 의사소통을 위해서 매우 중요하다. 미국의 사회학자 메라비언(Meharabian, A. 1969)이 조사한 바에 의하면 의사소통에 있어서 말이 차지하는 비중이 7%, 목소리(음조, 억양, 크기) 등이 38%, 비언어적인 태도가 55%에 달한다고 한다. 정도 차이는 있지만 실제로 대화하는 상황에서 비언어적 수단에 의한 의사소통이 언어적 수단에 의한 것보다 훨씬 크다는 것을 알 수 있다. 예를 들면 "조용하세요!"라고 말하며 입술에 손가락을 갖다 대는 비언어적 표현이 언어적 표현을 보조하거나 대체하는 역할을 하는데, 이런 행위가 음성언어보다 더 효과적인 경우를 실생활에서 많이 찾아볼 수 있다. 특히 우리나라는 이러한 비언어적 의사소통의 활용이나 중요성을 강조하는 문화를 가지고 있다. 이심전심(以心傳心)의 마음을 중요시 한다는 것이 바로 비언어적 의사소통으로 의사전달이 이루어진다는 것을 뜻하는 것이고 이를 통한 인간관계가 매우 중요한 부분이라는 뜻일 것이다. 알아서 눈치껏 상대방의 마음을 이해하는 능력은 우리 사회에서는 매우 중요한 재능 중에 하나라고 말할 수 있고, 눈치가 없는 사람은 재능이나 센스도 없는 사람이라고 평가하는 경향도 있다. 그래서 눈치 없는 사람이라는 소리를 들을 경우 매우 불쾌하게 여기는 이유는 여기에 있다고 볼 수 있다.

3) 사티어의 의사소통 유형

사티어(Virginia Satir, 1972)는 임상활동을 하면서 사람들이 긴장시에 사용하는 의사소통과 대처방식에 관심을 가지고 관찰해 왔다. 그 가운데 사람들이 공통된 방법으로 긴장을 처리하는 것을 발견하게 되었다. 그는 역기능적 의사소통 방식으로 회유형(placating), 비난형(blaming), 초이성형(super-resonable) 그리고 산만형(distracting)

으로 명명하였다. 이 유형들은 사람들이 긴장시에 사용하는 역기능적인 의사소통 및 대처유형으로 일종의 생존유형이라고 할 수 있는데, 일반적으로 자아존중감이 낮으며 불균형적인 상태에 있을 때 사용한다. 그리고 기능적인 방식으로 일치형(Cingrnent)을 말하고 있다.

(1) 회유형(placating)

회유형은 자신의 내적 감정이나 생각을 무시하고 타인의 비위에 맞추려는 성향을 말한다. 회유형은 다른 사람들의 의견에 동조하고 비굴한 자세를 취하며, 사죄와 변명을 하는 등 지나치게 착한 행동을 보인다. 이러한 성향으로 인해 회유형의 대처방식을 보이는 내담자는 소화기관의 장애나 편두통의 질병을 호소할 수 있다. 이들의 자원은 돌봄, 양육, 예민성 등이다.

(2) 비난형(blaming)

비난형은 회유형과 정반대 유형으로 타인을 무시하는 성향을 보인다. 비난형은 자신이 힘있고 강한 사람임을 다른 사람이 인식하게 하려고 노력하며, 타인의 말이나 행동은 비난하고 통제하며 명령하는데 외면적으로는 공격적인 행동을 보이나 내면적으로는 자신이 소외되어 있으며 외로운 실패자라고 느낀다. 회유형이 자신을 굴복시키는 것과는 상대적으로 비난형은 계속해서 잘못을 찾아내고, 상대방의 요청을 거절하는 경향이 있다. 비난하는 사람은 호흡이 빠르고 얇으며 근육과 내장기관들은 긴장해 있고 혈압이 올라가는 등의 심리적 반응을 보이므로 비난형의 내담자는 근육긴장, 요통, 긴장성 두통과 같은 신체적 증상을 보인다.

또한 편집증과 고혈압과 같은 혈액순환장애를 보일 수 있다. 이들의 자원은 주장성, 지도력 그리고 에너지이다.

(3) 초이성형(super-resonable)

초이성형은 자신과 타인 모두를 무시하고 상황만을 중시한다. 규칙과 옳은 것만을 절대시하는 극단적인 객관성을 보인다. 또한 매우 완고하고 냉담한 자세를 취하고 독재적인 행동을 한다. 그러나 내면적으로는 쉽게 상처받고 소외감을 느낀다. 초이성형은 의사소통을 할 때 가능한 한 결함없이 말하고 생각하려고 하며, 아주 자세히 말하고 길게 설명한다. 듣는 사람이 이해를 못해도 상관하지 않으며 자신의 견해를 뒷받침하기 위해 조사 자료를 인용함으로써 자신이 항상 옳다는 것을 증명하기를 원한다. 이러한 성향으로 우울증, 강박증, 사회적 철회 등과 같은 심리적 증상과 암, 심장마비와 같은 신체적 증상이 나타날 수 있다. 이들의 자원은 지성, 세부사항에 대한 주의 집중과 문제해결 능력이다.

(4) 산만형(distracting)

산만형은 자신, 타인, 상황 모두를 무시한다. 따라서 접촉하기가 가장 어려운 유형이다. 산만형은 위협을 무시하고, 마치 위협이 존재하지 않는 것 같이 행동하므로 주의를 혼란시킨다. 또한 행동과 말은 다른 사람의 행동이나 말과는 무관하기 때문에 말이 되지 않는 이야기를 하며, 정서적으로 매우 혼란스러운 상태를 보이고 산만한 행동을 보인다. 내면적으로는 아무도 나를 걱정해주지 않으며, 나를 받아들이는 곳이 없다고 생각하여 무서운 고독감과 자신의 무가치함을 느낀다. 신경성 장애, 위장 장애, 편두통 등의 질병을 보일 수 있다. 이들의 자원은 유머, 자발성, 창조성, 융통성이다.

(5) 일치형(congruent)

의사소통의 다섯 번째이면서 유일하게 기능적인 유형은 일치형 (congruent)으로, 의사소통의 내용과 내면의 감정이 일치하는 것을 말한다. 매우 진솔한 의사소통을 하며, 알아차린 감정이 단어로 정확하며 적절하게 표현된다. 매우 생동적이고 창조적이며, 독특하고 유능한 행동 양식을 보인다. 내용과 감정이 일치성 있게 반응하는 것은 다른 사람이나 상황을 조정하거나 자신을 방어하며 다른 사람을 무시하려는 목적이 있는 것이 아니라, 진정으로 자기 자신이 되어 다른 사람과 관계를 갖고 접촉하며, 직접적으로 사람과 연결을 맺는 것을 의미한다. 일치형의 사람은 높은 자기 가치감을 갖고 있으며, 심리적으로나 신체적으로 건강한 상태에 있다. 일치형의 자원은 높은 자아존중감이다. 사티어의 중요한 치료목표는 자기가치 수준의 향상으로, 이는 일치적인 의사소통을 돕는다.

【 사티어(satir)의 의사소통 유형 】

의사소통 유형	주요 언어 표현	내적 정서상태	주요 행동	해 설
회유형 (Placater) 자신 무시, 타인과 상황 존중	• "모두 내 잘못입니다." • "당신이 없으면 나는 아무것도 아닙니다." • "당신의 말은 무엇이든 옳습니다. 나는 오직 당신을 기쁘게 하기 위해 여기 있습니다."	• "나는 쓸모없고, 사랑받을 만하지 못하다." • "어떤 일이 있어도 다른 사람의 기분을 상하게 해서는 안 된다." • "나는 구제 불능이다."	• 사랑과 행동, 비굴하게 간청하는 듯한 행동 • 남 앞에서 너무 잘하려는 행동 • 대부분의 남의 요구에 '예'로 응답하는 행동	• 일치형 의사소통을 하는 사람에게는 잘통하지 않음(역겨움, 모멸감을 느끼게 함) • 비난형의 사람이 이 유형의 사람을 받아들이기 쉬움

의사소통 유형	주요 언어 표현	내적 정서상태	주요 행동	해　설
비난형 (Blamer) 타인 무시, 자신과 상황 존중	• "당신, 잘하는 일 이 하나도 없군." • "어떻게 된거야?" • "이 모든 것이 당신 때문이야."	• "나는 외롭다." • "나는 나의 자존 감을 노출시켜 서는 안된다." • "나는 실패자다."	• 삿대질, 상대 흠잡기, 독선적 판단, 상대방 의견의 묵살, 공격적 행동(강 간, 학대 등)	• 취약한 자신을 보호가기 위해 타인과 주변 환 경을 괴롭히고 비난함 • 상대방이 당당 하고 강하게 나 오면 쉽게 무너 져내림
초이성형 (superresonable) 자신과 타인 무시, 상황 존중	• "최근의 연구자 료에 의하면…" • "객관적 사실과 정확한 논리에 의해 판단해 본 다면…"	• "나는 상처받기 쉽다." • "나는 완벽한 내 모습을 나타내 보여야 한다." • "감정은 나약한 것이다." • "사람은 어떤 상 황에서도 냉정하 고 침착하며 온 전한 모습을 보 여야 한다."	• 단조로운 목소 리, 경직된 태도, 기계나 컴퓨터 같은 인상	• 완벽하게 생각하 고 표현하기 위해 복잡하고 현학적 인 용어를 사용하 며 미세한 사실을 정확하게 설명하 려는 성향이 있음 • 주변의 타인이 나 전체사회와 거리를 두고 고 립되는 경향이 있음
산만형 (Irrelevant) 자신, 타인, 상황 모두 무시	• 상황과 동떨어진 말을 함 • 현재 진행되고 있 는 화제와 전혀 다 른 말을 꺼냄	• "나에게 신경쓰는 사람이 아무도 없다." • "내가 설 자리가 없군."	• 끊임없이 움직임 • 한 대화 주제에 오래 머물지 못함 • 몸의 일부분을 지 속적으로 움직임	• 재미있고 익살스 러운 모습과 혼 동됨 • 초이성형과 정반 대의 모습임 • 주의를 끌기 위 해 행동함
일치형 (Congruent) 자신, 타인, 상황 모두 존중	• 언어적 메시지와 억 양, 표정, 자세, 내부 정서 등이 일치함 • 언어에 진솔한 감 정이 묻어남 • 직접적 의사소통을 함	• "나는 나의 본연의 모습과 감정에 충 실하다." • "타인과 주변 상황도 충분히 존중되어야 한다."	• 자신감, 원만함, 친근감, 창의성, 정직성, 독특성	• 남을 통제, 무시, 공겨하거나 자신 을 방어하기 위해 서가 아니라 자신 이기를 선택하고, 타일과 연결되기 위함임

4) 의사소통 기술

하나님께서 동물은 소리로, 인간에게는 언어를 통하여 의사소통을 하도록 창조했다. 그래서 우리는 하루에도 수많은 사람들과 다양한 방법을 통해서 의사소통을 하면서 살고 있다. 의사소통이 원활해야 갈등 없이 순조롭게 인간관계나 조직이 유지된다. 한국고용정보원에서 608개 직업에 종사한 2만 1,700명을 대상으로 조사한 결과를 보면, 연봉이 높은 사람들은 낮은 사람보다 의사소통 부문에서 점수가 크게 높은 것으로 나타났다. 누구나 의사소통을 잘하면서 살아가고 싶어 한다. 그러나 의사소통이 잘 교류되기는 결코 쉽지 않다. 따라서 현대인들의 갈등해소를 위해서 필수적인 요소가 바로 의사소통의 기술이다. 건강한 대화를 통해서 서로의 마음이 교류되고 오해가 풀리면 갈등의 문제가 해결된다. 원만한 의사소통을 위해서는 한 가지만 잘해서는 안 되며 서로 보완관계에 있는 언어와 비언어적 표현을 적절히 조화하여 의사전달의 효과를 극대화해야 한다. 내가 말하고자 하는 내용을 언어로써 분명히 전달해주어야 하며 내 의사를 다양한 비언어적 행위들로 표현해줘야 하는 것이다. 언어적 의사소통과 비언어적 의사소통을 중심으로 의사소통 기술을 살펴보면 다음과 같다.

(1) 언어적인 의사소통 기술
① 공감적 이해력을 높이라

의사소통에서 말하는 사람과 듣는 사람 사이의 심리적 관계 형성(rapport)의 여부는 매우 중요하다. 서로 위협이 없는 안전한 분위기가 될 때 자신을 열고 깊은 대화를 할 수 있으며, 열린 대화를 통해서 서로의 성장을 돕는 촉진적 관계가 이루어질 수 있다. 특별히 심리적 거리를 좁히는 대화를 위해서 공감적 이해 (empathic understanding)가 필요하다. 헬라어에서 공감은 '안에서 고통 받음(suffering in)' 이라는 뜻을 가지고 있다. '공감(共感)' 이라는 용어는 문자 그대로 서로 함께 느끼는 것으로써 상대방의 심리 속으로 들어가서 자신의 감정처럼 느끼는 것이다. 이것을 일컬어 '감정이입' 이라고도 하는데, 이것은 상대방이 말하는 동안 그의 감정 속으로 '느껴 들어가는 것(feeling into)' 을 뜻한다.

② 상대방의 말을 잘 경청(Listening)하라

경청은 단지 소리를 듣는 행위가 아니라 소리를 마음에 담는 것이다. 우리들은 날마다 수많은 소리를 들으면서 산다. 그 중에 대부분은 마음에 담기보다는 흘려보내는 경우가 많다. 경청은 다른 사람과 대화를 할 때 자신이 필요한 정보만 듣거나, 자신에게 유리한 말이나 필요한 말들만 선별해서 듣는 것이 아니다. 건설적인 대화를 위해서는 적극적인 경청을 통해 상대방의 말을 정확하게 파악하고 이해하는 과정이 매우 중요하다. 그렇다면 적극적인 경청의 요소들은 무엇인가?

첫째, 경청은 이해하기 위해서 듣는 것이다. 경청의 목적은 상대방의 약점을 잡아서 내가 이기기 위함이 아니라 상대방이 생각하고 느끼는 것이 무엇인지를 배우고 이해하기 위함이다. 이를 위해서는 우선적으로 상대방의 말을 이해하고자 하는 의지가 있어야 한다. 상대방이 표현하는 말을 이해하고자 하는 관심이 없으면 경청하는 것이 불가능하다. 갈등하는 상대방의 말을 진지하게 경청하지 못하게 하는 요소 중 하나는 경청하는 것이 곧 상대방의 말에 동의한다는 오해 때문이다. 그러나 이해하려고 경청하는 것이 상대방의 말에 동의한다는 의미가 아니라 상대방을 존중하고 진지하게 여긴다는 표현이다. 상대방의 말을 진지하게 듣는 것 자체가 갈등해소에 직접적인 영향을 준다. 조용히 경청하는 자세는 진정한 겸손을 보여주며 자신의 유익만 구하는 것이 아니라 상대방의 유익도 구하고 있음을 나타낸다. 이러한 자세는 상대방의 닫힌 마음의 문을 열게 하며 상호존중의 분위기를 만든다.

둘째, 경청은 상대방이 말하는 동안 인내를 가지고 기다려주는 과정이다. 많은 경우에 상대방의 말을 끝까지 듣지 않고 성급하게 상대방의 말을 중단시킬 때가 많다. 특히 제한된 시간에 대화를 하거나 상대방의 말에 동의하지 않는 내용이 있을 때 상대방의 말이 끝나기도 전에 급하게 상대방의 잘못을 지적하고 반론을 펼치기도 한다. 이러한 성급한 대응은 대화의 분위기를 험악하게 만들고 문제의 핵심을 파악하고 해결하는 대신에 서로의 말에 감정적으로 대응하게 만든다. 상대방의 말을 끝까지 듣기 위해서는 성급하게 결론을 내리지 말아야 한다. 사람의 생각은 표현하는 말보다 3-5배 정도 빠르게 진행되기 때문에 상대방의 말이 끝나기도 전에 스스로 결론을 내리고 단정해 버리게 된다. 그러므로 경청 중에는 의지적으로 생각을 절제하고 상대방 말에 집중할 수 있도록 훈련해야 한다.

기본적인 경청의 자세를 SOLER로 설명하면 다음과 같다.

S(Face the person Squarely) - 마주 보라. 상대방과 서로 얼굴을 보는 행위는 상대방에 대한 관심을 보여준다.

O(Adopt an Open posture) – 열린 자세를 가지라. 팔짱을 끼거나 다리를 꼬기 보다는 팔을 편하게 벌리고 열린 자세를 보임으로 상대방을 환영하고 받아들인다는 메시지를 준다.

L(Lean toward the person) – 상체는 상대방을 향하라. 상체를 상대방을 향할 때 상대방에 대한 적극적인 관심을 나타낸다.

E(Maintain good Eye contact) – 눈을 맞추라. 눈을 맞추는 행위는 문화에 따라서 차이가 있다. 서양에서는 대화할 때 눈을 맞추는 행위가 매우 중요하다. 동양 문화 특히 한국문화에서는 어른과 대화할 때 눈을 바라보면 도전적이고 반항하는 행위로 간주된다. 그러나 일반적으로 말하는 상대방의 얼굴에 시선을 두는 것은 상대방의 말을 집중하고 있다는 메시지를 준다.

R(Try to be relatively Relaxed) – 긴장하지 마라. 경청자가 긴장하면 말하는 사람을 불안하게 만들고 의사소통을 방해한다. 편안한 마음을 갖는 것이 필요하다.

이 외에도 적극적 경청의 비언어적인 표현으로는 고개를 끄덕이는 행위나 상대방의 말에 '음, 그래요, 그렇군요'라고 반응하는 것들이 있다. 그리고 적극적인 경청을 위해서는 상당한 노력이 필요 한데 다음 10가지를 주의 할 필요가 있다. ㉠미리 판단하지 말아야 한다. ㉡자신의 생각을 덧붙이지 않는다. ㉢내가 들은 것이 상대방이 이야기한 것의 전부라고 생각하지 말아야 한다. ㉣상대방의 이야기를 다른 방향으로 유도하지 않는다. ㉤사고방식이나 가치관이 자신과 다르더라도 마음을 닫지 않아야 한다. ㉥이야기한 내용을 다른 의미로 해석하지 말아야 한다. ㉦말이 끝나기도 전에 대답하거나 대답을 준비하지 않는다. ㉧상대방의 말을 끝까지 듣는다. ㉨상대방의 말을 올바르게 듣는데 두려움을 갖지 않는다. ㉢공평하게 서로의 말을 듣는다.

③ 반영기술

감정의 재진술인 반영(reflection)은 대상자의 생각, 느낌, 행동 등을 거울처럼 비추어 되돌려 주는 기술을 말하는 것이다. 반영은 대상자의 감정을 정확하게 헤아려줌으로써 마음의 문을 여는 섬세하고도 중요한 기술이다. 그리고 반영은 대상자의 언어적 행동뿐만 아니라 비언어적 행동에 대한 세심한 관찰을 통해 감정 상태를 읽어 줄 수 있다는 점에서 치료적 효과가 높은 기법이다. 반영을 하는 요령은 먼저 대상자의 감정 상태와 그 감정의 원인을 탐색하여 공감하고 이해한다. 그리고 대상자의 욕구를 파악하여 다음과 같은 형식으로 내담자에게 되돌려 준다. 즉, 반영은 "당신은 ~(사건, 상황, 사람, 생각) 때문에 ~(기분, 느낌, 감정)을 느끼시는군요. 당신은 ~하기를 원하는데"라는 형태를 취한다. 여기서 문장의 순서는 얼마든지 바꾸어서 진술할 수 있다.

④ 긍정적으로 지지하라

긍정적 지지(positive support)는 상대방의 문제를 긍정적으로 이해하는 것을 의미한다. 상대방의 관심사를 대수롭지 않게 여기거나 속되다고 정죄해 버리고, 상대방이 잘못되었다고 쉽게 단정해 버리면 관계가 더 이상 진전되기가 어렵게 된다. 사람들은 비판의식이 강한 사람들과는 대화를 하지 않으려는 성향이 있다. 가정에서도 비판 의식이 높은 부모에게는 자녀들이 자신의 문제를 쉽게 드러내지 않는다.

이를테면 한 임신한 여성이 출산을 앞두고 염려와 불안이 지나

쳐서 괴로워하다가 남편에게 이야기를 하게 되었다고 했을 때, 남편이 아내에게 "아니, 이 세상의 절반이 여자고 여자라면 누구든지 아이를 낳는데 뭘 그렇게 겁을 내? 그건 쓸데없는 걱정이야"라고 말한다면 아내는 더는 할 말도 없고 대화는 계속 진행되기 어려울 것이다. 긍정적 지지란 아내의 입장에서 그의 마음을 이해하면서 "출산을 앞두고 많이 불안하고 힘들지? 나도 기도하고 있으니 힘을 내"라고 이야기 해줄 수 있어야 하고 상대방을 심리적으로 지지해주어야 한다는 것이다. 배우자가 슬픔에 빠져 있다면 "얼마나 슬프겠는가?"에 대한 긍정적 지지를 나타내주고, 배우자가 고통스런 일을 당했다면 "얼마나 고통스러운가?"에 대한 긍적적 지지를 해주어야 한다. 또 배우자가 울고 있으면 "그것은 참으로 슬픈 일일 수 있다."고 지지해주어야 한다. "뭐 그런 걸 가지고 우느냐?"고 하면 상대방의 마음은 닫히게 되고 대화는 더 이상 진행하기 어렵게 된다. 긍정적 지지는 대화뿐 아니라 상담에 있어서도 기본적인 테크닉이다. 대화의 시작은 이처럼 "그럴 수 있다"고 생각하는 자세에서 시작될 수 있는 것이다. 자신의 생각에 '세상에 그럴수가...' 하는 입장을 가지고 있다면 누가 그에게 자신의 문제를 털어 놓을 수 있겠는가? 누구든지 문제를 당하는 사람에게 있어서는 항상 어렵고 힘든 것이다. 문제에 직면해 있지 않은 사람은 다른 사람의 문제를 볼 때 별로 어려운 문제가 아니라고 생각하지만 문제에 직면해 있는 사람은 자신의 문제가 이 세상에서 가장 해결하기가 어렵고 힘든 것이라고 생각한다. 그것을 긍정적으로 지지해줄 때 대화의 상대자는 편안함을 느낄 것이다.

⑤ 칭찬과 격려하라

사람은 지적에 의해서 바뀌는 것이 아니라 칭찬과 격려를 통해서 바뀐다는 말이 있다. 칭찬은 가장 빠르게 자신감과 행복감을 갖게 하고 자석처럼 서로 끌어 당겨 하나가 되게 할 뿐 아니라 불가능도 가능하게 만드는 위대한 힘이 있다. 칭찬과 비난은 상반된 위치에 있어 칭찬의 무게가 커지면 비난의 무게는 자연히 줄어든다.

의사소통에서 칭찬과 더불어 격려(encouragement) 또한 중요하다. 격려는 개인들이 삶에 대처하는 긍정적인 태도를 증진시켜 행동과 도전을 할 수 있도록 돕는 행위이다. 격려는 "당신은 무척 좋아졌습니다.", "당신은 참 잘하셨습니다.", "당신은 많이 발전하고 있습니다." 등의 말로써 상대방을 치켜세워 주고 가능성을 강조하는 가운데 상대방의 의지를 장려시켜 주는 방법이다. 일반적으로 사람들은 꾸지람보다는 칭찬 듣기를 더 좋아하기 때문에 이러한 방법은 사람을 변화시키는데 큰 힘을 가지고 있다. 그리고 열등감이 강한 사람일수록 격려 받고자 하는 강도가 크기 때문에 피해의식에 젖어 있는 사람에게는 이런 방법의 대화가 필요하다. 이때 격려와 책망을 동시에 하게 될 경우 격려를 먼저하고 책망을 나중에 해야 효과가 더 있다. 또한 격려는 길고 구체적이어야 효과가 있는데, 그 방법은 과거 행동이나 사실에 기초하여 하는 것이다. 또한 직접적인 격려도 좋지만 제3자로 하여금 격려하게 하는 것도 매우 좋은 격려의 방법이다.

⑥ 개방적 질문을 사용하라

상대방에게 적절하게 질문을 할 수 있다는 것은 상호간의 대화가 생산적이고도 바람직한 방향으로 나아갈 수 있음을 뜻한다.

그러나 질문할 때 주의해야 할 점은 "왜~"로 시작하는 문장은 사용하지 말아야 한다. "왜~"로 시작하면 혼란스러운 대답을 유도하기 때문에 되도록 피해야 한다. 즉, "왜 당신은 그런 일을 했어요?", "왜 당신은 늦었지요?", "왜 당신은 항상 그런 식으로 행동합니까?"와 같은 질문은 결실 없는 대답만을 유도하기 쉽다.

여기에서 조금 형태를 바꾸어 "무엇"이라는 의문사를 넣어 상대방에게 질문하면 대화가 좀 더 부드럽고 효과적으로 진행될 것이다.

다음에 나오는 두 대화의 차이점을 비교해 보라.

"왜 당신은 내 이야기를 의심스러워하지?"
"모르겠어요. 단지 그런 생각이 들 뿐이에요."

"당신이 의심스러워하는 것은 어떤 이유에서일까?"
"아마도 나 자신이 확신이 없기 때문인 것 같아요"

우리가 "무엇"이라는 단어를 써서 질문을 한다고 해도 반드시 상대방의 대답을 얻을 수 있다는 보장은 없다. 그러나 이러한 식의 질문은 자연스러운 대화를 유도해 가는데 있어서 단도직입적으로 "왜"라는 말로 물어보는 것보다는 훨씬 효과적이다. 우리가 "왜"라는 질문으로 상대방과 이야기하다보면, 그는 추궁을 받는 느낌을 받기 때문에 움츠러들어 침묵을 지키기가 쉽다. 반면에 좀 더 완곡한 표현으로 "무엇이~"라고 질문을 하게 되면, 상대방에게 마음의 여유를 주고 서로의 대화가 계속될 여지를 만들어 준다. 이것을 다른 말로 개방적 질문(WHAT)과 폐쇄적 질문(WHY)이라고도 한다.

질문할 때 주의 사항

＊ 질문의 의도를 분명히 해야 한다: 질문을 길게 하면서 질문의 의도와 요지를 분명히 밝히지 못한다면 분명한 대답을 들을 수 없다. 또한 의문사 하나만을 던지는 무의미한 질문도 피해야 한다. 예를 들어 "왜 이렇게 국이 짜?", "왜 들어왔니?"와 같은 것이다. 이것은 상대방에게 당혹감과 혼란을 가져오고 대화가 끊어지는 중요한 요인이 된다.

＊ 자기주장을 내세우기 위한 질문을 피하라: 자기주장을 이끌어내려는 심문과도 같은 질문은 상대에게 압박감이나 모욕감을 줄 수 있다.

＊ 톱니바퀴 식 질문을 피하라: 꼬리에 꼬리를 무는 질문은 상대방으로 하여금 대화할 의욕을 상실하게 한다. 질문은 언제나 대화를 앞으로 이끌고 발전시키는 모습이 있어야 한다.

＊ 대답을 강요하지 말라: 질문은 반드시 대답이 있어야 하겠지만 대답을 강요해서는 안 된다. 오히려 상대방이 대답하지 않는 이유를 상대방의 비언어적 표현이나 분위기를 통해 찾아야 한다.

＊ 대답을 끝까지 들어라: 자신의 질문에 대해 상대방이 중언부언하며 길게 대답한다 할지라도 대답을 끝까지 들어야만 한다. "한국사람 말은 끝까지 들어봐야 안다"는 말도 있듯이, 그 대답은 말미에 언제든지 다르게 변할 수 있다. 따라서 상대방의 대답을 중간에 잘라서 말해서는 결코 안 된다.

⑦ 나 - 메시지(I-message)로 표현 하라

상대방이 나에게 무리한 요구나 무례한 태도를 보여서 내가 무시당했다고 느끼게 되고 기분이 상할 수도 있는 경우가 있을 수 있다. 그러나 상대방이 나의 불쾌한 감정을 간파하지 못하거나 혹은 잘못 알고 있다고 하더라도 원활한 인간관계를 위해서는 내가 느끼는 감정의 원인에 대한 진술, 자신의 감정 상태에 대한 정보, 타인의 행동과 행동 변화에 대한 바람을 포함하는 메시지를 상대방에게 정확하게 전달하여야 한다.

나 – 메시지(I-message)의 사용은 상대방의 감정을 상하게 하지 않으면서 자신이 하고자 하는 말을 상대방에게 정확하게 전달할 수 있게 한다. 나 – 메시지를 사용하면 상대방에게 공격적이지 않으면서 자신의 감정은 분명하게 전달되며, 오히려 상대방과의 관계를 개선시킬 수 있다.

⑧ 감정대화(Feeling-talk)를 하게 하라

감정대화(Feeling- talk) 또는 자기표현은 내면의 감정을 분명하고 직접적으로 사람에게 알리는 기술이다. 감정을 말로 표현함으로써 말하는 사람과 듣는 사람이 상황을 명확하게 이해하고, 부정적인 감정을 즉각 표현함으로써 갈등이 축적되는 것을 예방한다.

대화의 파국을 너무 미리 앞서 예상하는 것과 어떤 특정한 신념을 가지고 대화를 하게 되면 감정표현이 저해될 수 있다. 예를 들어 '큰 소리로 말하면 마음 약해 보일거야' '아내가 충격을 받을 거야' '내가 이성을 잃을 거야' '관계가 회복불능으로 악화될 거야' 등이 그것이다. 특히 남성은 대부분 이러한 생각을 갖고 있으며, 감정표현에 대한 굳은 인식 때문에 감정이 담긴 대화를 하기가 힘이 든다.

실생활에서 부부관계를 고민하는 사람들 중에서 감정대화의 필요를 더 많이 느끼는 쪽은 여성이다. 남성은 보통 이러한 기대를 충족하는 것을 힘들어하고, 아내가 왜 그렇게 감정대화를 중요하게 여기는가를 공감하지 못한다.

또 부모는 자녀에게 남자다운 것 또는 여자다운 것을 가르친다. 우리 문화에서 남자다운 것이란 적극성, 강인함, 경쟁심, 독립성 그리고 용기를 표현하는 것이다. 아들이 울거나 감성적으로 약한 마음을 표현하면 "다 큰 사내 녀석이 그러면 못쓴다."라고 야단친다. 감정을 표현하는 것은 여자나 하는 짓이고 남자다운 사람은 여성스러운 행동을 피해야 한다고 말한다. 반면에 여성은 분노의 감정을 직설적으로 표현하는 것이 숙녀답지 못한 행동이라고 교육 시키기도 한다.

하지만 이렇게 남성과 여성이 다르게 사회화 되었다는 사실을 인정하고, 자연스럽게 감정대화를 통해 발전적으로 표현하는 방법을 배워야 한다. 감정대화를 하려면 먼저 대화자는 자신의 감정을 느끼고 말로 표현할 수 있어야 한다. 그리고 상대방이 이해할 수 있도록 자신의 말을 편집한다. 마지막으로 상대방은 그 경험을 듣고 확인해줌으로써 감정대화가 반복될 수 있도록 만들어야 한다. 그러나 속마음을 모두 드러내기보다는 적당한 수준의 정직함이 필요하다.

(2) 비언어적 의사소통 기술

① 얼굴표정

얼굴표정은 개인의 감정을 표현하는 비언어적 수단이다. 버드 휘스텔(Birdwhistell, 1970)에 의하면 인간은 얼굴을 사용하여 무려 25만 가지 이상의 표정을 만들 수 있다고 한다. 얼굴 표정은 사람의 감정 상태와 태도를 가장 잘 드러내기 때문에 상대에 대한 첫인상은 그 사람의 얼굴 표정을 통해 가장 많이 얻을 수 있다고 한다. 즉, 표정은 전형적인 비언어적 행위의 표현인데 예를 들면 웃는 얼굴 표정은 기쁨, 즐거움을 뜻하며 우는 얼굴 표정은 주로 슬픔을 나타낸다. 이처럼 인간의 희로애락을 나타내는 얼굴 표정을 통해 우리는 타인의 정서에 대한 공감이 증가하며 감정이입이 더 잘 일어난다. 문화와 언어의 차이를 극복하는 가장 단순하면서도 효과적인 문화간의 의사소통 수단이 얼굴표정인 것이다

② 시선맞춤(eye-contact)

인체에서 눈은 중요한 역할을 하는 부위 가운데 하나이며 대화에서도 시선은 굉장히 중요하다. 일반적으로 '아이 컨택(eye-contact)'으로 불리는 시선맞춤은 상대에 대한 관심, 애정, 사랑 등을 표현한다. 상대와 대화를 주고받으면서 서로가 시선을 맞추지 않는 것은 상대방의 이야기가 지루하거나 무관심하다는 것을 의미한다. 또한 직접적으로 보지 않고 상대를 곁눈질을 한다든지 노려보거나 흘겨보는 것은 예의에 어긋난다.

③ 신체 언어(body language)

의사소통의 과정에서 손, 발, 머리, 몸 등 신체의 움직임을 적절하게 사용함으로써 전달하려는 메시지의 의미를 더욱 분명하게 전달하거나 강력하게 할 수 있다. 비언어적 표현으로써 몸동작은 여러 가지가 있을 수 있는데 상대방과 대화를 하면서 적절한 손짓을 섞어준다면 메시지의 의미를 명확하게 해주며, 특정한 단어나 구절을 강조하고, 상대방의 주의를 집중시키는 역할을 할 수 있다. 또한 인간관계에서 신체 접촉은 친밀성과 밀접히 연관되며 일

반적으로 상대방에 대한 신뢰, 관심, 애정, 격려 등의 의미를 갖는다. 신체접촉의 대표적 예로 악수는 오늘날 흔히 볼 수 있는 신체접촉 행위인데, 우리나라에서도 머리를 약간 숙이는 인사법과 함께 악수는 많이 사용되는 비언어적 행위 표현이다. 주로 친구와 친근한 인사로 잘 사용되지만 요즘엔 공사를 막론하고 빠뜨릴 수 없는 예절동작이 되었다. 다른 신체접촉으로는 포옹이 있는데 포옹은 악수와 마찬가지로 상대방에게 관심이나 우정을 표현하는 비언어적 행위표현의 하나이다. 가족이나 연인간에는 애정의 의미로 포옹을 많이 하지만 우리나라에서는 보편적이지 않다.

④ 목소리의 어조
목소리는 감정을 반영하게 된다. 따라서 크고 힘이 있는 어조는 공격성이나 자신감을 나타내며 약하고 잘 들리지 않는 어조는 철회나 두려움 혹은 자신이 없음을 뜻하고 단조로운 어조는 흥미를 잃었음을 뜻한다고 보면 된다.

의사소통 기술이라는 것은 자신의 생각이나 감정을 타인에게 정확히 전달하고 타인이 표현하는 생각과 감정을 정확히 받아들이는 기술이다. 효과적인 의사소통을 위해 말로 표현하는 언어적인 부분과 얼굴표정, 제스처, 목소리의 고저 등 비언어적인 기술을 적절히 사용함으로 자신이 전달하고자하는 생각과 감정을 상대방에게 정확하게 전달하고, 상대방의 생각과 감정 등을 주관적인 관점이 아닌 객관적인 시점에서 정확히 받아들일 수 있도록 노력을 기울임으로 행복한 의사소통을 할 수 있게 된다.

【 사티어의 의사소통유형 검사지 자가 진단법 】

다음을 읽고 자신에게 해당되는 문항의 괄호 안에 [○] 표시하시오

1. 나는 상대방이 불편하게 보이면 비위를 맞추려고 한다. [a   ]
2. 나는 일이 잘못되었을 때 자주 상대방의 탓으로 돌린다. [b   ]
3. 나는 무슨 일이든지 조목조목 따지는 편이다. [c   ]
4. 나는 생각이 자주 바뀌고 동시에 여러 가지 행동을 하는 편이다. [d   ]
5. 나는 타인의 평가에 구애받지 않고 내 의견을 말한다. [e   ]
6. 나는 관계가 잘못되었을 때 자주 내 탓으로 돌린다. [a   ]
7. 나는 다른 사람의 의견을 무시하고 내 의견을 주장하는 편이다. [b   ]
8. 나는 이성적이고 차분하며 냉정하게 생각한다. [c   ]
9. 나는 다른 사람들로부터 정신이 없다거나 산만하다는 소리를 듣는다. [d   ]
10. 나는 부정적인 감정도 솔직하게 표현한다. [e   ]
11. 나는 지나치게 남을 의식해서 나의 생각이나 감정을 표현하는 것을 두려워한다. [a   ]
12. 나는 내 의견이 받아들여지지 않으면 화가 나서 언성을 높인다. [b   ]
13. 나는 나의 견해를 분명하게 표현하기 위해 객관적인 자료를 자주 인용한다. [c   ]
14. 나는 상황에 적절하지 못한 말이나 행동을 자주 하고 딴전을 피우는 편이다. [d   ]
15. 나는 다른 사람이 내게 부탁을 할 때 내가 원하지 않으면 거절한다. [e   ]
16. 나는 사람들의 얼굴표정, 감정, 말투에 신경을 많이 쓴다. [a   ]
17. 나는 타인의 결점이나 잘못을 잘 찾아내어 비판한다. [b   ]
18. 나는 실수하지 않으려고 애를 쓰는 편이다. [c   ]
19. 나는 곤란하거나 난처할 때는 농담이나 유머로 그 상황을 바꾸려 하는 편이다. [d   ]
20. 나는 나 자신에 대해 편안하게 느낀다. [e   ]

21. 나는 타인을 배려하고 잘 돌보아 주는 편이다. [a   ]

22. 나는 명령적이고 지시적인 말투를 자주 사용하는 편이기 때문에 상대가 공격받았다는 느낌을 받을 때가 있다. [b   ]

23. 나는 불편한 상황을 그대로 넘기지 못하고 시시비비를 따지는 편이다. [c   ]

24. 나는 불편한 상황에서는 안절부절 못하거나 가만히 있지를 못한다. [d   ]

25. 나는 모험하는 것을 두려워하지 않는다. [e   ]

26. 나는 다른 사람이 나를 싫어할까 두려워서 위축되거나 불안을 느낄 때가 많다. [a   ]

27. 나는 사소한 일에도 잘 흥분하거나 화를 낸다. [b   ]

28. 나는 현명하고 침착하지만 냉정하다는 말을 자주 듣는다. [c   ]

29. 나는 한 주제에 집중하기보다는 화제를 자주 바꾼다. [d   ]

30. 나는 다양한 경험에 개방적이다. [e   ]

31. 나는 타인의 요청을 거절하지 못하는 편이다. [a   ]

32. 나는 자주 근육이 긴장되고 목이 뻣뻣하며 혈압이 오르는 것을 느끼곤 한다. [b   ]

33. 나는 나의 감정을 표현하는 것이 힘들고, 혼자인 느낌이 들 때가 많다. [c   ]

34. 나는 분위기가 침체되거나 지루해지면 분위기를 바꾸려 한다. [d   ]

35. 나는 나만의 독특한 개성을 존중한다. [e   ]

36. 나는 나 자신이 가치 없는 것 같아 우울하게 느껴질 때가 많다. [a   ]

37. 나는 타인으로부터 비판적이거나 융통성이 없다는 말을 듣기도 한다. [b   ]

38. 나는 목소리가 단조롭고 무표정하며 경직된 자세를 취하는 편이다. [c   ]

39. 나는 불안하면 호흡이 고르지 못하고 머리가 어지러운 경험을 하기도 한다. [d   ]

40. 나는 누가 나의 의견에 반대해도 감정이 상하지 않는다. [e   ]

합계 : [a   ]   [b   ]   [c   ]   [d   ]   [e   ]

2. 직장 내의 소통 코칭

1) 직업의 의미

사람들은 이 땅에서 행복하고 의미 있는 삶을 원하는데, 직업은 이러한 삶의 목표를 달성하기 위한 중요한 수단이 된다. 직업(職業, occupation)의 사전적 의미는 개인이 사회에서 생활을 영위하고 수입을 얻을 목적으로 한 가지 일에 종사하는 지속적인 사회활동이다. 현대사회에서 직업의 의미는 경제적 안정, 사회적 역할 분담, 개인의 자아실현을 목표로 하는 지속적인 육체적·정신적 노동이나 일이라고 할 수 있다.

사람들은 직업을 통해 경제적 소득을 올리고, 직업을 통한 사회적 역할을 수행하며, 자신의 창의성을 발휘해서 자아실현의 기회를 가지게 된다. 그리고 직업적 활동을 통해 사회에 참여하고 봉사하여 공헌하는 기회를 가지며, 직장에서 접촉하는 많은 사람들과의 협동적인 사회관계 속에서 많은 보람을 얻기도 한다.

직장은 인생에서 가장 많은 시간을 보내는 곳이기에 자신이 하는 업무에 대해서 만족하지 못하고 조직(organization) 구성원들과 관계가 원만하지 못하게 될 경우 인생의 많은 시간을 불행하게 보내게 된다. 이러한 측면에서 볼 때 직장에서의 업무와 인간관계의 만족도는 인생의 만족도를 결정하는 중요한 역할을 하게 된 것이다. 따라서 직업선택과 조직생활에서의 인간관계와 소통기술은 매우 중요하다고 볼 수 있다.

2) 직장에서의 인간관계

(1) 직장 구성원의 특성에 따른 인간관계 유형

직장은 공동의 목표와 업무수행을 위해 구성된 조직으로써 인적 구조는 그 규모나 직장 특성에 따라 매우 다양하다. 따라서 취업을 하게 되면 이러한 직장의 인적 구조 속에 편입되어 직장 내의 인간관계에 적응해야 한다. 직장은 대부분 위계적 인적조직을 지니므로 상사와 부하직원으로 구성되어 업무를 수행하는 독특한 인간관계의 장이다. 이러한 직장에서는 매우 다양한 인간관계가 펼쳐진다. 직장 내의 인간관계 유형에 대해서 권석만(2004)은 네 가지 유형으로 설명하고 있다.

첫째, 화합 응집형이다. 이 유형은 직장 구성원간에 긍정적 감정과 친밀감을 지니는 동시에 직장에 대한 소속감과 단결력이 높은 경우이다. 이런 유형의 직장에는 구성원들의 정서적 관계를 중시하는 지도력이 있는 상사가 있는 경우가 대부분이다. 업무분담이 명료하여 구성원간의 갈등이 적으며 자유로운 직장 분위기를 지니고 있다. 서로 개인적인 대화를 나눌 수 있는 회식의 기회가 많고 구성원의 경조사에 서로 적극적으로 참여한다. 따라서 구성원들은 직장 중심적인 인간관계를 나타내는 경향이 있다.

둘째, 대립 분리형이다. 이런 유형의 직장은 구성원들이 서로 적대시하는 두 개 이상의 하위집단으로 분리되어 있는 경우이다. 비슷한 하위집단간에서는 서로 반목하지만 자신의 하위집단 내에서는 서로 친밀감을 지니며 응집력이 높다. 이런 하위집단은 흔히 부서별로 형성되기도 하지만 같은 부서 내에서도 친교관계에 따라 분리될 수 있다. 직장전체의 통합적인 운영을 위해서는 매우 취약성을 지니고 있는 인간관계 구조라고 할 수 있다. 흔히 이런 직장에 신입사원이 들어오면 서로 자신의 집단으로 끌어들이기 위한 노력이 이루어진다.

셋째, 화합 분산형이다. 이런 유형은 직장 구성원 사이에 비교적 호의적인 관계가 유지되지만 직장에 대한 응집력이 미약한 경우이다. 지도력이 있는 상사가 없거나 개인주의적 성향이 강한 구성원으로 구성되어 있는 경우에 이런 형태가 나타날 수 있다. 이런 직장의 구성원들은 서로에 대한 깊은 수준의 공개나 정서적 교류가 일어나지 않는 피상적인 인간관계를 유지하는 경우가 많다. 이런 유형의 직장인들은 직장 내 인간관계보다 직장 밖의 인간관계를 중시하는 직장 탈피적인 인간관계를 나타내게 되며 업무가 끝나면 각자의 인간관계 영역으로 뿔뿔이 흩어지는 반복적인 현상을 나타낸다.

넷째, 대립 분산형이다. 이 유형은 직장 구성원간의 감정적 갈등이 심하며 직장의 인간관계에 구심점이 없는 경우이다. 이런 유형의 직장인들은 직장에 대한 애착이나 소속감을 느낄 수 없다. 직장에서 찾을 수 있는 의미는 경제적 수입밖에 없으며 직장에서 자신에게 부여된 업무만 할 뿐 구성원간의 협조나 협동이 잘 이루어지지 않는다. 이런 유형의 직장인은 직장에 대한 만족도가 매우 낮으며 업무의 효율도 저하될 수밖에 없다.

(2) 직장 내 역할에 따른 관계 유형

직장 안에는 직장상사와 부하직원 그리고 선후배, 동료 등으로 인적 구성원이 이루어지는데, 각 구성들의 역할유형에 따라서 직장생활의 만족도는 달라질 수 있다.

① 직장상사의 유형

직장상사의 유형은 역할의 내용에 따라 다양하게 구분될 수 있다. 퀸(Quinn, 1988)은 상사의 유형과 역할을 생산자, 지시자, 감독자, 혁신자, 중계자, 조정자, 촉진자, 후견자의 8가지로 세분하였다. 이러한 분류는 매우 세분화된 것으로써 역할의 유사성에 따라 다음과 같이 5가지로 분류될 수 있다. 첫째, 상사역할은 업무지휘자이다. 업무지휘자는 부하직원들에게 업무를 설정하고 수행방식을 지시하며 목표달성을 위해 부하직원을 독려하는 역할을 하는 상사이다. 둘째, 감독평가자로서 부하직원들이 업무를 제대로 수행하고 있는지를 평가하고 감독하는 역할이다. 셋째, 선도혁신자의 역할로 부하직원에게 새로운 기술과 지식을 전수할 뿐만 아니라 솔선수범하여 새로운 업무수행 방식이나 문제해결 방식을 생각해 내고 실현하는 상사이다. 넷째, 중계조정자로서 부하직원간의 업무협조체계를 조정하고 부서의 대표로서 타부서나 경영층에 부서의 입장을 설명하고 필요한 지원을 얻어내는 역할을 한다. 다섯째, 화합촉진자로서 부하직원들에게 관심과 애정을 보이고 부서직원간의 팀워크를 조성하여 의사결정에 부서원들을 참여시키는 역할이다. 이렇게 직장 내에서 상사의 역할은 다양하며 어떤 역할에 치중하느냐에 따라 상사의 유형을 나눌 수 있다.

② 부하의 유형

부하의 유형은 상사를 대하는 태도에 따라 여러 가지 유형으로 나눌 수 있다. 첫째는 추종형이다. 이러한 부하는 상사의 의견을 존중하고 순종하여 잘 따르는 유형이다. 이러한 추종형에는 소극적 추종형과 적극적 추종형이 있다. 소극적 추종형은 상사의 지시나 결정을 불만 없이 순종하지만 상사에 대한 적극적인 추종행동은 나타내지 않는다. 반면, 적극적 추종형은 상사를 찬양하고 상사의 비위를 잘 맞춤으로써 상사와의 친교관계를 위한 적극적 행동을 하는 부하의 유형이다.

둘째는 저항형이다. 이런 유형의 부하는 특히 권위적이고 지배적인 상사에 대해서 불만을 느끼고 이의를 제기하는 등 저항행동을 나타낸다. 이러한 저항형에도 적극적 저항형과 수동적 저항형이 있다. 적극적 저항형은 상사의 부당한 지시에 대해 노골적으로 이의를 제기하고 반발하는 사람인 반면, 수동적 저항형은 부당함을 느껴도 외형적으로 반항하지 않지만 간접적인 방법으로 상사에게 피해를 입히는 유형이다.

셋째는 합리형이다. 이들은 일방적 추종이나 저항보다는 상사의 지시 내용에 따라 합리적 판단에 의해 대처한다. 이들은 상사에 대한 정당한 칭찬과 반발을 할 줄 아는 자기주장성을 지니고 있다. 상사를 존중하되 부당한 지시에 대해서는 정중하게 이의를 제기한다.

③ 동료관계 유형

동료관계 유형은 개인에 따라서 돌출형, 희생형, 원만형, 위축형으로 구분될 수 있다(권석만, 2004).

첫째, 돌출형은 동료에 대한 경쟁의식이 강한 사람으로 상사에게 자신의 업무능력이나 성취를 과장되게 표현하거나 각별한 충성행동으로 상사의 애정을 독점할 수는 있으나 동료들로부터 빈축을 사거나 따돌림을 당할 수 있다.

둘째, 희생형은 동료를 위해서 자신의 이익을 희생하거나 손해를 감수하는 유형이다. 이런 사람들은 경쟁관계의 긴장을 참지 못하거나 동료들로부터 소외되는 것을 두려워하는 경향이 있고, 내면적으로 동료나 조직에 대한 불만을 지닐 수 있다.

셋째, 원만형은 업무활동이나 상사와의 관계에서 동료들과 균형을 이루는 동시에 동료관계에서 협동과 경쟁의 균형감각을 지닌 사람이라고 할 수 있다.

넷째, 위축형은 자신의 직무능력에 대한 자신감이 없고 동료들에 대한 열등감을 지니며 동료관계에 소극적인 행동을 나타낸다.

3) 직장 내의 갈등

직장이란 다양한 생각을 가진 사람들과 여러 부서로 이루어진 집단이므로 의견 차이나 이해의 대립으로 인해서 갈등이 자주 생길 수밖에 없다. 개인이나 각 부서가 자기에게 유리한 쪽에서 의견을 주장하기 때문에 직장 조직에서는 갈등의 소지가 언제나 있기 마련이다.

최근에 취업포털 커리어가 직장인 752명을 대상으로 '오피스 우울증'에 관한 설문조사를 실시한 결과, 전체 직장인의 75.5%가 오피스 우울증을 겪고 있는 것으로 나타났다. 오피스 우울증의 원인으로는 '직장 내 인간관계'가 16%로 가장 많은 비율을 차지했다.

최근 직장의 풍토가 성과위주의 조직형태가 되면서 경쟁이 더욱 강화되고 개인의 성과, 팀의 성과, 부서의 성과를 중시하게 되어 직장 내 인간관계 문제가 더욱 심화되고 있다. 따라서 현대인들에게 있어서 직장은 인생의 보람을 얻는 곳인 동시에 스트레스의 원천이기도 하다.

직장은 업무수행을 위한 위계 조직사회이기 때문에 업무를 지시하는 상사와 이를 수행하는 부하간에 갈등이 생겨나기 쉽다. 상사와 부하직원 간에 원만한 상호작용이 이루어지지 않을 때 갈등의 악순환은 계속될 수밖에 없다. 특히 상사와의 갈등은 일방적인 경우가 많다. 업무적인 부분에서 상사의 기대에(상사의 스타일 포함) 부응하지 못하는 경우이거나 인성적인 부분에서 상사의 자질과 성격 등에 기인한다. 상사와의 갈등의 특징은 부하직원은 상사로 인하여 고민하고 스트레스를 받지만 상사는 그 부하직원과 갈등관계라고 생각하지 않는다. 즉, 상사이기 때문에 부하직원이 느끼는 그러한 갈등과 스트레스를 느끼지 못한다. 따라서 이러한 경우는 지속적으로 부하직원에게 스트레스의 요인이 되기도 한다. 부하직원은 상사의 업무처리 스타일이나 자질 등 부족한 부분에 대해 쉽게 이야기할 수 없기 때문에 상사는 부하직원이 갈등을 겪고 있다고 생각하지 않을 수 있다.

그리고 직장 내에서 동료직원은 협력자인 동시에 경쟁자이기 때문에 여러 가지 갈등이 생길 수 있다. 특히 업무가 공정하게 배분되지 못하거나 업무를 수행하는 스타일에 차이가 있을 때나 승진과 관련되는 경우 심한 갈등을 가져올 수 있다.

특히 직장 내 갈등을 일으키는 요인 가운데 인간성에 기인하는 경우가 의외로 많다. 최고 경영자의 지나친 사적 이기심은 부하 직원들로 하여금 힘든 직장생활을 하게 한다. 같은 팀 내에서도 이기적인 성격으로 인한 갈등의 요소도 많이 찾아 온다. 즉, 지나친 자기업무 집착이라는 이기심으로 오는 경우이다. 또한 성격이 다혈질일 경우에 그렇지 않은 사람들의 감정을 건드림으로써 상대방에게 갈등의 씨앗을 제공하기도 한다. 이러한 성격적인 부분에서 오는 갈등은 인성적인 부분에서 기인하기 때문에 해결의 실마리를 찾기가 쉽지는 않다.

그뿐만 아니라 직장에 전념하다보면 가정에 소홀하게 되고, 가정생활에 충실하다보면 업무수행이 저하되는 경우가 발생하기 때문에 직장인에게 있어서 직장-가정 갈등(WFC: work-family conflict) 또한 현실적으로 해결해야 할 문제이다.

4) 직장 내의 소통 코칭

직장에서 가장 중요한 것은 무엇일까? 바로 소통이다. 일본에서 경영의 신으로 추앙받는 마쓰시타 고노스케(松下幸之助, 1884-1989)는 "기업 경영의 과거형은 관리이다. 경영의 현재형은 소통이다. 경영의 미래형 역시 소통이다."라는 말로 소통의 중요성을 강조하였다. 그럼에도 불구하고 소통은 가장 어려운 경영 과제중 하나이다. 헤럴드경제가 취업포털 인크루트와 함께 2013. 11. 14부터 18까지 5일 동안 20-40대 직장인 608명을 대상으로 '직장 내 소통'에 대해 설문조사를 진행했는데, 결과는 참담했다. 응답자의 37%가 '직장 안에서 전혀 소통이 되지 않는다.'고 답했기 때문이다. '어느 정도 소통이 이뤄지지만 만족할 만큼은 아니다.'라는 응답도 39.8%를 차지해 직장인 10명 중 8명 정도(총 76.8%)가 직장 내 소통에 만족하지 못하고 있는 것으로 나타났다. 직장에서의 소통을 원활하게 하기 위해 가장 필요한 것이 무엇인가?라는 질문에 대해서 '상사 및 부하직원과의 정기적인 간담회나 점심식사 등 소통의 자리(26%)'를 첫 번째로 꼽았다. 그리고 가장 이야기 나누고 싶지 않은 직장 동료 유형에 대해서 '본인이 하고 싶은 이야기만 하는 유형(68.6%)'을 지목했다.

자율적으로 참여하는 즐거운 직장 분위기는 조직원들의 사기를 높이고 창의적 업무태도를 촉진하여 조직성과로 이어진다. 이런 좋은 직장(GWP: Great Work Place) 분위기를 위해서는 조직 내의 의사소통 활성화와 구성원간 신뢰가 필수적이다.

직장의 같은 팀에 속한 사람들은 하루 중 배우자보다도 더 많은 시간을 함께 보내는 존재이다. 따라서 이 관계에서 문제가 생기면 하루하루가 괴로운 것은 너무나 당연하다. 따라서 직장 내에서 발생되는 인간관계 문제에 대한 효과적인 소통의 방법은 매우 중요하다고 볼 수 있다. 직장 내 효과적인 소통을 이루기 위해서 다양한 의견이 있겠지만 다음 두 가지로 종합하여 제시하고자 한다.

(1) 소통 기회 만들기

첫째, 관심을 가지라. 사람은 누구나 인정과 관심을 받고 싶은 욕구가 있다. 따라서 직장 내에 구성원 관계에서 작고 사소한 일에도 관심을 가지고 대하는 태도가 중요하다. 일상에서 인사를 할 때도 겉치레나 형식적으로 하는 것이 아니라 반갑고 친절한 태도로 하되, 근황을 묻는 등 관심을 표현하는 것은 서로의 친밀감 유지를 위해서 중요하다. 어머니가 편찮으시다면, "요즘 어머님은 좋아지셨어요? 고생이 많으시겠네요."하면서 안부를 묻는 등 상대방에게 관심을 보일 때 상대방은 마음의 문을 열게 된다. 내가 먼저 상대방에게 관심을 보이면, 상대방도 내 일에 관심을 가져주며 이러한 과정에서 대화의 폭과 깊이가 더해지게 되고 동료관계로 발전할 수 있다. 아무리 까다롭거나 가슴이 찬 동료라 하더라도 지속된 관심은 그의 마음의 문을 열게 되어있다. 그래서 누군가에게 관심을 갖는다는 일은 그 자체가 참으로 의미있는 일이다. 관심을 갖는 다는 것은 내가 보고 싶은 영역뿐만이 아니라, 내가 보고 싶지 않은 영역까지 확대해 가는 것으로 서로가 하나가 되는 길이다.

둘째, 타이밍을 포착하라. 직장 내 구성원들과 인간관계를 발전시키기 위해서 적절한 타이밍을 포착하는 것이 필요하다. 자신이 하고 싶은 말이 있다고 해서 급히 어딘가를 가는 사람을 붙잡고 장황하게 긴 이야기를 나누는 것은 상대방을 불편하게 하는 일이다. 따라서 상대방이 어디를 가고 있는 중인지 현재 무엇을 하고 있는 중인지를 알아보고 나서 상황에 따라 대화의 기회를 포착해야 한다. 똑같은 내용의 메시지일지라도 타이밍에 따라서 다른 반응과 결과가 나타나기 때문에 상대의 감정과 여건을 배려하는 것이 중요하다.

셋째, 적절한 장소를 찾아라. 사람의 감정은 장소와 분위기에 따라서 다른 느낌을 가지게 된다. 따라서 긴밀한 이야기를 나눌 때는 적절한 장소를 알아 두는 것도 중요하다. 인간관계가 미숙한 사람은 만남의 장소에 대해서 무지한 경우가 많다. 그래서 대화의 기회를 포착해도 적절한 장소를 찾지 못해 기회를 잃는 경우가 많다.

넷째, 공통 화제를 잘 준비하라. 어려운 상사나 친밀하지 않은 동료와의 만남이 주어진다면, 다소 긴장되고 부담스러운 경우가 발생한다. 이런 상황에서 대화가 겉돌거나 오랜 침묵이 지속되면 만남이 만족스럽지 못하게 될 수도 있다. 따라서 만남의 목적에 부합되는 공통 화제를 준비하는 것이 필요하다.

다섯째, 소통을 방해하는 변수를 차단하라. 직장 내 구성원들에 대한 무관심, 여유 없이 바쁘게 사는 생활, 인간관계에서 지나치게 소극적이고 수동적인 태도, 타인에 대한 불신감과 비판적 태도 등은 소통을 방해하는 요인들이므로 극복하기 위한 노력이 필요하다.

(2) 직장 내 역할의 관계에 따른 소통 코칭

첫째, 상사와의 관계

"직장은 자신이 선택할 수 있지만 상사는 선택할 수 없다."는 말이 있다. 켈의 법칙(Kel's Law)에 의하면, 조직에서 직급이 한 단계 멀어질 때마다 심리적 거리감은 제곱으로 커지고, 직급간에는 점점 두꺼운 벽이 존재하게 된다고 한다. 예를 들어 동료와의 거리가 1일 때, 상사와의 거리는 2가 되고, 심리적 거리감은 4가 된다. 직급이 한 단계 더 높은 상사와의 거리는 3이 되고, 심리적 거리감은 9가 된다. 이는 직장 내에서 상사와 소통이 쉽지 않음을 의미한다.

그러므로 직장에서 상사와 원만한 소통을 이루기 위해서는 심리적 거리를 좁히는 기술이 필요하다. 따라서 업무처리에 있어서 상사의 뜻을 먼저 파악하여 받들되 곤란한 하명(下命) 사항이 있을 때는 상대의 마음을 상하지 않는 지혜로운 방법을 통해서 의사를 피력해야 한다. 그리고 상사를 대할 때는 존경과 공손의 태도를 갖추어야 한다. 만약 상사에게 칭찬을 듣게 되었다면, "제가 뭘 한 것이 있나요. 다 선배님께서 잘 가르쳐주신 덕분이죠."라는 겸손한 태도를 취해야 한다. 부하가 상사에게 표현하는 최고의 표현은 '덕분과 덕택'이라는 말이 있다. 혹시 상사의 태도가 자신이 보기에 마땅치 않게 보일 때도 불평불만을 하기 전에 상사를 이해하고 존경하는 태도를 보여줘야 한다. 상사도 인간이기에 완벽할 수 없고 실수할 수 있다. 책임이 주어지는 상사의 위치에 있게 되면 때로는 외로움이 동반된다. 따라서 "제가 생각할 때 선배님은 최고의 리더이십니다."라는 등의 표현은 상사의 자존감을 높여주는 기폭제가 될 것이다. 모든 인간은 존중받고 싶은 심리를 가지고 있으므로 상사를 대할 때 공손한 태도로 긍정적인 반응을 하게 되면 원만한 소통관계를 유지하게 될 것이다.

둘째, 부하와의 관계

상사는 무게를 잡거나 거드름을 피우는 존재가 되어서는 안 된다. 상사는 부하 혹은 후배에게 동기부여를 위해 경청하며 언제나 배려하는 마음을 가지고 든든한 지원군이 되어야 한다. 하지만 업무와 관련해서는 부하 혹은 후배들이 무능력한 존재가 되지 않도록 충고와 피드백을 주어야 한다. 충고와 피드백을 줄 때는 당연히 할 수 있는 일을 했다 하더라도 인정하고 격려함으로써 동기부여를 고취시켜줄 수 있어야 한다.

셋째, 동료와의 관계

동료는 직장에서 가장 가까운 친구로 일을 하다 보면 부탁도 하고 협조를 구하기도 한다. 하지만 동료는 친하면서도 경쟁을 해야 하는 묘한 관계이다. 따라서 동료를 대할 때 경쟁을 우선으로 하느냐 협력관계를 우선으로 하느냐에 따라서 동료가 아군이 되기도 하고 적군이 되기도 한다. 동료는 직장에서 만난 관계지만 평생을 함께하는 소중한 벗이 될 수 있는 관계이다. 동료라고해서 늘 마음에 맞는 사람만 만날 수 있는 것은 아니다. 따라서 자신과 생각이 다른 동료에 대해서 자신의 의지로 상대를 바꾸려고 하기보다는, 있는 그대로 인정하고 상대방 입장에서 생각하고 공감하며 함께 win-win 할 수 있는 방안들을 모색해 나가야 할 것이다.

3. 친구간의 소통 코칭

1) 친구의 의미

인간은 만 2세경부터 같은 또래에 대한 관심을 보인다. 즉, 친구를 찾는다는 말이다. 이처럼 친구를 찾고 우정을 느끼려는 친애 동기는 인간의 기본적인 대인 동기의 하나이다. 친구(親舊)의 사전적 의미는 '가깝게 오래두고 사귀어 온 벗'이라는 뜻이다. 친구 즉, 우리말로 '벗(友)'은 '마음이 서로 통하여 친하게 사귄 사람'이나 '뜻을 같이 하는 사람'이라고 정의할 수 있다.

친구는 같이 있으면 편안하고 친근하여 저절로 아끼고 배려하게 되며 믿음이 가는 관계로 인생의 다른 동반자인 가족, 연인, 직장동료와는 구분된다. 친구관계는 연인이나 배우자에게 하지 못한 이야기까지도 진솔하게 가슴 터놓고 이야기할 수 있는 경우가 많다. 친구관계는 대등한 위치의 인간관계로 흔히 나이나 출신지역, 출신학교나 학력 그리고 사회적 신분 등에 있어서 비슷한 사람과 맺는 관계이다. 친구는 수평적관계로 민주적인 관계의 속성을 가지고 있으며, 가장 순수한 인간지향적인 대인관계라고 할 수 있다. 특히 친구관계는 대등한 위치에서 맺는 인간관계이기 때문에 위계적 관계에서 지켜야 할 심리적 부담이 적고, 여러 가지 측면에서 유사점을 지닌 관계이므로 서로 공유할 삶의 영역이 넓다 (권석만, 2003). 또한 의무나 구속력이 적기 때문에 가입과 탈퇴가 다른 인간관계에 비해서 자유롭다.

2) 친구의 기능과 유형

① 친구관계의 기능(긍정적 측면)

친구관계도 다른 인간관계와 같이 여러 가지 사회적·정서적 지지와 도구적 지원을 얻을 수 있는 사회적 자원이다. 친구관계의 기능을 긍정적 측면에서만 살펴보면 다음과 같다(권석만, 2004).

첫째, 친구는 정서적 공감과 지지자가 된다. 친구관계에서는 자신의 고통이나 갈등, 고민 등을 공개하고 친구로부터 위로나 이해를 받으려 하며 그것이 위안과 힘이 되기도 한다.

둘째, 친구는 자기 자신과 삶을 평가하는 비교 준거가 되기도 한다. 우리는 타인과의 비교를 통해 자신을 평가하게 되는데 자신과 비슷한 친구가 평가의 정보와 자료가 된다.

셋째, 친구관계에서 여러 가지 즐거운 체험을 공유하게 된다.

친구들과 공통의 화제, 관심사, 취미 등을 서로 나누며 재미와 즐거움을 누리게 된다.

넷째, 친구관계는 소속감을 제공한다. 친구라는 집단에 소속이 되어 있으면 여러 긍정적 경험과 도움을 안정적으로 공급 받게 되고 이것은 결국 자기 가치감과 안정감을 느끼는 주요한 원천이 된다.

다섯째, 친구는 현실적인 삶에 도움을 주는 관계이기도 하다. 친구관계도 다른 인간관계와 같이 도움을 주고받는 관계이다. 그러므로 친구 중 어느 한쪽에서 일방적으로 도움이 주어진다면 그 관계는 유지되기 어려워진다. 현실적인 도움의 내용이나 형태가 다르더라도 서로 균형 있게 도움을 주고받아야 친구관계는 견고해 질 수 있다. 이런 기능과 역할이 원활하게 수행되어지면 친구관계는 잘 유지되고 심화되어지는 것이고, 그러지 못할 때의 관계는 약화되거나 해체되기도 하며 이 기능을 제공할 새로운 친구관계의 대상을 찾게 되는 것이다. 따라서 친구관계를 심화하기 위해서는 이 기능과 역할을 고려해 자발적인 노력이 더해져야 할 것이다.

② 친구관계의 유형

친구관계의 유형은 다양하게 분류될 수 있겠지만, 김종운과 박성실(2011)에 의하면 네 가지 유형으로 구분된다.

첫째, 우정의 강도에 따른 친구관계이다. 우정의 강도가 높을수록 친구관계는 깊어지게 된다. 유쾌하고 편안한 친구는 부담스럽고 불편한 친구보다 우정의 강도가 높다고 할 수 있는데, 우정의 강도는 심리적 · 물리적 투자의 양과 비례하고, 만남의 지속

시간이나 빈도와 관계가 있다.

둘째, 형성 요인에 따른 친구관계이다. 형성요인에 따라서 일차적 친구와 이차적 친구로 구분된다. 일차적 친구관계는 학연, 지연, 혈연에 기반을 두고 형성되며, 반복적 만남에 의해서 관계가 형성되고 지속되는 경향이 있다. 반면에 이차적 친구관계는 관심사, 취미, 가치관 등을 공유함으로써 형성되기 때문에 상황적 요인보다는 개인적 특성에 따르는 친구관계이다.

셋째, 목적에 따르는 친구관계이다. 어떤 목적에 따라 친구관계를 형성하느냐에 따라서 쾌락적 친구, 효용적 친구, 인격적 친구 등으로 구분될 수 있다. 이 중 인격적 친구는 덕성(virtue)에 의해서 맺어진 친구라고 볼 수 있다.

넷째, 기능에 따른 친구관계이다. 기능에 따라 연합적 친구관계(associative friendship), 수혜적 친구관계(receptive friendship) 그리고 상호적 친구관계(reciprocal friendship)로 구분될 수 있다(Resisman, 1981). 연합적 친구관계는 공간적 근접성, 유사성, 업무의 공유 등에 의해서 맺어진 친구관계로 단기적이고 피상적인 수준으로 가볍게 만나는 친구관계이다. 수혜적 친구관계는 한 사람이 상대방에게 주로 베푸는 역할을 하는 친구관계로 멘토와 멘티 관계가 이에 해당된다고 하겠다. 그리고 상호적 친구관계는 동등한 위치에서 상호 이해와 신뢰에 근거한 친구관계를 의미한다.

3) 친구관계의 발전과 해체

인간은 2세 때부터 자기중심적 상호작용을 하다가 학령기가 되면 아이의 특성에 따른 다른 친구를 선별하여 사귀기 시작한다.

이 시기에 아이들이 중요시 하는 특성은 용모나 소유물 등 아주 단순한 것들이다. 그러나 점차 나이가 들면서 자기중심성이 감소하고 친구선택에 있어서 내면적 속성을 중시하게 된다. 특히 사춘기에 접어들면 친구관계는 더욱 친밀해지고 활발해진다. 그래서 가족으로부터 심리적으로 이탈하여 친구들과의 연결망을 형성하기 시작한다. 친구관계는 대체로 후기 청소년기와 초기 성인기에 정점을 이루게 된다.

인생에서 친구만큼 소중한 것이 없지만, 친구관계에서 이해관계가 개입되면 갈등이 초래되고 와해될 수 있다.

어떤 절친한 친구 두 사람이 스위스를 여행하며 관광을 하다가 강변에서 '물에 빠진 사람을 구해주는 자에게는 5,000불을 줌'이라는 표지판을 보게 되었다. 이것을 본 두 사람은 둘 중 하나가 물에 빠지고 하나가 건져주면 5,000불을 벌어 공짜로 관광을 할 수 있겠다는 생각을 하게 되었다. 그래서 한 사람이 물에 빠져 허우적대기 시작했다. 그런데 밖에 있는 다른 친구가 구하러 올 생각을 하지 않고 바라보고만 있는 것이다. 한참을 허우적거리다가 죽을 것 같아 겨우 밖으로 기어 올라와서 "이 친구야 약속이 틀리잖아? 내가 물에 빠지면 건지러 오기로 해 놓고 왜 꼼짝도 안 하고 있는 거야?" 그러자 그의 친구는 답하기를 "저 푯말 밑에 작은 글씨를 보게." 자세히 보니 '죽은 자를 구출해 내면 10,000불을 줌'이라고 쓰여 있었다. 그러자 "너를 믿고 뛰어 든 내가 잘못이다 이 나쁜 놈아!"라고 했다고 한다.

권석만(2004)은 친구관계 악화 혹은 해체 원인을 접촉과 관심의 감소, 갈등해결 실패, 친구에 대한 실망, 투자와 보상의 불균형, 이해관계의 대립 등에서 비롯된다고 하였다. 우리가 더불어 살아가는 세상에서 친구는 참으로 소중한 존재이지만 친구관계는 자발적이고 강제성이 없기 때문에 구속력이 약하다. 따라서 친구에 대한 기대와 믿음이 깨지게 되면 관계에 위기가 발생하게 되고, 관계가 악화되거나 해체되기도 쉽다. 친구관계가 악화되거나 해체되는 원인들에 대해서 강문희 등(1999)은 네 가지를 제시했다.

첫째, 상대방을 대할 때 우월감을 가지고 마음을 위축시키는 언행을 일삼거나 경쟁하려고 하면, 당하는 입장에 있는 친구는 관계를 청산할지 아니면 맞설지를 놓고 갈등하게 된다.

둘째, 서로의 기대 정도가 다를 때 친구관계에서 갈등을 느낄 수 있다. 한쪽 친구는 친밀관계를 형성하는데 있어서 점진적으로 노력하고 자신을 조금씩 공개하려 하고, 다른 친구는 자기개방을 급격하게 하여 심리적 부담을 주면 갈등을 빚게 된다.

셋째, 성격 차이로 인해서 갈등이 생겨나기도 한다. 내성적인 사람은 마음속의 생각이나 느낌을 표현하기 힘들어하는 반면, 외향적인 사람은 말이 빠르고 표현양이 많아 서로의 입장에 따라서 갈등이 생길 수 있다.

넷째, 가치관의 차이로 친구관계의 갈등이 유발될 수 있다. 서로의 다른 견해를 좁히지 못할 경우 친구간에 불협화음이 생기게 된다.

4) 친구간의 소통 코칭

우리는 살아가면서 친구들로 인해서 삶의 의미와 여러 즐거움을 누리지만, 종종 친구관계에서 비롯된 문제로 갈등과 위기를 경험하기도 한다. 따라서 친구관계에서 갈등이나 다툼을 미리 예방하고, 이미 일어난 갈등과 다툼의 상황을 잘 해결하고 소통하기 위해서는 우(友)테크 코칭기술이 필요하다. 친구간의 원만한 관계 유지와 소통을 위해서는 타인을 배려하는 마음과 지속적인 자기 성숙이 요구된다. 좋은 친구관계를 유지하며 소통하기 위한 전략을 정리하면 다음과 같다.

첫째, 친구에게 감정적인 지지자가 되라. 친구의 말을 잘 경청 해주며 따뜻한 마음으로 배려해주고 잘 공감해줄 때 친구는 힘과 용기를 얻게 되고 좋은 소통관계를 유지하게 될 것이다.

둘째, 친구의 장점을 칭찬하라. 사람은 지적에 의해서 바뀌는 것이 아니라 격려와 칭찬에 의해서 바뀐다는 말이 있다. 따라서 친구의 단점을 지적하기에 앞서 칭찬하고 격려하려고 할 때 좋은 소통관계를 유지하게 될 것이다.

셋째, 친구의 필요에 대해 자발적인 태도를 가지라. "풍요로울 때는 친구가 나를 알아보고 어려울 때는 내가 친구를 알아본다." 라는 말이 있다. 사람은 자기중심적인 성향이 강하기 때문에 자신의 감정과 입장에서 다른 사람을 생각하고 판단하기가 쉽다. 하지만 친구가 어려움에 처해 있을 때는 입장을 고려하여 친구의 필요에 대해서 자발적으로 대해야 한다. 이렇게 되면 친구와의 소통과 깊이는 더하게 될 것이다.

넷째, 친구의 사생활을 존중하고 보호해야 한다. 친구와 관계 가 가까울지라도 친구의 사생활에 대해서 지나치게 간섭하고 개입하려고 하면 소통에 문제가 생기게 된다. 따라서 친구로부터 사생활을 지나치게 간섭받아 친구관계가 불편하게 될 경우는 자신의 불편한 감정을 솔직하게 이야기하는 것이 도움이 된다.

다섯째, 서로의 신뢰관계를 유지해야 한다. 때로는 친구가 자신의 생각과 다르게 말하거나 행동하게 될 때가 있을 수 있다. 하지만 친구에 대한 신뢰를 지키려고 노력할 때 더 나은 관계형성과 소통이 이루어질 수 있다.

여섯째, 불편감정이 생길 때는 허심탄회하게 흉금(胸襟)을 터놓고 마음을 나누어야 한다. 마음을 열고 털어놓게 될 때 불편한 감정은 이완된다.

일곱째, 친구가 베푼 친절이나 고마움에 피드백을 주라. 가까운 친구일수록 작은 고마움이나 친절에 대해서 감사한 마음을 전해야 한다. 작은 정성이라도 감사를 표현하게 될 때 상대에 대한 배려와 따뜻함에 감동하게 되고 우정도 더욱 돈독해질 수 있게 된다.

여덟째, 서로의 차이점을 인정하라. 오랜 친구일수록 생활습관이나 태도에서 비슷한 점이 많이 발견되지만 개인 특성에 따른 차이도 많다. 따라서 서로의 개성을 인정하면서 수용적인 태도로 대하는 것이 원만한 소통을 위해서 중요하다.

아홉째, 필요하면 다른 사람의 도움을 구하라. 친구관계에서 갈등 상황이 생겨서 소통이 되지 않을 때 혼자 고민하고 괴로워하기 보다는 두 사람 사이에 중재 역할을 해줄 수 있는 사람이 있다면 도움을 요청할 필요가 있다.

4. 이성친구간의 소통 코칭

(1) 창조의 메카이즘으로서의 성

오늘날 우리는 이전세대보다 사춘기를 더 일찍 경험하고 있는 반면, 인류사에서 그 어느 때보다 오랜 기간 결혼을 하지 않은 상태에서 살고 있다. 그리고 어느 시대에도 경험해 보지 못한 넘쳐흐르는 역기능적인 성 정보로 인해서 마음과 영혼이 혼란을 겪고 있으며, 성적인 문제가 야기되고 있다. 따라서 기독교적 세계관을 통한 성 이해와 성역할, 이성교제, 결혼준비에 대한 코칭을 통해서 아름다운 미래를 준비하게 하는 것이 중요하다.

하나님께서 인간에게 아름다운 성을 선물로 주신 목적은 4가지로 생육과 번성(창 1:28), 연합(창 2:24; 고전 6:12-20), 육체적인 만족과 쾌락(고전 7:1-9; 잠 5:18-19), 성에 대한 진실을 통해서 우리를 교훈하시기 위함(롬 1:20)에 있다.

생육하고 번성하게 하기 위해서 남자에게는 무한한 정자 생성 능력(하루에 정자가 1억 개 이상 생성될 수 있게 함)을 주셨고, 여성에게 200만이나 되는 난자를 가지고 태어나게 하셨다(평생 450개 정도 사용). 그뿐만 아니라 동물과 달리 인간에게는 일정한 발정주기가 없이 365일 자가 발정이 가능하도록 창조하셨다. 그리고 인간의 생명을 탄생시키는 여성들에게는 남성과 달리 자궁과 생식기에 전체 몸의 80%의 면역체계를 집중시켰다(현대인들의 적이라고 할 수 있는 스트레스가 증가할수록 이 부분에 있어서 여성들이 어려움을 호소하게 된다).

진화론을 주장하는 학자들은 남성의 오르가즘이 종족 번식을 목적으로 하는 것이라고 주장한다. 즉, 수컷 동물들은 그것 때문에 짝짓기를 하게 되고 그로 인해 그 종이 생존하는데 기여한다고 주장한다. 그렇다면 여성 오르가즘은 어떻게 설명할 것인가? 하등 동물일수록 암컷은 오르가즘이라는 것이 존재하지 않으며 순전히 호르몬에 의해서 성적 수용력을 가질 뿐이다. 그러나 여성의 클리토리스는 쾌감에 매우 민감하게 반응하며, 성적인 관계를 통한 쾌락 즉, 오르가즘은 오직 여성의 쾌감만을 위해서 존재하는 것 외에는 아무런 목적성이 없다. 하나님께서 성이라는 선물을 주셨는데 이 성은 단순한 선물이 아닌 하나님께서 염두에 두신 목적 있는 선물인 것이다. 그러므로 그 선물이 본래의 목적대로 사용될 때 아름다운 성이 되고 그렇지 않을 때 성은 화가 된다. 마치 난로 속의 불은 유익하지만 난로 밖으로 나오는 불은 매우 위험하고 큰 문제가 되는 것과 같다고 할 수 있다.

하나님께서 결혼한 새신랑과 새신부에게 주신 특별한 선물이 바로 섹스라는 선물이다. 이 선물은 결혼 후 평생 동안 즐길 수 있는 선물이다. 그러므로 혼전 성관계를 금하는 것은 임신이나, 에이즈, 성병 등의 위험성 때문에 금하기 보다는 성이라는 선물을 주신 하나님의 명령에 순종하는 것이기 때문이다(요 14:15, 23; 고전 6:20). 이 하나님의 명령은 독단적인 기준이 아니라 우리를 온전함과 축복으로 인도해주는 원칙이다. 하나님께서 우리에게 허락하신 성은 몸과 영혼이 하나 되는 것이다(창 2:24; 고전 6:15-17). 이 연합은 결혼이라는 제도를 통해서 뼈 중의 뼈가 되고 살 중의 살이 되는 연합이다. 이러한 축복의 연합에 남녀의 성적인 결합은 접착제 역할을 한다.

(2) 생리적 메카이즘으로서의 성

성별은 아버지의 Y정자와 X정자 중 X염색체로 이루어진 어머니의 난자와 어느 것이 결합했느냐에 따라서 결정되는데, 정자와 난자의 만남에 있어서 정자는 1억대 1의 비율을 뚫고 생명을 탄생시킨다.

성 호르몬은 태아 때부터 나오는데 5-7주의 생식기 초기단계를 거친 이후 사마귀 같은 점이 보이기 시작하여 여성의 난소와 남성의 정소로 변한다. 그리하여 7-8주가 되면 남성과 여성생식기가 구성되며 여아는 11주에 태내에서 생리할 수 있는 여성뇌가 만들어지고, 남아는 8-10주에 남성 호르몬인 테스토스테론이 만들어지고 남성뇌가 만들어진다. 아름다운 성을 선물로 주신 목적 4가지를 이룰 수 있는 기초적인 기능이 이루어지는 것이다.

최근 초음파 연구에 의하면 7개월 된 태아는 손가락을 빨면서 음경이 발기되기도 한다. 그리고 남아 중에 출산하는 순간 발기하는 일은 흔하게 볼 수 있고, 수유하는 동안에는 더욱 자주 볼 수 있다. 여자아이가 젖을 먹으면서 여성이 성적으로 흥분할 때 나타나는 현상(클리토리스가 딱딱해지고 질액 분비)을 보인다는 보고서도 많다. 남녀 모두 어려서부터 자연발생적 성적흥분을 경험하지만 여자는 남자보다 자각하지 못하는 경우가 많다. 이러한 현상은 하나님께서 인간을 성적인 존재로 창조하셨기 때문에 매우 당연하고 자연스러운 것이다.

특별히 사춘기에 접어들면 남자들은 자발적인 발기를 경험하는 횟수가 늘어나고 소녀는 질의 자발적 흥분을 경험하게 된다. 이러한 현상은 성호르몬이 아동기 때에 4-5배 증가하기 때문이다. 이러한 호르몬과 도파민의 영향으로 순간감정 변화 또한 10분 간격으로 바뀔 수 있다. 그래서 자신도 자신이 이해되지 않은 천국과 지옥을 오가는 감정을 경험할 수 있다. 그리고 성격도 외향성과 내향성이 1년 주기로 바뀌기도 한다.

인간의 생식기가 완전한 성숙에 이르려면 20세에 이르러야 한다. 그러므로 생리학적인 측면만 보더라도 사춘기 때 잘못된 성관계는 여성의 경우 자궁천공, 자궁경련, 영구불임 등의 부작용이 생길 확률이 높다.

하나님께서 자궁경부를 만드실 때 출산 시 벌어지고 임신하면 철통수비를 하게 하셨다. 출산하려고 할 때 이슬이 비치기 시작하는데, 이것은 분비물이 자궁경부를 껌처럼 막고 있다가 진통 시 떨어져 나온다. 10대 때 일찍 성관계를 하게 되면 세포변이를 일으켜서 자궁경부암을 발생시킬 확률이 높다. 특히 우리나라 청소년 가운데 10대 낙태수술이 19%인데, 부모 모르게 이루어지는 경우가 90%이기 때문에 낙태 후 몸조리를 못해서 오는 후유증은 매우 크다.

3) 건강한 이성교제를 위한 코칭

(1) 이성친구와의 데이트

인생은 혼자 사는 독무대가 아니기 때문에 살아가면서 끊임없이 만남이 주어진다. 만남은 삶의 질을 결정하므로 누구를 만나느냐는 매우 중요하다.

특히 사춘기 이후에 이성에 대해서 관심이 높아지면서 이성친구와의 만남에 대해서 관심이 증대될 것이다. 이성친구와의 데이트는 우정을 나누면서 이성에 대해서 많이 배울 수 있고, 여러 가지 활동을 통하여 즐거움을 경험할 수 있는 기회가 된다. 그리고 이성친구와의 데이트를 통해서 미래의 배우자를 이해하고 사랑할 수 있는 능력을 키우는 기회가 될 수 있다. 그런데 데이트에도 '멋진 데이트', '창조적 데이트'가 있는가 하면 '잘못된 데이트'가 있다. 데이트는 이성을 이해할 수 있고, 친밀감과 즐거움을 누릴 수 있는 기회도 있지만 회복하기 어려운 상처를 입는 계기가 되기도 한다. 통계에 의하면 강간의 60%는 데이트 강간인 것을 볼 수 있다. 미국 백인 10대 소년 17%, 흑인 소년 8%가 데이트 중 자신의 의지와 상관없이 강간을 당한 것으로 보고되고 있다. 잘못된 데이트는 이와 같이 큰 문제를 일으킬 수 있다.

그러면 이성 친구와의 데이트는 어떻게 해야 하는가?

① 데이트를 할 때는 의도적 기준을 정해야 한다.

데이트 중 예상치 않은 일이 불시에 일어날 수 있다.

② 데이트에 단계적 접근이 필요하다.

그룹별 만남을 통한 집단적 만남, 체계적인 이벤트에 참여하는 단체 데이트, 보다 자율적인 방식으로 이루어지는 단체 데이트, 둘만의 데이트, 이 가운데 둘만의 데이트를 할 경우 귀가시간 설정, 활동 범위를 설정하도록 해야 한다.

③ 데이트 지침

· 노골적인 성 묘사가 있는 대중매체를 함께 보는 것은 피하라.

· 도발적인 옷차림은 삼가라.

· 데이트 상대를 신중하게 선택하라.

· 육체적 한계와 기준을 확실하게 설정하라.

· 데이트 전과 데이트 중에도 기도하는 원칙을 세우라.

· 데이트할 때 채무감을 갖지 말라.

· 자신의 의사를 분명하게 표명하라.

④ 성적 흥분과 사랑은 다르다.

남자들은 알지도 못하고 좋아하지도 않은 여자에게 성적 흥분을 느낄 수 있다. 성적 매력을 느낀다고 해서 사랑하는 것이 아니다. 혼전 성경험이 있는 청소년 가운데 자신이 처음으로 성관계를 한 사람과 결혼한 사례는 3% 미만이다.

(2) 이성친구와 좋은 관계유지하기

처음 이성 친구를 만날 때는 기대감을 가지게 된다. 그런데 방어기제가 해체되는 편안한 관계가 지속되면서 갈등상황이 도래하게 된다. 환상적 관계가 역설적 이해관계가 되는데 이는 적응원리, 욕구상승의 원리, 비교원리가 나타나기 때문이다. 사람은 적응원리 때문에 익숙해지면 둔감해진다. 그러므로 시간이 지나면 적응되어 행복한 기분이 지속되지 않을 수 있다.

그리고 인간의 죄성으로 인해서 끝없는 욕구상승과 상향식 비교는 환상적 관계를 역설적 이해관계로 만든다. 그러므로 헌신적 관계로 가지 않으면 관계를 지속시킬 수 없게 된다.

이성과 좋은 관계를 유지하기 위해서는 다름과 차이에 대해서 잘 이해하고 극복해 나가야 한다. 특별히 다음과 같은 습관, 생각과 시각차이, 심리적 거리 등을 잘 극복해 나가야 할 것이다.

① 습관의 문제를 극복하라.

관계에 가장 큰 방해꾼은 파괴적 습관문제이다. 습관은 제2의 천성이기 때문에 잘 고쳐지지 않는다. 우리가 변한다는 것은 습관이 변한다는 것이다. 습관의 문제에 부딪치면 양보를 잘 안하게 된다. 이유는 그것이 자신에게 익숙한 것이기 때문이다.

② 생각과 시각 차이를 잘 극복하라.

인간관계 문제의 80%는 생각과 시각 차이에서 오는 오해로 빚어진 것이다. 사랑하는 사람일수록 오해소지가 더 생긴다. 관심이 없는 사람이라면 신경을 덜 쓰기 때문에 문제가 크게 되지 않는다. 오해소지의 문제가 생기면 감정을 앞세우지 말고 기도하면서 자신을 돌이켜보고 지혜롭게 해결할 수 있는 방안을 간구해야 한다.

③ 심리적 거리를 좁혀라.

건강한 관계를 위해서는 물리적 거리보다 심리적 거리에 문제가 없어야 한다. 아무리 물리적으로 가까이 있다고 할지라도 심리적 거리를 좁히지 못한다면 좋은 관계를 유지할 수 없게 된다.

5. 부부간의 소통코칭

1) 부부관계의 의미

부부관계란 서로 다른 가정에서 자란 두 사람이 결혼을 통하여 맺게 되는 비혈연적 관계로써, 매우 밀접하고 지속성 있는 전인격적 관계이다. 부부는 인생에 있어서 가장 중요한 동반자이다. 행복한 부부관계는 화목한 가족관계의 뼈대이며, 한 개인의 행복을 결정하는 가장 중요한 인간관계이다(권석만, 2004).

결혼생활은 이제까지 자라온 환경이나 경험이 다른 두 남녀가 공동의 생활을 하는 것이며, 결정과 적응을 필요로 하는 일이 많기에 여러 가지 어려움에 직면하게 된다. 따라서 가족생활에서 직면하게 될 갈등이나 예상하지 못한 문제들을 해결하는 소통기술을 가지지 못하면 어려움에 처하게 된다.

특히 결혼초기의 긴장과 갈등은 사회적 · 경제적 · 종교적 · 교육적 배경이 서로 유사하지 않을 경우에 더 많이 존재하며, 이러한 배경들을 서로 공유하고 있다 하더라도 결혼생활은 긴장과 갈등이 존재한다. 특히 가치관 차이와 경제적 어려움은 부부 상호간의 정서적 안정을 해치고 상호의존의 느낌을 감소시키며, 부부 각자의 부모들의 요구도 결혼생활의 어려움을 증가시킨다(김태련, 장휘숙, 1996).

2) 부부관계의 적응

(1) 부부의 경계구축

결혼은 사랑하는 사람과 부부가 되는 기쁘고 즐거운 일이다. 그러나 결혼은 새롭게 적응해야 하는 인생의 커다란 변화이기도 하다. 결혼 후 자신과 배우자의 역할에 대해서 갖는 기대는 부부의 역할과 관련된 개인의 경험과 성역할 태도의 영향을 받는다. 일반적으로 개인은 남편과 아내의 역할에 대한 최초의 개념을 부모의 부부관계를 통하여 학습하며, 자신이 속한 사회에서 규정짓는 성역할에 동조하는 경향이 있다. 하지만 부부간의 성역할 태도가 일치하지 않을 경우, 갈등을 초래하기도 한다.

대부분의 사람들은 결혼 전부터 부부의 역할에 대해 나름대로의 규정을 내리고 있다. 그러나 실제로 결혼생활을 접하게 되면 배우자의 특성과 두 사람을 에워싼 주변 여건에 따라 자신이 설정한 부부의 역할을 수정할 필요성을 느끼게 된다.

갓 결혼한 부부들 가운데 종종 자신의 근원가족과의 유대감이 너무나 강하여 자신과 배우자가 부부로서의 유대감을 형성하는 데 어려움을 겪는 것을 볼 수 있다. 따라서 신혼기의 부부는 그들의 근원가족으로부터 독립하여 자신과 배우자가 형성하는 새로운 가족의 경계를 구축해야 하며, 양가 역시 두 사람의 독립을 수용하고 지지해주어야 한다. 또한 부부 두 사람은 양가와 어느 정도의 상호 작용을 유지하는 것이 바람직한지, 그리고 영향력을 어느 정도 까지 수용할 것인지에 대해서 논의하고 합의를 도출하여야 한다.

신혼기의 부부는 다른 시기에 비하여 경제력이 부족하기 때문에 종종 양가의 부모에게 금전적 도움을 받게 된다. 그러나 결혼 이후에 부모에 대한 경제적 의존은 자칫 두 사람의 결혼생활에 부모의 개입을 초래할 수 있고, 부부의 경계를 약화시키는 결과를 가져온다.

따라서 부부의 경계를 구축함에 있어서 중요한 점은 근원가족과 전적으로 독립적이거나 의존적이기 보다는 새로 형성된 부부가 중심이 되어 근원가족과 상호의존적인 관계를 유지하는 것이다.

(2) 부부의 친밀감 유지

부부간의 친밀감은 결혼만족도를 향상시키며, 궁극적으로 결혼의 안정성에 기여하는 요인이다. 결혼 초기에 부부간의 친밀감을 증진시키기 위해서는 상호 지지적이고 수용적인 태도와 함께 적절한 수준의 자기표출과 성생활을 통한 의사소통이 필요하다. 그런데 결혼 초기의 부부들은 대개 정확한 성지식의 부족과 비현실적인 기대, 잘못된 성의식, 성에 대한 부부간의 대화 부족 등으로 성생활 적응에 어려움을 가질 수 있다. 신혼부부의 성생활 적응에 정말 필요한 것은 무엇보다도 불안감으로부터 해방되는 것이다. 불안감은 대부분의 신혼부부들에게서 자주 볼 수 있는 현상이므로 결코 초조해하지 말아야 한다. 부부의 성생활이란 일종의 의무적인 행사가 아니라 상호이해와 친밀감을 확인하고 나누는 기회가 될 때 보다 즐겁고 극적인 성적 쾌감의 보상을 받게 된다(송정아, 전영자, 김득성, 1998).

(3) 효과적인 의사소통 방식 마련

성공적인 부부관계를 형성하는데 밑거름이 되는 중요한 요인은 결혼 초기에 효과적인 의사소통 체계를 마련하는 일이다. 결혼의 안정성에 큰 영향을 미치는 부부의 갈등 유형은 대체로 결혼 초기 2년 이내에 형성된다. 따라서 자신과 상대방의 욕구를 솔직하고 정확하게 표현하고 직접적인 의사소통을 통하여 건강하게 싸우는 관계를 신혼기에 형성하여 발전시켜 나간다면 안정적인 결혼생활은 물론 건전한 갈등해결 과정으로 친밀한 부부관계를 형성하는 데 도움을 줄 것이다.

부부간의 의사소통 방식은 개인마다 다르고 부부마다 차이가 있다. 부부가 의사소통 방식에 있어서 서로의 차이를 인식하지 못한다면 상대방에 대한 애정과 배려의 마음을 가지고 있다할지라도 오해를 불러올 수 있고, 결국 부부관계에 부정적인 영향을 미칠 수 있다. 그러나 신혼기는 대부분의 사람들에게 행복한 시기이기 때문에 서로의 의사소통 방식에 차이가 있으며, 그러한 차이가 부부갈등을 야기할 수 있다는 점을 간과하기 쉽다. 따라서 행복한 결혼생활을 영위하기 위해서는 부부가 서로 다른 환경에서 자란 두 사람임을 인정하고, 부부간의 의사소통 방식이 형성되는 신혼기부터 효과적인 갈등관리 기술과 함께 원만한 관계를 유지할 수 있는 의사소통 체계를 확립하는 것이 중요하다.

(4) 가사분담과 부부의 역할

가사노동은 가정과 가족의 유지를 위해 가정 안팎에서 수행되는 노동이다. 부부의 가사분담 유형은 부인 전문화형, 남편 전문화형, 유동형, 제거형, 자율형으로 나누어 설명할 수 있다. 첫째, 부인 전문화형은 부인이 주로 혹은 전적으로 가사에 대한 책임을 지며 남편은 보조자나 비상시 대비책을 맡고 있는 것이다. 둘째, 남편 전문화형은 남편이 주로 혹은 전적으로 가사에 대한 책임을 지며 부인은 보조자나 비상시 대비책을 맡고 있는 것이다. 셋째, 유동형은 부부가 서로 쉽게 일을 바꾸어 하거나 함께 하는 것이다. 넷째, 제거형은 작업을 삭제해서 부부 중 어떤 사람도 할 필요가 없게 하거나, 고용인과 계약하는 것이다. 마지막 다섯째, 자율형은 부부가 서로 자신의 소질이나 필요에 따라 주로 혹은 전적으로 가사 작업을 책임지는 것이다.

많은 아내들은 그들의 가사분담이 공평치 않다고 생각하며 자신들의 역할에 불편해 하고, 그것이 때로는 부부간 불화의 원인이 되기도 한다. 대부분의 부부에게 있어서 역할 분담 문제는 결혼 초보다 해가 갈수록 심화된다. 남녀의 역할이 분리될수록, 부부는 의사결정에 대해 자주 언쟁하게 되고, 결혼만족도가 떨어지며, 별거나 이혼까지 생각할 수 있다. 그러므로 많은 가정에서 성별에 따른 고정관념으로 가사 분담을 생각하기보다 평등한 분담관계로 변화시키는 것이 결혼생활을 긍정적으로 이끄는 원동력이 될 것이다.

3) 행복한 부부 역할을 위한 코칭

(1) 행복한 남편의 역할

남성의 모델이 되신 예수님은 남성 우월주의 사고로 유유히 흐르던 역사에 대 변혁을 일으키셨다는 사실을 알 수 있다. 예수님께서 성차별의 혁명적 인식전환을 가져왔으므로 복음의 꽃이 피는 곳에는 어느 곳이든지 남성상에 획기적인 변화가 일어나게 되었다. 과거 우리나라 여성들도 복음이 들어오기 전에는 권위적인 남성들의 행동 때문에 힘든 세월들을 보냈다. 바울은 에베소서에서 남편들에게 아내를 사랑할 때 예수님께서 교회를 사랑하는 것처럼 사랑하라고 요구한다. 이것은 통속적인 수준의 사랑이 아니라 희생을 각오하는 사랑을 의미한다.

하나님께서 이 땅의 남편들에게 허락하신 아내는 자신의 생명처럼 사랑해야 할 귀중한 존재이다. 그렇다면 남편은 아내를 어떻게 사랑해야 하는가? 남편들이 아내를 사랑하는데 있어서 기억해야 할 것은 예수님께서 지상교회가 불합리한 면이 있음에도 불구하고 약함과 부족함을 채우시고 보호하고 사랑하셨듯이 아내의 약점과 부족을 사랑의 시각에서 감싸며 사랑해야 한다는 것이다. 아내는 절대로 완전할 수가 없다. 결혼 전 교제기간에 푸른 초원 위에 그림 같은 집을 짓고 영원히 함께 살자고 했을지라도, 막상 결혼생활 속에서는 서로의 약점이 발견되고 과거로부터 잠재해 온 쓴 뿌리들이 초를 다투어 쏟아져 나올 수 있기 때문에 감정 또한 상하고 찢길 수 있다. 주위에 보면 아내와 남편 사이의 갈등이 화근이 되어 가정에서의 다툼이 친인척까지 확대되며 문제가 더욱 심각해지는 현상을 볼 수 있다. 남편은 아내를 사랑함으로 약점을 감싸야 할 뿐만 아니라 한 걸음 더 나아가 칭찬하는 남편이 되어야 한다. 여성은 청각 지향적인 경향이 있기 때문에 귀를 즐겁게 하는 남편의 몇 마디 칭찬에 행복감을 느끼게 된다.

남성과 여성의 차이

여성은 작은 일에 감격하며, 속상해 한다는 사실을 남편은 기억해야 할 것이다.그리고 아내가 남편에게 무엇인가 말하고 싶어할 때 남편은 아내에게 귀를 기울여 주어야 한다. 평균적으로 여성이 남성보다 다소 말이 많은 것은 사실이나 그들은 말을 통하여 행복을 느끼고 자신의 내면을 표출하려고 한다. 아내는 가사일로 중압감을 가질 때가 있고, 때로는 새장을 벗어나고 싶은 새의 충동을 느낄 수도 있다. 여성들은 사소한 일에 행복을 느끼므로 작은 일들을 남편에게 말할 때 남편은 "그게 무슨 문제냐"는 등 "시시한 소리 하지 마라"고 윽박지르면 아내들의 설레는 가슴에 폭탄을 던지는 행위가 된다. 심리학자들은 말하기를 일반적으로 '남성이 망원경적 시각이라면 여성은 현미경적 시각'이라고 한다. 남편이 국제 정세를 논하고 열변을 토할 때 아내는 자기 주변의 사소한 일에서 화제를 찾고자 한다. 부부동반 모임에서도 남편들의 화제와 아내들의 화제는 다르다는 것을 알 수 있다. 특히 지도층이나 가르치는 직종에 있는 남성들 가운데 범하기 쉬운 실수 중 하나는 아내를 늘 가르치려고 한다는 것이다. 가정은 강의실이나 강단이 아니다. 가정은 안식과 쉼을 얻는 쉼터이다.

아내의 말이 남편의 입장에서 볼 때 별 쓸데 없는 것처럼 느껴질지라도 귀담아 들어주고 대화를 이어 갈 때 아내는 사랑받고 있다는 자부심을 느끼고 살 것이다. 표현되지 않은 사랑은 사랑이 아니므로 하루에 한 번 이상 아내에게 사랑한다고 표현하는 것은 행복 비타민을 주는 것이 된다. 많은 남성들이 자신의 아내에 대해서 잘 안다고 생각하지만 그렇지 않다. 아내는 끝없이 연구해야 할 대상이다. 그리고 아내에게 잔소리와 꾸지람 대신 존중과 섬김으로 대해야 한다. 왜냐하면 섬김을 이겨낸 잔소리는 없기 때문이다. 섬김이야말로 하루를 여는 열쇠이며 하루를 닫는 자물쇠로 리더가 갖추어야 할 최고의 덕목이다. 그러므로 아내를 인격체로 대하되 관리의 대상으로 삼아서는 안 된다. 아내는 재산이 아니라 파트너다. 아내를 위해서 기다려주는 배려와 베개밑 대화를 통해서 원만한 소통을 유지해가야 한다.

그리고 아내에게 들어줄 수 있는 가장 큰 보험은 시간보험이다. 우리는 저축한 것 이상을 찾아 쓸 수는 없다. 아내와 가족을 위해 시간을 투자하는 것은 이익이 눈덩이처럼 불어난다. 잠시라도 아내와 가족들을 위해 시간을 투자해 보라. 여행, 외식 등 가정은 시간으로 쌓아 올려지는 성과 같은 것이다.

무엇보다 남편은 아내한테 지는 것이 이기는 것임을 기억해야 한다. 제일 어리석은 사람이 아내와 싸워 이기려는 것이다. 꼭 이기고 싶거든 자신을 이겨라. 승리자 곁에는 언제나 패배자만 남지만, 사랑하는 이 곁에는 사랑하는 이들로 가득 차게 된다. 무엇보다 아내와 생의 목표를 같이 나누고 아내도 계속 성장할 수 있도록 기회를 줘야 한다.

예수님은 우리가 흠 투성이지만 훗날 하나님 앞에 설 때 아름답고 완전한 신부로 설 것을 기대하신다. 하나님께서는 결혼을 통하여 남편과 아내가 한 몸이 되었다고 하셨다. 인간은 누구나 신체 중에 약한 부분이 있다. 그러나 약한 부분을 가지고 있다고 해서 자신의 삶을 포기하지 않는다. 지금은 비록 약하지만 건강하도록 보살피고 보완하면 회복될 수 있다. 마찬가지로 남편은 아내의 약한 부분을 감싸고 격려하면서 아름다운 아내, 산소 같은 아내가 될 것을 기대하며 사랑으로 보살피고 가꾸어 갈 때 삶이 더욱 풍성해 질 것이다. 그리고 이러한 모습을 바라보는 자녀들은 자신들의 결혼세계에 대해서 기대와 소망을 가지고 준비하고 계획할 것이다. 무엇보다 부부의 성숙한 삶을 바라보고 자란 자녀들은 큰 무형의 유산을 물려받은 복된 자들이라고 말할 수 있을 것이다.

(2) 행복한 아내의 역할

하나님은 에덴동산의 모든 환경을 완벽하게 창조하신 다음에 한 인간을 지으셨는데 혼자 있는 것이 왠지 외로워 보였다. 그래서 그를 깊은 수면 마취를 통하여 2백 6개의 뼈 중에서 특별히 갈비뼈를 취하여 텅 빈 가슴을 채울 수 있는 여인을 지으시고 가정을 이루게 하셨다. 그러나 행복한 가정에 죄가 침투하여 남성은 땀을 흘려야 가정경제를 책임질 수밖에 없고, 여성은 출산의 고통을 통하여 생육되어 갈 수밖에 없는 각자의 역할 분담이 주어졌다.

인류의 문제 출발은 사회의 기초 단위인 가정에서부터 시작되었고, 오늘날도 많은 문제가 창조질서와 역행하는 가정에서 기인되고 있다고 볼 수 있다. 건강하고 균형 잡힌 부부 역할을 잘 감당하게 될 때 행복한 부부생활과 가정을 일구어 나가게 될 것이다.

질서를 만드는 순종

가정에서 남편의 역할과 마찬가지로 아내의 역할은 동일하게 중요하다. 여성과 남성의 인격은 평등하다. 남성이 하나님의 형상을 닮았듯이 여성도 하나님의 형상을 닮은 귀한 존재이다. 하지만 하나님은 남성과 여성의 역할에 대해서는 차이를 두신 것을 볼 수 있다. 질서의 하나님은 자신이 창조한 이 세상과 사람들이 질서라는 범주 안에서 살도록 계획하셨고 또한 원하고 계신다. 성서는 남편이 아내를 예수님께서 교회를 사랑하듯이 사랑하고 아내는 남편에게 교회가 예수님의 권위 앞에 순종하듯이 순종할 것을 요구하고 있다. 여기서 순종이라 함은 맹종을 의미하지 않고 질서를 의미하는 것이다.

여성들 중에는 "왜 나는 하필이면 여자로 태어나야 했단 말인가?"하고 여성의 위치와 역할에 대해서 강한 불만을 품을 수도 있을 것이다. 그러나 여성들이 기억할 것은 드라마에서 높은 위치에 있는 배역을 맡았다고 해서 주인공이 되는 것이 아니라는 사실이다. 아내가 질서상 남편 아래 있는 것 같이 보이나 배역이 무엇이든 그가 어떤 삶을 사느냐에 따라 주연이 될 수도 있고 조연이 될 수도 있으며 또한 엑스트라가 될 수도 있다. 중요한 것은 자신에게 주어진 역할에 얼마나 충실하고, 멋있으며 창조적으로 사느냐에 있다.

여성은 건강한 사회를 이루는 기초단위인 가정에서 남성이 하지 못하는 고귀한 생명을 산출하는 위대하고 장엄한 어머니로서 그리고 아내로서 가장 귀한 역할을 한다. 하지만 가정에서 아내가 머리가 되면 가정질서가 파괴된다는 사실을 간과해서는 안 된다. 남편이 조금 부족해 보여도 가정의 머리임을 인정하고 리더십을 세워주는 아내가 될 수 있다면, 이런 가정에서 남편은 쉼과 안식을 누릴 수 있을 것이다. 진정으로 현명한 아내는 남편의 리더십이 조금 부족할지라도 자녀들 앞에서 남편을 무시하고 자존감을 무너뜨리지 않을 것이다. 사회적으로 아내의 지위가 남편보다 높다고 할지라도 가정에서는 아내요, 어머니임을 잊어서는 안 될 것이다. 마라벨 몰간의『완전한 여자』라는 작품을 보면 '현명한 아내는 남편을 받아들이고, 남편에게 적응하며, 남편을 인정하고, 칭찬하고, 남편에게 감사하는 사람'이라고 했다. 여성이 사랑받기를 좋아하는 것만큼 남성은 인정받고 싶은 욕구가 강하다. 그러면 아내는 남편의 노예인가? 절대 그렇지 않다. 남편이 왕이라면 아내는 여왕이다. 여왕은 자신의 의견을 표현할 엄연한 권리가 있다. 그러나 여왕은 표현 방식이 여왕다워야 할 것이다. 또한 남편의 수고에 대해서 감사하는 아내는 남편이 가족을 위하여 수고한 보람을 갖게한다. 적은 액수의 봉급이나 조그마한 선물에도 감사하는 아내를 볼 때 남편은 더욱 열심히 일을 하고 가족을 위해서 수고하고 싶은 마음이 생길 것이다.

지혜로운 아내

완전한 남자는 완전한 여자로부터 나온다는 말은 아주 의미 있는 말이다. 옛말에 "이 세계는 남자가 다스리지만 그 남자를 다스리는 것은 여자다"라는 말이 있다. '다스린다'는 말에 거부감을 느끼기는 하나 그 말은 곧 '남자는 여자하기 나름'이라는 말과 상통하는 것 같다.

그리고 훌륭한 아버지는 아내의 생각에서부터 비롯된다는 말이 있다. 자녀와의 접촉과 대화가 많을 수밖에 없는 어머니의 태도와 말투가 아버지의 위상을 세워 주기 때문이다. 자녀들 앞에서 무심코 던진 아버지에 대한 불평이 자녀들에게는 우상처럼 보였던 아버지에 대한 환상을 일시에 깨뜨리게 만든다. 또 그 상처는 성인이 될 때까지 상처로 남을 수도 있다.

"지혜로운 아내는 좋은 남편을 만족시키고 나쁜 남편을 침묵시키며, 완전한 아내는 완전한 남편을 결코 기대하지 않는다."라는 말이 있다. 왜냐하면 현명한 아내는 순종함으로써 남편을 지배하기 때문이다. 아내 역할은 결국 좋은 남편, 바르게 선 남편을 위해 필수적인 역할이다. 올바른 가정을 만들기 위한 여성의 역할은 엄청나기 때문에 아내역할의 필요성은 아무리 강조해도 지나치지 않을 것이다.

건강한 가정은 건강한 부부생활을 통해서 유지된다. 또한 건강한 부부 생활은 남편과 아내가 서로 자신의 역할에 충실할 때 이루어진다. 자녀들은 아내를 위해서 모든 것을 다하여 사랑하는 아버지와, 남편의 리더십을 인정하고 순종하는 지혜를 가진 어머니의 역할을 답습하면서 그들은 미래의 건강한 가정을 꿈꿀 수 있을 것이다.

【 부부 행복지수 검사 】

1. (나의 배우자는) 나와 이야기를 나눌 때
   ① 자기 이야기를 더 많이 한다.
   ② 그런대로 잘 들어준다.
   ③ 열심히 귀 기울여 듣는다.

2. 내가 쓴 돈에 대해
   ① 꼬치꼬치 캐묻는다. 가계부나 영수증을 확인하기도 한다.
   ② 가끔 확인해 보기도 하지만 그다지 의심하지 않는다.
   ③ 100% 신뢰하고 인정해 준다.

3. 내 실수에 대해
   ① '또 실수했구나' '언제쯤 철이 드나' 라는 태도를 취한다.
   ② '그럴 수도 있지' '스스로 해결해야지' 라는 태도를 취한다.
   ③ '나 같아도 실수 했겠다' '어떻게 도와주지' 라는 태도를 취한다.

4. 아이들 앞에서 나의 단점에 대해
   ① 험담뿐 아니라 공격적인 말도 서슴지 않는다.
   ② 없는 것은 아니나 될 수 있으면 피하려고 한다.
   ③ 아이들 앞에서 반드시 피한다.

5. 식사시간에
   ① 혼자 먹고 얼른 일어선다.
   ② 가끔은 바쁘게 먹을 때도 있지만 같이 먹으려고 애쓴다.
   ③ 수저를 들고 놓는 시간이 거의 나와 일치한다.

6. 내가 몸이 아프면
   ① '또 일거리 생겼구나' 라고 여긴다.
   ② 무심한 태도를 취한다.
   ③ 열심히 도와준다.

7. 내가 새로운 일을 배우겠다고 하면
   ① 돈은 어디서 나오냐며 핀잔부터 한다.
   ② 잘 해보라고 한다.
   ③ 정보를 주면서 재정적인 지원을 아끼지 않는다.

8. 부부간 다툼과 갈등이 생기면
    ① 오래 가고, 싸웠다 하면 심하게 한다.
    ② 그냥 피해버린다.
    ③ 오래 끌지 않으며 먼저 사과해서라도 풀려고 애쓰는 편이다.

9. 나의 직업과 일에 대해
    ① 기회만 오면 빨리 바꾸라고 재촉한다.
    ② 불만은 없지만 그렇다고 좋게 여기지도 않는다.
    ③ 적성에 가장 잘 맞는 일이라고 여기며 자랑스러워한다.

10. 부부관계에 있어서
    ① 자기중심적이어서 거의 만족이 없다.
    ② 그저 그래서 무덤덤한 편이다.
    ③ 서로 만족하고 불만이 없다.

11. 친정 혹은 시댁에 대해
    ① 불평을 자주 늘어놓는다.
    ② 의무는 다하려 한다.
    ③ 아주 자랑스러워한다.

12. 결혼기념일 생일 등을
    ① 거의 챙겨주지 않는다.
    ② 가끔은 챙겨준다.
    ③ 잘 챙겨주고 빠뜨리지 않는다.

13. 부탁에 대해
    ① 몇 번이나 이야기를 해야 들어주는 편이다.
    ② 그런 대로 들어준다.
    ③ 즉시 들어준다.

14. 나에게 쓰는 말은
    ① 경어나 애칭을 거의 쓰지 않는다.
    ② 환경에 따라 다르게 쓴다.
    ③ 꼬박꼬박은 아니지만 경어와 애칭을 쓴다.

15. 나의 신통치 않은 아이디어에
    ① 무시하고 면박을 줄 때가 많다.
    ② 빙긋이 웃어준다.
    ③ 대단한 것이라고 추켜 세워준다.

6. 부모와 자녀의 소통 코칭

1) 부모는 포기할 수 없는 소명이다.

　요즘 자식 효도는 5살까지만이라고 하는 말이 있다. 갈수록 자녀교육이 쉽지 않은 시대가 도래 했다는 의미에서 나온 말이라고 본다. 그래서 어떤 사람은 주식투자와 골프, 그리고 자식교육은 돈과 권력, 의지대로 이뤄지지 않는다는 공통점을 갖고 있다고 말한다. 자녀 양육은 계산기를 사용하여 정답을 얻는 것처럼 부모의 뜻한 바대로 잘 되지 않는다. 최근에 두 자녀를 둔 주부가 자녀 문제로 상담을 요청 한 적이 있다. 고등학교 1학년에 재학 중인 큰아이는 가출을 했고, 중학교 2학년에 재학 중인 둘째는 게임중독이라고 한다. 가족관계를 살펴보면서 의아하게 생각된 것은 그들의 아빠가 세간에 잘 알려진 정신과 의사였다는 사실이다.

　오늘날 부모들이 자녀를 교육하기 힘들게 된 이유 가운데는 부모로서 존경할 수 있는 선이 무너졌기 때문이다. 인간관계의 초석이 되며 교육의 현장인 가정에서 부모의 권위가 세워지지 않는 다면 부모로서 리더십을 발휘하지 못하게 된다.

물론 부모의 권위는 스스로 세워야 한다. 건강한 권위는 지배력이 아닌 사랑의 능력으로 나타난다. 하지만 지나친 과잉 보호적 사랑은 자녀를 망칠 수 있다. 자녀는 화초와 같아서 물을 지나치게 많이 주면 썩고 주지 않으면 말라죽는다는 말이 있다. 오늘날 자녀의 주변을 빙빙 돌면서 과잉보호하는 부모를 가리켜서 헬리콥터 부모라고 한다. 헬리콥터 부모는 자녀 일에 일일이 참견하고 학교나 교사에게 간섭하며, 자녀에 대한 것을 스스로 결정하게 하거나 자녀의 의견을 듣지 않고 무작정 자기가 알아서 다 결정한다. 이것은 결국 자녀를 꼭두각시로 만들 수밖에 없다. 자녀들은 실패를 통하여서 세상을 배우게 된다. 자녀들은 부모의 앞모습이 아닌 뒷모습을 보며 배운다는 말이 있듯이 말보다 행동이 우선되어야 할 것이다. 일관성 없는 교육은 자녀들로 하여금 판단의 기준을 흐리게 하므로 분명한 교육철학을 가지고 있어야 한다. 자녀가 남을 배려할 줄 알고 개인이나 공동체의 관계 질서를 화목하게 하며, 자신의 결정이 어떤 결과를 낳는지 깨닫게 해주고, 그 행동의 결과를 경험하게 하는 것 또한 중요하다. 때론 부모라는 위치가 너무 부담스럽게 느껴질 수 있다. 하지만 부모가 되었기 때문에 자녀들을 양육하면서 자신의 부족을 깨닫게 되는 성숙의 기회를 갖게 된다. 완벽한 부모는 존재하지 않으며 그렇게 될 수도 없다. 다만 충분히 좋은 부모는 될 수 있다. 자녀는 부모 소유물이 아니고 하나님의 청지기로서 감당해야 할 기업이다.

2) 행복한 아버지 역할

어떤 아이는 "우리 아빠는 나쁘지는 않지만 너무 바빠서 싫다."라고 말한다. 현대를 살아가는 우리는 바쁘게 살 수밖에 없다. 그러나 가정이 건강하지 못한다면 모든 것을 이루었다고 해도 실패의 인생이 될 수밖에 없다. 자녀들에게 있어서 아버지의 위치와 역할은 매우 중요하다. 아버지가 된다는 것은 고귀하고 아름다운 일이다. 그러나 가족들을 부양하고 책임을 지고 인도해야 하는 리더로서의 아버지의 자리는 결코 쉬운 자리만은 아니다.

특히 그리스도인 아버지는 가장으로서의 책임뿐만 아니라, 영적으로 가족을 인도해야 하는 제사장으로서의 책임도 있기 때문에 그 자리는 더 엄숙하고 중요한 자리라고 할 수 있다. 요즘처럼 가정에서 아버지의 역할이 점점 더 약화되어 가고 있는 시대적 상황에서 아버지 역할을 재건해야 하는 일은 매우 시급하다고 볼 수 있다.

사라진 아버지의 자리

지금 나타나고 있는 자녀교육의 가장 큰 문제점 중 하나는 아버지의 자리는 점점 없어지고 어머니의 몫만 있다는 점이다. 한국의 도심지에 살고 있는 자녀들과 아버지의 대화시간은 하루 평균 38초라는 통계가 있다. 가정에서 교육의 주도권이 어머니에게 있고, 유·초등 과정의 절대 다수의 교사들 또한 여성임을 감안할 때 남성의 역할모델에 대한 교육적 부재가 일어나고 있다고 볼 수 있다.

요즘 아이들이 갈수록 패기와 용맹이 없고 끈기와 인내력이 약해지고 홀로서기를 하지 못하는 모습을 보면 우려가 되지 않을 수 없다. 그뿐만 아니라 어머니에 대한 의존도가 높아지면서 어머니 없이는 아무것도 하지 못하는 아이들이 늘고 있다.

아버지의 부재현상은 한국만의 문제가 아닌 것 같다. 미국 국가부성센터(NCF)에 의하면, 미국 자녀의 약 40%인 2,700만 명이 아버지와 떨어져 살아가며 그 중 3분의 1 이상이 연평균 1회도 아버지의 얼굴을 못 보고 지낸다고 한다. 특히 1975년 이래 태어난 유럽계 미국인 자녀의 절반 이상과 아프리카계 자녀의 4분의 3은 편부모 밑에서 자라며, 대부분이 편모의 슬하에서 자란다. 편부모 자녀는 퇴학 · 중독 · 조기임신 · 폭력 등에 개입될 확률이 부모 슬하의 자녀보다 높다고 한다.

과연 어떤 아버지가 되어야 행복한 가정을 만들 수 있을까? 어떤 아버지가 좋은 아버지일까?

우선적으로 아버지는 가정에 필수적으로 있어야 할 생활의 전반적인 것들을 책임져야 하고, 아버지로서의 감화력과 역할에 대하여 올바른 견해를 가지고 자녀들의 모본이 되기 위해 노력해야 할 것이다. 무엇보다 아버지에게는 자녀들을 수용하고 인정하며, 세워주는 책임과 자녀들이 올바른 길을 가도록 지도해야 하는 책임이 주어져 있다. 그리고 아버지는 하나님의 은혜 안에서 자녀들에게 올바른 원칙들을 심어주고 자녀들이 순수하고 고결한 품격을 형성할 수 있도록 해야 할 것이며, 가능한 한 많은 시간을 자녀들과 함께 보내면서 자녀들의 장점 자원을 극대화시키고, 비전을 실행하기 위하여 자녀들의 성격과 여러 가지 성향을 알아내려는 노력 또한 아끼지 않아야 할 것이다.

"왜?"라는 질문의 중요성

가정에서 아버지와 자녀 사이에서 "왜?"라는 질문이 통용되는 여건이 마련될 때 일방통행이 아닌 서로라는 개념이 형성되고, 이 시대를 향하여 건전한 대안을 가질 수 있을 것이다. 그렇지 않고 자녀를 기계적 예스맨으로 만드는 것은 건강하고 독립적인 인격 형성을 이루기 어렵게 만들며, 자신의 가치관 형성을 미숙하게 만드는 길이된다.

그렇다면 아버지가 자녀를 어떻게 교육해야 할 것인가? 성서는 주의 교양과 훈계로 양육하라고 말하고 있다.

가장 먼저 자녀가 하나님 중심적 가치관이 설정되도록 해야 한다. 오늘날 자녀들은 대중문화에 많은 영향을 받는 시대를 살고있다. 이러한 일을 앞서서 선도하는 것이 대중매체라고 볼 수 있는데, 만일 삶의 가치관이 하나님 중심으로 세워지지 않으면 그들의 삶은 시대의 조류에 떠내려 갈 수밖에 없을 것이다. 주의 교양을 함양하기 위해서 크리스찬 문화와 성서를 중심으로 한 건전한 독서 활동이 필요하다. 그리고 가정에서 자녀와 함께 크리스찬 문화를 공유하며 말씀을 읽고 토론하는 것이 중요하다. 말씀을 묵상하고 묵상한 내용을 자유롭게 나누고 함께 기도 제목으로 삼을 수 있다면 매우 유익할 것이다. 또한, 하나님 말씀 앞에서 부모와 자녀간의 잘못된 오해와 실수를 서로 이해하고 용서하는 관계가 형성될 때 그 가정공동체는 건강하게 될 것이다. 이러한 관계가 형성된 가정은 아무리 세태가 변모할지라도 시대의 조류에 밀려 떠내려가는 삶이 아니라 역사의 주체로서 세워질 수 있을 것이다.

자녀교육에서 주의 교양과 아울러서 강조되는 것이 훈계인데, 훈계는 사랑을 전제로 해야 한다. 자녀들의 의도적인 실수와 비

의도적인 실수는 반드시 구분되어야 한다. 그리고 처벌을 가할 때는 신체 부위 중에서 인격을 모독하는 얼굴을 구타하는 식의 방법은 바람직하지 않고 또한 체벌 후에 사랑으로 감싸는 일을 간과해서는 안 된다. 즉, 처벌을 당함에 대한 합리성을 인식시켜 주는 작업은 매우 중요하다.

좋은 아버지로서 자식을 바르게 양육한다는 것은 말처럼 쉽지는 않다. 하지만 가정에서 자녀교육은 아내의 몫이라는 생각을 버리고 아버지의 역할과 시대적 책임에 대한 인식전환을 하여 균형 있는 자녀교육을 위해서 노력해야 한다. 세계를 무대로 가장 바쁘게 살았던 부흥사 빌리 그레함(Billy Graham)은 아무리 바쁜 스케줄이 있어도 토요일은 가정의 날로 정하여 가족들과 시간을 보내며 가정교육에 힘썼다고 한다.

무엇보다 아버지의 인격 성숙도는 가족 구성원에게 미치는 영향이 크기 때문에 자신의 의지를 하나님께 복종시키고, 예수 그리스도의 장성한 분량에 이르는 성숙한 삶을 지향해야 할 것이다. 때로는 아버지의 위치와 역할이 너무 힘들고 어려울 때가 있다. 그럴 때마다 좋은 아버지가 되기 위하여 성실한 마음으로 조용한 기도를 드리면서 주님을 바라보아야 한다. 그리고 주님이 주신 지혜와 능력으로 행복한 아버지로서의 역할을 감당해 나아가야 할 것이다.

3) 행복한 어머니 역할

한 인간의 출생에서부터 가장 밀접하고 지속적인 관계를 맺으며 전반적 발달에 제일 큰 영향을 미치는 사람은 '어머니'라고 할 수 있다. 따라서 자녀가 어머니의 '무릎 학교'에서 양육을 받는 것만큼 이상적인 교육은 없다고 생각된다.

영유아기때 관계의 중요성

교육 철학가 코메니우스(Johann Amos Comenius, 1592-1670)는 태어나서 6세까지의 시기를 '어머니 학교(School Materna)'라고 불렀다. 6세 미만의 자녀는 일상생활, 사물에 대한 기초 지식, 도덕적인 습관, 신앙에 관한 개념의 초석을 놓는 시기로서 어머니 영향력이 크게 미치게 된다. 특히 5세 전후에 자녀의 전반적인 성격이 결정되기 때문에 어머니와 자녀 사이의 관계가 매우 중요하다. 왜냐하면 이 시기가 이후의 사회적 관계의 질을 결정하기 때문이다. 영아기에 어머니와 사랑의 관계(애착: attachment)를 잘 맺은 유아들은 자기를 사랑하고, 타인을 신뢰하며, 세상에 대하여 긍정적인 가치관을 형성하게 된다. 따라서 어머니가 자녀에게 얼마만큼 관심을 갖고 가르쳤으며, 지혜롭고 건전하게 살아나갈 수 있도록 용기와 슬기를 가슴속에 채워 주었느냐에 따라 자녀의 행복은 많이 좌우된다. 그러므로 아무리 훌륭한 선생님이라도 자녀의 마음을 길러내는 어머니의 애정을 다 해낼 수는 없는 것이다. 그만큼 어머니의 힘은 위대하며, 자녀 교육의 비중과 사명은 큰 것이다. 가정은 인생의 교실이며, 어머니는 가장 훌륭한 선생님이다.

유태인 어머니의 자녀교육

우리가 아는 대로 인류역사에 놀랄만한 기적을 일으킨 민족은 유태인이다. 노벨상 수상자 가운데 24%가 유태인이며, 미국의 저명한 대학교수 중에는 30%가 유태인이다. 미국에 살고 있는 유태인은 전체 인구의 3.2%로 650만이지만 이들은 미국의 금융계, 교육계, 예술계, 언론계, 정치계에서 막중한 영향을 끼치고 있다. 그 힘의 원천으로 어머니의 교육을 꼽고 있다. 그들은 어린 시절부터 가정에서 어머니에게 철저하게 교육을 받고, 배운 것을 생활 속에 구현한다. 그래서 유태인들은 어디를 가든지 우수한 민족으로 인정을 받는 것이다.

그렇다면 유태인들의 어머니 교육은 어떻게 이루어지는가?

첫째, 유태인 어머니는 신앙과 도덕 그리고 공공심을 길러주는 교훈적인 행위뿐 아니라 친절과 선행을 통해 정서적인 성장도 가르친다(정원식, 2007). 즉 사람은 친절과 선행하는 만큼 지혜로운 인간으로 성장해 간다고 생각하기 때문이다.

둘째, 유태인 어머니는 어려서부터 금전의 가치와 바른 사용법을 자녀에게 가르친다. 초등학생쯤 되면 그 달 지출 내역서와 다음 달 사용계획서를 부모에게 제출하고 부모와 함께 검토하면서 더 지혜로운 금전 사용법을 배우게 한다. 따라서 유태인 자녀들에게서 즉흥적, 충동적 구매 등의 무분별한 사용은 찾아보기 어렵다(류태영, 1996).

셋째, 유태인 어머니는 식사, 청결 등의 기본 예절교육을 강조한다. 유태인 가정에서는 어머니가 정성껏 마련한 식사가 가족의 마음을 결속시키는 가장 소중한 역할을 하며 인간다움이 무엇인지를 배우는 신성한 자리이므로 만 1세가 되어 부모의 식사예절을 따라 할 수 있기 전까지는 함께하지 않는다. 또한 편식은 아이의 건강을 해칠 뿐만 아니라 가족의 일체감까지 허물어뜨리므로 편식하지 않도록 가르친다(Ruth Silo, 2008).

넷째, 유태인 어머니는 "악한 자들이 너에게 한 짓을 잊어서는 안 된다. 그러나 용서는 해야 한다(Ruth Silo, 2008)."고 가르친다. 유태인의 고난과 박해는 유태인들에게 긴 역사상의 사실이며 힘든 민족적 수난이었지만 그 고통과 시련은 긍정적이고 발전적인 미래를 열어갈 씨앗과 원동력이 되었기 때문에 절대로 그 사실들을 잊어서는 안 되지만, 그들을 괴롭힌 사람들을 용서해야 한다고 자녀들에게 가르친다(Marvin Tokayer, 1995). 암울하고 불행했던 과거에 집착하기보다 밝고 희망찬 내일을 기대하면서 긍정적인 인생관과 세계관으로 살아온 유태인 민족의 삶의 자세를 가르치는 것이다.

다섯째, 유태인 어머니는 관계지향적 측면에서 개인적 배려, 의사소통, 영감적 격려를 중요시 한다. 유태인 어머니는 형제를 같은 기준으로 서로를 비교하면 형제에게 악영향을 주지만, 각자의 개성을 인정하면 형제 모두를 성장 시킬 수 있다는 교육 신념을 가지고 있다(Lipsitz, 1997). 그리고 유태인 어머니들은 잠들기 전, 식사시간, 안식일이나 휴일 등을 통해 자녀와 의사소통의 소중한 시간을 갖는다. 자녀가 잠들기 전 짧은 시간의 이야기 교육(베드 사이드 스토리: Bed Side Story)을 통하여 자녀에게 하루를 경계로 하여 두려움과 슬픈 감정이 그날로 정리되도록 배려하여 안정감을 주고, 고등 정신 능력(풍부한 상상력, 추리력, 비판력, 창의력)의 발달을 자극시키도록 교육한다(Ruth Silo, 2008). 유태인 어머니는 아무리 피곤하고 바쁜 일이 있더라도 '베드사이드 스토리(Bedside Story)'를 들려주는 것은 어머니로서 가장 중요한 의무라고 생각한다. 나아가 어린 자녀에게는 자장가를 들려주거나 음악을 들려주지만 적어도 세 돌이 지난 자녀에게는 반드시 책을 읽어준다(정원식, 2007).

유태인 어머니에게 자녀의 실수에 대해 벌하는 것은 성장을 돕는 하나의 수단이다. 먼저, 자녀를 꾸짖을 때 '선'인지 '악'인지를 결정하는 기준으로 꾸짖는다. 이로 인해 자녀의 올바른 가치 기준을 만들어 주는 것이다. 또한 "오른손으로 벌을 주고, 왼손으로 안아 주어라(Ruth Silo, 2008)."라는 유태 격언처럼 행한다. 체벌이 체벌 그 자체로 끝나서는 안 되고 교육적인 체벌 내면에 반드시 자녀에 대한 깊은 애정과 배려가 수반되도록 한다는 것이다. 애정 표현이 수반되지 않은 체벌은 자녀를 지배하고 자녀 위에 군림하는 부모의 권위주의에 그칠 우려와 그 권위에 대한 자녀의 두려움과 불안을 초래하는 부정적이고 비교육적인 결과를 낳게 된다(Lipsitz, 1997).

여섯째, 유태인 어머니는 '물고기를 잡아주기보다 물고기 잡는 법(정원식, 2007)'을 가르친다. 유태인의 격언에 물고기 한 마리를 주면 하루밖에 살지 못하지만, 물고기 잡는 방법을 가르치면 한평생 살 수 있다는 말이 있다. 이 격언은 물질보다 생각하는 머리를, 지식보다도 그 지식을 얻는 방법과 지식을 창조하는 능력을, 즉 지혜를 주는 것이 중요하다는 뜻이다. 지혜를 강조하는 유태인 어머니들은 '머리를 써라'라는 말을 자녀들에게 자주 이야기 한다. 그리고 유태인 어머니들은 인생을 긴 안목으로 보면서 인간은 평생 배워야 한다는 기본적 교육 신념을 가지고 있다. 그래서 자녀들은 놀아야 할 어린 시절에 충분히 놀게 해야 한다는 생각과 놀이 그 자체가 교육인 시기에는 학문에 관한 것은 접어 두고 친구들과 기쁘고 즐겁게 놀게 함으로 그 속에서 어린 시절 갖추어야 할 인생의 기본 자질을 준비시킬 수 있다고 믿는다(Lipsitz, 1997).

그뿐만 아니라 유태인 어머니는 '오늘 학교 가서 선생님께 질문 많이 하고 공부 잘하고 오너라'는 부탁을 한다(Lipsitz, 1997). 즉, 선생님이 말하는 대로 외우고 메모하는 것보다 이해하는 능력을 강조한 것이다. 그래서 이해가 되지 않는 것은 궁금증이 다 풀릴 때까지 끝까지 질문을 통해 답을 찾으라고 가르친다(변성환, 2005). 이런 가르침 덕분에 유태인 자녀들은 스무고개 수수께끼 풀듯 한 단계 한 단계 새로운 지식을 쌓아나가면서 독창성 있는 인재로 성장하는 것이다.

일곱째, 유태인 어머니는 어려서부터 배움의 즐거움을 자녀들에게 체득시키는 교육을 실시하고 있다. 즉, 배움이란 결코 괴로운 일이 아니라 즐거운 것이라는 점을 자녀가 몸에 익히도록 한다(Ruth Silo, 2008). 그리고 자녀들의 장래에 대한 선택은 자녀들 스스로 선택하도록 하고 후회 없이 노력할 수 있도록 충고 정도만 해준다. 즉, '싫으면 하지마라.' 대신, '하려거든 네 능력을 최대한 발휘해서 최선을 다해라' 라고 말한다. 이렇듯 유태인 어머니들은 자녀의 장래에 지나친 기대나 환상을 갖지 않고 스스로 뜻을 세우고 능력을 발휘하며 나아갈 수 있도록 유도한다.

4) 부모의 정서건강이 자녀교육의 핵심이다.

부모는 자녀들이 성장해 가면 자연히 자녀교육에 대한 관심을 갖게 된다. 더욱이 우리나라 학부모들은 자녀교육에 대한 관심이 가히 세계적이라 할 만큼 교육열이 대단하다. 그러나 높은 교육열에 비해서 방향성에 있어서는 문제점이 적지 않음을 볼 수 있다. 옛부터 우리 부모들은 자녀들을 학교 보내는 일이라면 가정 형편이 어찌 되었든 허리띠를 졸라매고 문전옥답까지라도 팔아서 투자하고 모든 헌신을 아끼지 않았다. 이렇게 한 이유에는 교육이 개인 성장의 모든 길을 해결해주는 열쇠로 생각했기 때문이다. 하지만 학교가 모든 성공의 길을 해결해 줄 수는 없다.

물론 학교가 계획적이고 조직적인 제도의 틀 속에서 교육을 전담하고 있기 때문에 교육의 중추적인 역할을 하고 있는 것은 사실이다. 그러나 지금 학교는 여러 면에서 교육의 한계를 가지고 있다. 가정교육에서 감당하지 못한 교육의 몫을 학교가 감당하기란 역부족이다. 그러므로 모든 교육의 근간이 되는 가정교육이 더욱 순기능적으로 활성화 되어야 한다. 가정의 교사는 과외선생이 아니고 부모의 몫이다. 부모들은 하나님으로부터 교사란 특권을 부여 받은 자들이다. 그러므로 부모가 가정에서 교사의 역할을 잘 수행하지 못하면 엄밀한 의미에서 하나님 앞에서 직무유기가 되는 것이다. 그렇다면 가정교사로서의 부모의 바람직한 태도는 무엇인가.

첫째, 부모의 행동양식이 자녀에게 미치는 영향이 지대함을 기억해야 한다. 심리학자들은 약 10개월쯤 된 아이의 옹알이는 부모가 사용하는 언어의 억양과 소리가 그대로 반영된다고 한다. 유치원에서 소꿉장난 하는 아이들을 관찰해 보면 그 가정의 분위기가 그대로 반영되어 나타나는 것을 본다. 한 가정의 분위기는 물리적 환경보다 심리적 환경이 더 많이 영향을 미친다. 특히 6세 이하 때에 부모는 아이의 거울로 작용된다. 그러므로 자녀를 어떻게 키울 것인가 고민하기 전에 아직도 제거되지 않은 자신들의 쓴 뿌리가 무엇인지 점검할 필요가 있다. 그리고 자신의 신앙이 성서 위에 근간을 두고 있는지 성찰하는 자세 또한 중요하다. 자신의 실수와 부족을 줄이려고 부단히 노력을 기울이는 자세로 살아가는 부모 밑에서 성장하는 자녀들은 좀 더 긍정적이고 희망적인 삶을 살게 될 것이다.

아이들은 특정 대상을 일방적으로 모방하거나 동일시하는 경향을 가지고 있다. 어느 초등학교 1학년 선생님이 교통사고로 고개가 왼쪽으로 15도 기울어졌는데 한 학기를 지나고 보니 상당수의 학생들이 선생님과 같은 방향으로 고개가 기울어져 있었다고 한다. 자녀를 둔 부모나 주위 어른들은 아이들 앞에서 늘 언행을 주의해야 한다. 특히 가정에서 교회 지도자나 교우들에 대해서 늘 비판하고 불평을 일삼는다면 자녀들의 신앙 성장에 좋지 못한 영향을 줄 수 있다는 것이다.

둘째, 부모는 화목한 삶의 모범을 보여야 한다. 부부의 화목은 가족 전체의 화목을 이끄는 열쇠가 되므로 매우 중요하다. 잠언에 보면 마른 떡 한 조각을 가지고도 화목한 것이 산해진미를 먹는 것 보다 더 행복하다고 말하고 있다. 화목한 가정생활이 영위될 때 자녀들은 심리적 안정감을 가지게 된다. 자녀의 성공은 우선적으로 자신들의 노력이 중요하지만 가정의 심리적 환경 또한 중요하다.

지난해에 여자친구 문제로 상담을 요청하게 된 한 내담자가 있었다. 대학교 2학년에 재학 중인 그는 1년 전에 친구의 소개로 여자친구를 만나게 되었는데 너무 자주 다투게 되어서 고민이라는 것이다. 자신의 집 분위기와 여자친구 집의 분위기는 상반된다고 했다. 여자친구 집 분위기는 어머니 주도적 가정으로, 직설적이고 일방적인 어머니에 의해서 아버지는 늘 수동적이고 소극적인 태도를 취해 왔다. 그런데 여자친구가 어머니가 아버지에게 대하듯 자신에게 똑같이 대한다는 것이다. 여자친구와 상반된 가정환경에서 자란 내담자는 여자친구를 이해할 수가 없었던 것이다.

내담자는 시골에서 아버지 주도형 가정에서 성장했는데 자신의 어머니는 아버지에게 늘 복종적인 태도를 보였다는 것이다. 그래서 그는 여성에게 매우 권위적이었다. 두 사람 모두 균형을 잃은 극단적 가정에서 자라 온 것이다.

우리가 원만한 대인관계를 위해서 기억해야 할 것은 나와 다르다고 해서 틀리다는 생각을 해서는 안 된다는 것이다. 특별히 부모들은 자녀들 앞에서 자신과 의견이 다르다고 해서 상대방을 험담한다거나 비인격적인 태도를 취하는 것은 스스로 부모에 대한 존경선을 무너뜨리는 행동임을 알아야 한다. 늘 문제는 자신에게 있음을 인식하고 성숙을 위해서 노력해야 한다. 그리하면 상대방을 관용하고 용서하는 마음이 생길 수밖에 없다. 가정 화목을 위해서 정기적인 가정 예배를 드리는 것도 좋은 방법이 될 수 있을 것이다. 모든 가족이 하나님 앞에 서로 용서를 구하고 늘 감정을 이완시켜 나간다면 화목한 가정으로 세워질 것이다.

셋째, 애정적 분위기를 조성해야 한다. 사람은 밥만 먹고 사는 존재가 아니고 절대적으로 사랑이 필요한 존재이다. 애정이 결핍된 사람들에게서 나타나는 두드러진 특징 중 하나는 정서적으로 안정감이 없다. 정서의 산소라고 불리는 애정은 1차적으로 가정에서부터 공급된다. 가정에서 부모가 자녀에게 어떤 태도로 대하느냐에 따라서 애정적 분위기는 크게 좌우된다. 자녀를 맹목적인 사랑이나 감시가 아닌 이해와 절제된 사랑으로 대할 때 균형 있는 자녀로 성장할 것이다. 사랑은 받아 본 자만이 사랑을 줄 수 있다. 우리가 가정을 선택해서 태어날 수 없기 때문에 우리 가운데는 사랑을 받지 못하고 성장했거나 또는 상처를 받으면서 성장한 사람도 있을 것이다. 하지만 우리는 예수 그리스도를 통해서 하나님의 무한한 사랑을 받을 수 있게 되었다. 나 자신보다 나를 더 잘 아시고 사랑하시는 하나님의 사랑이 우리에게 주어진 것이다. 그러므로 우리는 긍휼이 풍성하시고 참 사랑이신 하나님의 사랑으로 자신의 상처 입은 감정을 치유하고 사랑이 꽃피우는 가정을 재건할 수 있게 되었다. 부모도 이 사랑으로 자녀들을 돌보고 이웃을 넉넉히 섬겨야 할 것이다.

넷째, 자녀에 대한 부모의 지도는 일관성이 있어야 한다. 부모가 감정에 좌우되어 변화무쌍하든지, 어머니는 늘 까다롭고 아버지는 늘 후하여 갈피를 잡을 수 없다면 교육에 일관성이 없어진다. 요즘 많은 아버지들은 자녀들과 함께 지낼 시간이 많지 않다 보니 아이들에게 후하게 대하는 경우 많다. 그래서 아이가 잘못해서 어머니가 체벌하고 있는데 아버지는 무조건 괜찮다고 하는 경우가 있다. 이렇게 될 경우 자녀를 바르게 지도할 수 없게 된다. 특히 자녀의 용돈을 비롯한 금전관리나 시간관리 그리고 예절 등 자녀의 좋은 태도와 습관을 위해서 일관성 있는 지도가 이루어져야 한다. 가정에서 분명하고도 확고한 기독교적 세계관과 가치관을 가지고 일관성 있게 지도하게 되면, 때로 자녀들이 엉뚱한 생각을 하거나 행동을 하다가도 되돌아오게 된다.

하나님께서는 각 개인에게 가능성과 잠재력을 발휘하여 자기 생활을 새롭게 개척하고 변하는 환경에 적응하며 새로운 것을 개발해 내는 힘을 부여하셨다. 이러한 능력이 충분히 발휘되게 하기 위해서 무엇보다 건강한 정서를 기반으로 하는 가정공동체가 요구된다. 그러므로 부모의 정서 건강이 자녀들의 정서적 건강과 직결됨을 기억해야 할 것이다.

5) 부모의 양육태도가 자녀의 행복을 좌우한다.

모든 부모들은 부모역할을 잘 하고 싶어 한다. 하지만 학력과 사회 경제적 지위 고하를 막론하고 부모가 되고 난 이후 하나같이 하는 고백은 '자녀 양육만큼은 마음먹은 대로 안 된다.'는 것이다. '부모는 자녀의 거울이다.'라는 말이 있듯이 부모의 행동이 자녀에게 큰 영향을 주기 때문에 부모의 사랑과 올바른 양육태도가 중요하다. 양육태도란 부모가 자녀를 대하는 태도 또는 행동의 경향성과 반응양식을 말한다. 자녀의 근본적인 성격형성과 가치관이 발달하는 12세까지 가장 많이 만나는 사람이 부모이므로 부모의 행동이 자녀에게 큰 영향을 줄 수밖에 없다. 부모의 사랑과 올바른 양육태도로 인성과 자존감이 형성된다. 따라서 부모의 노력으로 자녀가 훌륭한 인성과 사회성을 갖추게 되므로 부모의 행동과 양육태도는 매우 중요하다.

부모 양육태도에 대한 분류는 학자마다 다소 차이가 있지만 권위형, 방임형, 민주형에 따른 양육태도를 살펴보면 다음과 같다.

첫째, 권위형 양육태도

권위형 자녀에 대해 요구는 많이 하지만 자녀에 대한 반응은 거의 하지 않는 경우가 많다. 권위형 부모들의 특성을 보면 절대적 기준을 정해 놓고 그에 따라 자녀의 행동과 태도를 형성하고 통제하며 평가하는 경향이 많고, 자녀가 부모에 대해서 자기 의견을 표현하거나 말대꾸하는 것을 허용하지 않는다. 또한 전통이나 일, 질서유지와 복종에 중요한 가치를 두며, 자녀의 개별성, 자립성 및 자율성을 인정하지 않는다.

자유는 주어지지 않고 제약만 주는 지도법

둘째, 방임형 양육태도

방임형 부모들은 자녀들에게 지나치게 많은 시간 동안 자녀들을 하고 싶은 일을 하도록 허용하는 경우가 많다. 그러한 가정에서는 질서와 규율이란 게 없다. 그리고 무제한의 자유가 허용된다. 방임적인 부모들은 자녀의 심부름꾼처럼 행동하면서 자녀들이 부모를 유린하도록 방임한다. 이러한 방임적인 지도하에서 자란 아이들은 일정한 원칙이나 안정감을 느끼지 못하는 것이 큰 결점으로 나타나고 있다.

제약은 주지 않고 자유만 준 지도법

셋째, 민주형 양육태도

민주형 양육의 형태의 기본은 부모가 자녀의 의사를 수용하는 것이다. 즉, 자녀가 양육과정에 자발적으로 참여하는 형태이다. 민주형 부모들은 자녀양육에 있어서 분명한 기준을 세워 놓고,

자녀에게 성숙한 행동을 기대한다. 규칙을 강조하고 필요에 따라서는 벌을 주기도 하지만, 자녀가 독립성을 갖도록 격려하고 자녀의 개성을 인정해주는 양육방식이다. 따라서 민주형 가정에서는 질서가 있고 세심한 관심도 있다. 그리고 개개인이 다 중요한 구성원으로서 인정을 받는다. 적당한 크기의 울타리를 두고 그 안에서 자유롭게 활동하며 상상하고 자신의 창의력을 마음껏 발산할 수 있는 자녀로 양육하는 형태이다.

일정한 한계 안에서 자유를 주는 지도법

이상에서 권위형, 방임형, 민주형에 따른 부모 양육태도의 특성을 살펴보았다. 이 가운데 가장 선호되는 부모 양육태도는 당연히 민주형이라고 할 수 있다. 하지만 민주형 부모 양육태도를 지향한다고 해서 자녀들을 온전하게 양육할 수 있게 된다는 보장은 없다. 자녀는 물을 너무 많이 주면 썩고 물을 주지 않으면 말라죽는 화초와 같기 때문에 개인의 개성과 소통을 중시하되, 개인의 책임도 강조되는 균형이 있는 자녀 양육태도를 가져야 할 것이다. 특히 죄성을 지닌 인간이기 때문에 신앙교육에 있어서는 철저한 부모의 양육태도가 중시되며, 자녀의 각각 발달주기에 따른 개인 특성을 고려하는 부모의 태도 또한 중요하다.

【 부모의 양육태도 유형 테스트 】

아래의 문항을 읽고 자신에 해당된다고 생각되는 난에 ○표하시오						
1. 전혀 그렇지 않다.　2. 비교적 그렇지 않다. 3. 간혹 그렇다.　4. 자주 그렇다.　5. 거의 자주 그렇다.	1	2	3	4	5
1	자녀가 마음대로 친구를 사귀지 못하게 간섭한다. 그리고 집밖에 나가놀지 못하게 한다.					
2	자녀가 시간을 계획하여 잘 사용하는지 살피고 감독한다.					
3	공부시간, TV시청시간 등을 잘 사용하는지 살피고 감독한다.					
4	자녀가 용돈을 어떻게 쓰는지 알려고 하지 않는다. 일정한 양의 용돈을 주지 않고 자녀가 모자란다고 할 때마다 더 준다.					
5	자녀에게 '하라'는 말보다 '하지말라'는 지시를 더 많이 한다.					
6	시간을 내어 자녀들과 놀아주고 장난도 친다.					
7	자녀가 어떤 친구와 어디서 노는지 알려고 하지 않으며, 잘 모르고 있다.					
8	자녀가 부모의 말을 듣지 않을 때는 크게 꾸중하거나 한 대 쥐어박는다(또는 처벌한다).					
9	부부싸움 등으로 화가 날 때는 자녀에게 화풀이를 한다.					
10	자녀가 요구하는 것을 거절할 때는 그 이유를 설명한다.					
11	자녀가 칭얼대고 떼를 쓰면 요구대로 들어준다.					
12	자녀와의 약속을 곧잘 잊어버리고 들어주지 않는다.					
13	자녀에게 엄격하고 완고하게 대한다.					
14	자녀를 훌륭한 사람으로 만들기 위해서 부모는 어떠한 희생도 마다하지 않고 감수한다.					
15	자녀가 어려운 일을 해내면 칭찬해 준다.					

1+5+8+9+3=(　　) / 2+3+6+10+15=(　　) / 4+7+11+12+14=(　　)

〈해석〉
1, 5, 8, 9, 13은 권위형 / 1, 3, 6, 10, 15는 민주형 / 4, 7, 11, 12, 14는 방임형
위 이 세 영역의 합산점수를 비교하면 자신의 지도유형을 발견할 수 있을 것이다.
부모의 자녀지도 유형 중에서 바람직한 유형은 민주형이다.
당신의 지도유형은 어떤 것인가? (　　)

6) 성적 경쟁자보다 행복 경쟁자가 되게 하라.

우리는 '무한경쟁'이라는 모토를 가지고 전심전력해 왔기 때문에 짧은 기간에 세계에 유래 없는 높은 국가성장률을 이룰 수 있었다. 이러한 우리 사회의 초고속적인 급변화속에서 가장 많은 영향을 받으며, 문제성이 가장 크게 나타나는 연령층은 청소년들이라고 할 수 있다. 우리나라 청소년들은 2009년 이후 행복지수가 53점(100점 만점기준)에 머물러 OECD국가 중 최하위이다. 더욱 충격적인 것은 58%의 청소년들이 자살생각 경험이 있다는 것이다. 실제적으로 자살은 한국 청소년들의 사망원인 2위에 속하며, 수치 또한 급속도로 증가하고 있다. 이런 현상에 대해서 고난의 세월을 살았던 기성세대들의 시각에서는 잘 이해가 되지 않을 것이다. 이는 달라진 시대적 상황도 있지만 기성세대들이 만들어 놓은 역기능적인 시스템이 문제가 되었다고 볼 수 있다.

우리나라 청소년들이 행복하지 못한 이유 가운데 첫 번째가 학업성적 때문인 것으로 나타났다. 88.8% 청소년들이 자신의 학업성적에 대한 불만을 가지고 있다고 한다.

우리의 청소년들은 치열한 입시위주의 교육시스템 속에서 소수의 선택받은 상위권 학생들만이 좋은 대학에 가서 좋은 직장을 얻고 돈을 많이 벌며 살 것이라는 환상을 가지고 있다. 따라서 청소년들의 성공의 척도는 오로지 '상위권 대학'이 목표가 되어버렸다. 그리하여 우리나라 사람들에게 있어서 대학교는 기독교, 불교, 유교와 더불어 4대 종교로 불리는 웃지 못할 현상이 벌어지고 있는 것이다. 한국에 태어난 아이들은 말을 배우기도 전에 자신들의 의사와 관계없이 부모들의 손에 이끌리어 이곳저곳에서 넘치도록 배움의 기회를 갖으며, 명문대학을 목표로 길러지고 있다. 우리나라 청소년들은 세계 그 어떤 나라 청소년들보다 공부를 하는 시간이 많음에도 불구하고 30%는 꿈이 없고, 30%는 연예인이 되기를 소망하고, 나머지 40%도 이 땅에 5-6만 가지 직업이 있음에도 292가지 직업에 국한되고 있는 모습을 본다.

　세계에서 가장 많은 사교육비가 투자되고 있음에도 불구하고 청소년들은 왜 행복하지 않은 것일까? 많은 사람들이 열심히 공부하면 성공하고, 성공하면 행복해질 것이라 생각한다. 그래서 미래의 행복을 위해 지금 불행한 삶을 감수해야 한다는 것이다. 하지만 현재가 행복하지 않은 사람은 미래에도 행복하지 않을 가능성이 높다.

　미국 미시건대 바바라 푸레드릭슨(Barbara Fredrickson) 교수의 연구결과에 의하면 행복한 아이들의 뇌일수록 생각과 감정이 균형 있게 활성화되고 창의력과 사고 작용이 훨씬 발달한다고 하였다. 이 말은 성공하면 행복해지는 것이 아니고 행복해야 성공할 수 있게 된다는 의미이다.

　미국 스탠퍼드대학교 심리학과 교수를 지낸 루이스 터먼(Lewis Terman) 박사는 캘리포니아 주에 있는 초·중생 25만 명 중 지능지수(IQ) 135 이상 되는 영재 1521명을 69년 동안 그들의 평생을 추적하는 실험을 실시하였다. 터먼은 실험에 앞서서 이 아이들이 각계의 최고 엘리트가 돼 성공적인 인생을 누리고 높은 직위를 갖게 되리라는 가설을 세우고 1990년까지 그들 뿐 아니라 3대까지 성장을 지켜보면서 학업·결혼·직장생활 등을 낱낱이 기록하였다. 연구를 마친 결과 영재로 판명된 아이들의 성장은 애초의 가설과는 다른 결과를 보였다. 그들 대부분은 자라서 엘리트가 되기는커녕 아주 평범한 직업인이 됐다. 판사와 주 의회의원 몇 명이 나왔을 뿐 전국적 명성을 얻은 사람은 거의 없었다.

하버드대학교 의과대 팀이 하버드대 268명을 관찰대상으로 선정하여 72년간 (2009년까지) 진행해온 '잘사는 삶의 공식'에서도 유사한 결과가 나온 것을 볼 수 있다. 관찰 대상자 가운데 훗날 미국 대통령이 된 케네디(John Fitzgerald Kennedy, 1917-1963)도 있었지만 대부분이 의외였음을 본다. 3분의 1은 정신질환 치료를 받아야 하는 사람이 됐고, 마약이나 알코올 중독에 빠져 사망에 이른 사람도 적지 않았다고 한다. 이 연구의 결론도 삶에서 가장 중요한 것은 머리지식보다는 따뜻한 가슴과 성품이라고 하였다.

예수님은 마 5:3-10에서 행복은 심령(마음)의 문제요(마 5:3, οι πτωχοι τψ πνευματι: 심령이 가난한 자), 심령(마음)의 문제는 영혼의 문제이며, 영혼의 문제는 성령으로 해결될 수 있는 영적인 문제라고 하였다. 다시 말해서 영혼이 거듭나야 심령이 변하고 심령이 변화되어야 행복하다는 말이다. 우리 아이들이 진정으로 행복한 인생을 누리기 위해서는 마음을 다치게 해서는 안 된다. 그리고 마음을 주장하시는 성령 하나님의 은혜 안에서 성적경쟁이 아닌 자신에게 주어진 은사를 따라서 행복경쟁을 하도록 도울 수 있어야 한다.

7) 지지와 사랑의 자양분을 공급하라.

인간이 걸릴 수 있는 질병은 총 약 6,000가지 정도 된다. 이 가운데 정신병이 123가지 그리고 암이 271가지가 된다. 우리는 이러한 질병을 극복하기 위해서 엄청난 노력을 한다. 요즘은 노화

방지를 위해서 PRP치료(Platelet Rich Plasma, 자가혈피부재생술)를 통해 10년을 젊어지게 한다고 한다. PRP치료는 본인 혈액 중 성장인 자가 풍부한 요소(즉, 혈소판이 풍부한 혈청)를 추출하여 다시 환자의 피부에 주입하는 시술이다. 하지만 PRP치료를 통해서 몸의 주름을 펼 수 있을지는 모르나 마음의 주름을 펼 수는 없다. 생명을 연장시키는 의술을 발전시켜 평균 수명 90살 시대에 도래했지만, 자살 증가율은 막지 못하고 있다. 최근에 정신의학회 발표에 따르면, 우리나라 청소년 37%는 한 가지 이상 정신적 문제를 가지고 있다고 보고하고 있다.

지금 우리 청소년들은 학교 공부와 과외, 학원과 야간자율학습 등으로 잠이 턱없이 부족하고 머리 지식이 과포화가 될 정도가 되었다. 정보과다 현상과 더불어 심리적 스트레스가 가중되면서 가슴은 더욱 황량해지게 되었다. 부모들은 자녀들을 사랑한다고 하지만, 서울시 아동복지센터 조사에 의하면 우리나라 38%이상의 아이들이 부모에게 가장 듣고 싶은 말은 "사랑해"라는 말이라고 하였다. 우리의 아이들은 감정적 지지를 받고 싶지만 그렇지 못한 것이 현실인 것 같다. 사랑하지 않고 행복할 수 없다. 기술은 학습을 통해서 가능한데, 사랑의 기술을 가르쳐주는 곳이 없고, 행복을 디자인할 수 있는 기술을 가르쳐주는 곳도 없다. 가정에서 부모들은 자녀들에게 사랑의 기술을 가르쳐주고, 교회에서 하나님의 사랑을 행함으로 가르쳐주어야 한다.

8) 칭찬과 격려가 사람을 변화시킨다.

우리나라 사람들의 하루 대화시간은 평균 47분이라는 연구의 결과가 나왔다. 그런데 더 놀라운 것은 47분 대화 가운데 칭찬과 격려의 말은 0.02%밖에 안 된다는 점이다.

오늘날 내면의 상처와 정서적 결핍으로 화가 난 성장세대에게는 격려와 칭찬 그리고 인정보다 더 중요하고 우선되는 것은 없다고 본다. 상처 입은 아이들에게 마음의 마사지가 필요하다. 입으로 먹는 보약보다 더 중요한 것이 귀로 먹는 보약인데, 칭찬과 격려와 인정이 바로 정서적 보약이다. 말에는 능력이 있기 때문에 칭찬과 격려와 인정을 하는 대화를 하면 사람의 마음을 움직이게 된다. 그들은 자신을 가르치고 훈계하기 전에 자신들의 입장을 이해해 주기를 바란다. 그리고 어른들에게 정답을 듣기 전에 자신의 입장을 공감해주고 편이 되어 주었으면 하는 기대감을 가지고 있다. 청소년들은 자신을 공감해주고 인정해주는 지도자를 신뢰하고 따르게 된다. 그러므로 청소년들을 가르치고 지적하기에 앞서서 그들을 공감하고 격려함을 통하여 공감대를 형성하는 것이 중요하다.

사람은 지적에 의해서 바뀌는 것이 아니라 감동에 의해서 바뀐다는 말이 있다. 청소년들은 자신이 신뢰하고 좋아하는 사람이 지적하면 이해하고 충고로 받아들이지만 그렇지 않은 사람이 지적하면 상처를 받고 저항을 한다. 그러므로 청소년들과 관계의 끈이 얼마나 튼튼하느냐에 따라서 그들을 어느 정도 통찰시킬 수 있는가와 직결된다.

지금 우리는 소셜 네트워크의 도구가 더 첨단화되고 확대되는 사회의 길목에 있다. 하지만 사람보다 더 훌륭한 치료의 도구는 없다. 이 세상에서 가장 먼 거리가 머리에서 가슴 거리라는 말이 있다. 타인을 공감한다는 의미는 가슴으로 이해한다는 의미이다.

하나님은 인간을 창조할 때 감정기능이 가장 먼저 발달하게 하셨다. 그러므로 네트워크의 생명력은 가슴으로 느끼는 공감능력을 얼마나 창출하느냐에 달려있다고 하겠다. 타인을 인정하고 격려하는 삶을 살게 되면 자신의 삶이 풍성해진다.

한 마디 말을 하는데 걸리는 시간은 짧지만 그 말의 힘은 평생을 갈 수 있다. 칭찬과 격려는 사람을 변화시키지만 과격한 말은 분노를 더욱 촉발한다. 그래서 말은 칼도 되고, 담요도 된다는 말이 있다.

어느 작은 시골 마을의 천주교회당에서 신부가 미사를 집례 할 때에 옆에서 시중드는 어린아이가 그만 실수를 해서 성례를 행하는 포도주 잔을 엎질렀다. 잔은 깨어지고 포도주는 땅에 쏟아졌다. 순간 화가 난 신부가 노하여 그 어린아이의 뺨을 때리고 말았다. 그리고 "다시는 제단 앞에 나타나지 말라"고하며 크게 나무랐다. 어린아이는 울면서 돌아갔고, 그 아이는 커서 공산국가 유고슬라비아의 독재자로 군림한, 조셉 브로즈 티토 대통령이 되었다.

어느 큰 도시의 천주교회당에서도 똑같은 사건이 일어났다. 신부는 어쩔 줄 모르고 두려워 떠는 어린아이를 따뜻한 눈빛으로 들여다보면서 조용히 말했다. "너는 커서 신부가 되겠구나." 그 어린아이는 커서 이름난 대주교가 되었다. 그가 바로 작가이자 교육가이기도 한 풀턴 쉰(Sheen Fulton) 대주교이다.

열등감이 많은 사람일수록 지적보다 격려가 필요하다. 한 번 야단치려면 다섯 번 칭찬하고 세 번 지도하라는 말이 있다. 한 번 비난받고 본래대로 회복하기 위해서는 아홉 번의 칭찬이 필요하다고 한다. 명품 칭찬은 소유가 아닌 능력을 칭찬하는 것이고, 결과보다 그 과정과 최선을 다한 것을 칭찬하는 것이다. 칭찬과 격려는 귀로 먹는 행복 비타민으로 의미 있는 타자의 칭찬은 더욱 효과가 크다고 볼 수 있다.

9) 꿈 위에 꿈을 꾸게 하라.

지난 5년간 우리나라에만 신종직업이 800개 생겼음에도 불구하고 우리나라 학생들의 직업 선호도를 조사하면 대부분 292개에 국한되는 모습을 본다. 더 안타까운 것은 30% 학생들은 꿈이 없다는 것이다.

미국 템플대학교 러셀 코월(Russell Cowell) 박사가 미국인 가운데 성공한 4,043명을 조사한 결과 세 가지 공통점을 발견하게 되었다고 한다. 첫째는 꿈이 선하고 분명했으며, 둘째는 꿈을 위해 과정에 최선을 다하고, 셋째는 자신의 무능을 알고 하나님께 기도하는 것이었다.

추구하는 삶의 목표가 뚜렷하지 않은 즉, 꿈이 없는 사람들은 주위 환경에 쉽게 동화되고 좌절하게 된다. 시각, 청각, 언어 장애를 가지고 있었지만 작가, 교육가, 사회사업가로 활발하게 활동했던 헬렌 켈러(Helen Adams Keller, 1880-1968)는 "이 땅에 가장 불행한 사람은 시력은 있으되 꿈이 없는 사람이다."라고 했다. 미래는 꿈꾸는 자의 것이라는 것을 헨리포드(Henry Ford)나 라이트(Wright) 형제를 통해서 알 수 있다. 헨리포드가 자동차를 만들겠다는 꿈을 제시할 때, 사람들은 그를 미쳤다고 했다. 당시에는 자동차가 다닐 길이 없는 시대였기 때문에 길이 없는데 어떻게 가느냐는 것이었다. 그리고 라이트 형제가 비행기를 만들겠다는 꿈을 꿀 때, 가장 가까이에 있는 아버지가 미쳤다고 하며 라이트 형제의 꿈을 꺾었다. 그러나 그의 어머니는 꿈을 심어주었기 때문에 오늘날 하늘을 나는 비행기가 있게 된 것이다.

세상이 두려워하는 세 종류의 사람이 있다고 한다. 첫째는 소유에 집착하지 않고 소유를 초월할 수 있는 사람이다. 둘째로는 죽음을 무서워하지 않는 사람이다. 그리고 마지막 세 번째는 꿈이 있는 사람이다. 꿈이 있는 사람은 희망찬 미래를 위해서 어떤 대가(代價)도 지불할 수 있는 용기가 있다. 꿈은 삶의 좌표요 방향성이다. 꿈이 고상하면 고상한 사람이 된다. 꿈의 크기에 따라서 인생의 크기도 비례한다. 꿈같은 말을 하는 사람들이 꿈같은 일을 이루어 내는 것을 볼 수 있다.

어느 초등학교 수업 시간에 선생님께서 학생들에게 자신의 꿈을 쓰라고 했다. 그리고 다 쓴 다음에 자신의 꿈을 책상 위에 붙여 놓으라고 했다. 자신의 꿈이 의사라고 쓴 아이에게 '너는 의사가 되고 싶어 하는구나'라고 묻자 아이는 '아니요'라고 대답을 했다. 선생님께서 '그럼?' 하고 재차 묻자 아이는 '이거요 아빠 접대용이요'라고 했다. 아이에게 다시 뭐가 되고 싶으냐고 묻자 아이는 프로 게이머라고 했다. '그럼 그렇게 쓰지'라고 선생님께서 말했더니 아이가 말하기를 '아빠가 의사인데 그렇게 썼다가는 맞아 죽어요'라고 말한 것이다. 아이는 무서워서 개구리 해부도 못하는 아이였다. 아빠는 이 아이를 자기보다 더 훌륭한 의사로 키우기 위해서 일거수일투족(一擧手一投足)을 체크하며, 조금만 공부에 소홀히 하면 가혹하게 다루었다. 이 아이는 아버지와의 갈등으로 중학교 때부터 가출을 일삼게 되었다. 아빠는 큰 교회 안수집사이고, 아버지학교 스텝이며, 동네에서 슈바이처라고 불리는 사람이었다. 아빠는 신체적 핸디캡을 가지고 있었고 지방대라는 열등감에 시달려온 사람이었다. 그리고 성장과정이 원만하지 못한 사람이어서 자식을 통하여 대리만족을 얻고자 했다. 그는 교회에서 인정받은 신앙인이었지만 하나님의 비전이 아닌 자신의 병리적인 욕구충족을 위해서 자식을 수단으로 삼은 사람이었다.

루즈벨트(Franklin Roosevelt, 1882-1945) 대통령은 소아마비, 천식, 선천적 약시로 청소년 시절 촛불을 끌 힘도 없었지만 하나님을 의지함으로 약점을 강점으로 바꾸었다. 그는 미국의 가장 어두운 시절에 미국의 신화를 이루었다. 하나님의 뜻을 따라가는 믿음의 사람에게 약점은 걸림돌이 아니라 디딤돌이 된다. 하나님의 꿈을 성취하려면 고난의 대가를 지불하게 된다. 세상이 악할수록 하나님의 비전을 따라 살면 핍박이 따른다. 요셉의 삶이 그랬다. 요셉은 꿈을 이루기 위해서 비싼 대가를 지불했다. 쓸모 있는 재목은 그냥 되는 것이 아니고 모진 비바람과 눈보라의 시련과 혹독한 가뭄의 시련을 겪어서 되는 것이다. 노아가 하나님의 꿈을 실현하는데 얼마나 많은 조롱과 비난을 받았는가? 또 히브리서 11장에 나오는 믿음의 사람들은 하나같이 믿음으로 고난을 통과한 사람들이다. 믿음의 사람들은 고난의 한복판에서도 흔들리지 않은 신앙을 가지고 있었다.

우리가 야망의 세월을 살면 불행해진다. 하지만 하나님의 기대에 따라 비전 있는 삶을 살면 하나님께 영광이 되고 나를 통해서 다른 사람이 행복해지고 그들로 인해서 나 자신 또한 행복해진다. 명품과 명작이 되기 위해서는 현재의 고난과 인내의 과정이 요구된다. 레오나르드 다빈치(Leonardo da Vinci, 1452-1519) 작품 모나리자를 위해서 모델이 되었던 엘리자 배타(Elisabetta)는 이 작품을 위해서 똑같은 포즈를 4년 동안 셀 수 없이 취했다고 한다. 크

리스찬들에게 있어서 비전은 하나님께서 각자를 통해서 이루고
자 하는 계획을 의미한다. 이는 내 계획이 아닌 하나님의 계획이
라는 말이다. 그러므로 비전은 내가 이 땅에서 숨 쉬어야 할 이유
이고 어떤 상황에서도 이루어야 할 과업이다.

참고문헌 · 찾아보기

국내서적

강문희, 이광자, 박경(1999). **인간관계의 이해**. 서울: 학지사.

권석만(2006). **젊은이를 위한 인간관계의 심리학**. 서울: 학지사.

권석만(2011).**긍정 심리학**. 서울: 학지사.

권석만(2004). **인간관계의 심리학**, 서울:학지사.

권석만, 유성진, 임영진, 김지영(2010). **CST 성격강점검사**. 학지사심리검사연구소.

권선중, 김교헌, 이홍석(2006). 한국판 감사성향 척도(K-GQ-6)의 신뢰도 및 타당도. **한국심리학회지: 건강 11(1)**, 177-190.

김광수(1997). 용서모델과 청소년 상담. **청소년 상담연구, 5(1)**, 145-163.

김광수(1999). 용서교육 프로그램. 서울대학교 박사학위논문.

김명소, 김혜원, 차경호(2001). 심리적 안녕감의 구성개념 분석: 한국 성인 남녀를 대상으로. **한국심리학회지: 사회 및 성격,15(2)**, 19-40.

김명철(2006). 체조선수들이 인식한 코칭 행동범주에 관한 연구. **한국체육사학회. 45(4)**, 293-305.

김상균(1997). 학생비행 예방 및 선도를 위한 복지프로그램 개발에 관한 연구. 서울대 사회복지연구소, 서울.

김영화(2012). **학교폭력, 청소년 문제와 정신 건강**. 서울: 한울 출판사.

김종운, 박성실(2011). **인간관계 심리학**. 서울: 학지사.

김창대(2002). 몰입(Flow)이론을 적용한 진로상담 모형. **청소년상담연구, 10(2)**, 한국청소년상담원.

김태련, 장휘숙(1988). **발달심리학**. 서울:박영사

김현수(2007). **한국형 리더십코칭의 스킬**. 한국 산업 및 조직심리학회 추계학술대회 및 심포지엄 발표집, 31 – 42.

김현수, 유동수, 한상진(2008). **한국형 코칭**. 서울: 학지사.

노지혜, 이민규(2005). **나는 왜 감사해야 하는가?: 스트레스 상황에서 감사하기가 안녕감에 미치는 영향**. 한국심리학회 연차학술발표회논문집, 454-455.

노향규(2009). 용서 변화 현상 모델의 목회상담적 적용. 장로회신학대학교 박사학위논문.

류태영(1996). **이스라엘 농촌사회구조와 한국 농촌사회**. 서울:양영각.

박경애, 이명우, 권해수, 김동일(1997). 천재들의 삶과 꿈. 청소년대화의광장.

박근수, 유태용(2007).일 몰입의 선행변인 및 결과 변인에 관한연구 **한국심리학회지: 산업 및 조직, 20(3)**,219-251.

박영례(2006). 자녀양육에서 어머니 플로우 경험의 탐색. 숙명여자대학교 석사학위 논문.

박주태(2006). 한국교회 영성훈련을 위한 새로운 방안: 렉시오 디비나. 호남신학대 박사학위논문.

박혜성, 홍창희(2008). 고등학생들의 분노표현방식에 따른 감정표현기법과 인지이완기법의 효과. **한국사이코드라마학회, 11**, 53-69.

백승숙(2003). 교사-학생관계와 자아존중감, 정신건강, 학업성취도와의 연관성에 관한 연구. 경희대학교 석사학위논문.

서덕남(2009). 감사프로그램이 청소년의 분노조절에 미치는 효과. 청주교육대학교 석사학위 논문.

석지현(1994). **선으로 가는 길**. 서울: 일지사.

설기문(2000). **인간관계와 정신건강**. 서울: 학지사.

손운산(2004). 치료, 용서 그리고 화해. **한국기독교학회: 한국기독교 산학논총**, 35.

송정아, 전영자, 김득성(1998). **훈련중심 부모역할교육**, 서울:교육과학사.

심수명(2004). **인격치료**. 서울: 학지사.

양정하(2005). 사회복지정책론의 전개과정과 의의. **경남정보대학논문집, 33**, 34-53.

오오현(2002). 기독교인 용서프로그램: 개발 및 적용. 계명대학교 박사학위논문.

오윤선(2007). **기독교 심리학의 이해**. 서울: 예영 B&P.

오윤선(2011). **말씀묵상기도를 통한 청소년 분노조절하기**. 서울: 예영B&P.

오인경(2003). 구성주의 교수-학습 전략으로서의 코칭(coaching)의 역할 및 프로세스: 외국 기업 사례 비교. **한국기업교육학회: 기업교육연구, 5(2)**, 5 - 25.

유현실(1998). 재능의 발달과정에 관한 연구: 체육 재능을 중심으로. 서울대학교 석사학위논문.

윤혜상(2000). **의사소통 및 인간관계**. 서울: 청구문화사.

이강욱(2008). **아이를 바꾸는 학습 코칭론**. 서울: 토담미디어.

이만홍(2006). **영성치유**. 서울: 한국영성치유연구소.

이민호(2007). 코칭 리더십의 공공부문 도입에 관한 연구. 단국대학교 석사학위 논문.

이선희(2007). **리더십 코칭 연구의 현재와 미래**. 한국 산업 및 조직심리학회 추계학술대회 및 심포지엄 발표집, 9 - 18.

이수용(2002). **인간관계의 심리**. 서울: 학지사.

이수호, 한태영(2008). 성과관리 코칭과 피드백 환경이 인사평가 공정성에 미치는 영향. **한국 산업 및 조직심리학회, 21(1)**, 59-81.

이재창, 임용자(2002). **인간관계론**. 서울: 문음사.

이희경(2007). **임원코칭(Executive Coaching)의 현황과 전망**. 한국 산업 및 조직심리학회 추계학술대회 및 심포지엄 발표집, 43- 53.

임도희(2008). 치유무용(Healing Dance)이 뇌졸중을 가진 허약노인에 미치는 영향. 이화여자대학교 박사학위논문.

임용우(1994). 시험스트레스 과정에서의 불안, 대차 및 학업성취. 서울대학교 박사학위논문.

장 훈(2001). 몰입경험과 심리적 적응지표의 관계와 관한 연구: 인터넷활동 중심으로. 고려대학교 석사학위논문.

전병재(1997). **인간과 사회**. 서울: 경문사.

정원식(2007). **세계의 리더를 키운 유대의 자녀교육**. 서울: 샘터.

정진홍(2012). 힐링 현상과 관련하여 생각하고 싶은 것. **철학과 현실, 94**, 74-88.

정태혁(1994). **명상의 세계**. 서울: 정신세계사.

조영철(2007). **금융세계화와 한국경제의 진로: 민주적 시장경제의 길**. 서울: 후마니타스.

조영한(2012). 한국사회에서 신자유주의 읽기. **커뮤니케이션학회, 8(2)**, 22-63.

최창국(2010). 영성형성의 실천적 방법으로써 렉시오 디비나(lectio divina). **한국복음주의 실천신학회: 복음과 실천신학, 21**, 124-151

최창국(2010). 영성형성의 실천적 방법으로써 말씀묵상기도. **한국복음주의 실천학회:복음 실천신학, 21**, 124-151.

최헌진(2003). **사이코드라마: 이론과 실제**. 서울: 학지사.

최혜경(2004). **사랑학**. 서울: 교문사.

최희영(2005). 청소년의 자아존중감에 관한 연구. 관동대학교 석사학위논문.

한국가정상담연구소(2006). 가정과 상담. 103. 119-21.

한국청소년상담원편(2001). 2010 상담경향 분석 보고서. 서울: 청소년 상담원.

한병철(2012). **피로사회**. 서울: 문학과 지성.

한숙자, 정해순(2010). 외도위기부부의 용서를 위한 기독교상담학적 접근. **한국복음주의 기독교상담학회: 복음과 상담, 15**, 245-246.

허성준(2006). **베네딕도 규칙서에 나타난 말씀묵상기도 신학전망**. 광주: 광주 카톨릭대학교 출판부.

허성준(2005). **수도 전통에 따른 말씀묵상기도**. 대구 왜관: 분도출판사.

홍금주, 박재연(2006). 코칭요인이 종업원의 직무만족에 미치는 영향 :외식업체의 코칭제도 실시유무에 따른 비교분석을 중심으로. **한국식품조리과학회, 22(2)**, 131-139.

황혜자, 김태훈(2006). 용서훈련 집단상담이 비행청소년의 분노수준과 학교 적응에 미치는 효과. **동아대학교: 동아논총, 42**, 111-149.

외국서적

Adler, M. G., Fagley, N. S. (2005). Appreciation: Individual differences in finding value and meaning as a unique predictor of subjective well-being. *Journal of Personality, 73(1)*, 79-114.

Ahern, G. (2003). Designing and implementing coaching/mentoring competencies: A case study. *Counseling Psychology Quarterly, 16*, 373-383

Alfredo Saad-Filho D. J. (2005). *Neoliberalism.* 김덕민 역(2009). **네오리버럴리즘**. 서울: 그린비.

Altman, I., & Taylor, D. A. (1973). *Social penetration: The development of interpersonal relationships.* New York: Holt, Rinehart and Winston.

Anderson Neil T.(1999). *Victory over The Darkness.* 유화자 역. **내가 누구인지 이제 알았습니다.** 서울: 죠이선교회.

Andersson, L. M., Giacalone, R. A., & Jurkiewicz, C. L. (2007). On the relationship of hope and gratitude to corporate social responsibility. *Journal of Business Ethics, 70*, 401-409.

Andrews, F. M., & Withey, S. B. (1976). *Social Indicators of Well-Being: America's Perception of Life Quality.* New York : Plenum.

Argyle, A. M.(1987). *The Psychology of Happiness.* London: Methuen.

Argyle, M. (1990). Happiness and social skills. *Personality and Individual Differences 11*, 1255-1261.

Austin, J. T., & Vancouver, J.F. (1996). Goal construction in psychology: Structure,process and content. *Psychological Bulletin, 120*, 338-375.

Averill, J. R. (1983). Studies on anger and aggression: Implications for theories of emotions *American Psychologist, 38*, 1145-60.

Bachman Jerald, G., & O' Malley, Patrick M. (1977). Self-Esteem in Youngman: A Longitudinal Analysis of The Impact of Educational and Occupational Attainment, *Journal of Personality and Social Psychology, 35*, 365-80.

Bandura, A. (1974). Behavior theory and models of man. *American Psychologist, 29*, 859-70.

Baron, R. A.(1974). Aggression as a function of victim's pain cues, level of prior anger arousal, and exposure to an aggressive model. *Journal of Personality and Social Psychology, 29(1)*, 48-55.

Barry, William A., & Connolly, William J.(1983). *The Practice of Spiritual Direction.* New York: Harper Collins.

Beck, A. T.(1967). *Depression: Causes and Treatment.* Philadelphia: University of Pennsylvania Press.

Beck, A. T.(1967). *Depression: Clinical, Experimental, and Theoretical Aspects.* New York: Harper & Row.

Bem, D. J., & Allen, A.(1974). On predicting some of the people some of the time: The search for cross-situational consistencies in behavior. *Psychological Review 81*, 506-520.

Benner, David G.(1992). *Strategic Pastoral Counseling.* Grand Rapids: Baker.

Benner, David G.(1998). Care of Souls: *Revisioning Christian Nurture and Counsel.* Grand Rapids: Baker Books.

Berkeley (1994). James D.(ed.)*Leadership Handbook of Management and Administration.* Grand Rapids: Baker.

Berkowitz, L. (1977). *Advances in experimental Social Psychology, 10*, New York: Academic Press.

Birdwhistell, R. (1970). *Kinesics and Context.* University of Pennsylvania Press, Philadelphia.

Bobgan, M., & Bobgan, D. (1985). *How to Counsel from Scripture*. Chicago: Moody.

Bradburn, N. M.(1969). *The Structure of Psychological Well-Being*. Chicago: Alpine.

Brickman, P., & Campbell, D. T.(1971). 'Hedonic relativism and planning the good society', in M. H. Appley (ed.), *Adaptation Level Theory: A Symposium*, New York: Academic Press, 287-302.

Brikman, P., Coates, D., & Janoff-Bulman, R. (1976).Lottery winners and accident victims: Is happiness relative? *Journal of Personality and Social Psychology, 36*, 917-927.

Brontman, L. E., & Liberi, W. P. (1998). Executive coaching: The need for standards of competence. *Consulting Psychology Journal: Practice and Research, 50*, 40-46.

Browning, Don S.(1987). Religious Thought and the Modem Psychologies: *A Critical Conversation in the Theology of Culture*. Philadelphia: Fortress Press.

Bruner, J. (1990). *Acts of Meaning*. Harvard University Press.

Buck, R. (1984). *The Communications of Emotion*. New York: Guilford Press.

Bulman, R., & Wortman, C. B. (1977). Attribution of blame and coping in the "real world": Severe accident victims react to their lot. *Journal of Personality and Social Psychology, 35*, 351-363.

Burdett, J. O. (1998). Forty things every manager should know about coaching. *Journal of Management Development, 17(2)*, 142-152.

Cameron, P. (1995). Mood as an indicant of happiness: Age, sex, social class and situational differences. *Journal of Counseling and Clinical Psychology, 31*, 117-124.

Cantor, N., & Sanderson,C.A.(1999). Life task participation and well-being: The importance of taking part in daily life. In D. Kahnemann, E. Diener, & N. Schwarz(Eds.), *Well-being: The foundation of hedonic psychology*(230-243). New York: Russell Sage Foundation.

Carver, C. S., & Scheier, M.F. (1990). Origins and functions of positive and negative affect: A control-process view. *Psychological Review, 97*, 19-35.

Chow, R. M., & Lowery, B. S. (2003). Thanks, but no thanks: The role of personal responsibility in the experience of gratitude. *Journal of Experimental Social Psychology, 46*, 487-498.

Cohen, P., & Cohen, J. (1996). *Life Values and Adolescent Mental Health*. Mahwah, NJ: Erlbaum.

Collins Gary R. (1988). *Christian Counseling: A Comprehension Guide*. 이현희, 이혜련 공역. **크리스찬 카운슬링**. 서울: 두란노.

Compton, W. C. (2005). *An introduction to positive pychology*. Belmont, CA: Thomson Wadsworth.

Corey, G. (2001). *Theory and Practice of counseling and psychotherapy*. Pacific Grove, CA: Brooks/Cole.

Cornett Carlton (1998). The Soul of Psychotherapy: Recapturing the Spiritual Dimension in the Therapeutic Encounter, New York: Free Press.

Csikszentmihalyi, M. & Nakamura, J. (2011). Positive psychology: Where did it come from, where is it going? In K.M. Sheldon, T. B. Kashdan, & M.F. Steger (Eds.), *Designing positive psychology* (2-9). New York, NY: Oxford University Press.

Csikszentmihalyi, M. (1975). *Beyond Boredom and Anxiety: Experiencing Flow in Work and Play*, San Francisco: Jossey-Bass.

Csikszentmihalyi, M. (1978) *Intrinsic Rewards and Emergent Motivation in The Hidden Costs of Reward:* New Perspectives on the Psychology of Human Motivation eds Lepper, Mark R; Greene, David, Erlbaum: Hillsdale: NY 205-216.

Csikszentmihalyi, M. (1990). *Flow: The psychology of optimal experience*. New York: Harper & Row.

Csikszentmihalyi, M. (1994). *The Evolving Self*. New York: Harper Perennial .

Csikszentmihalyi, M. (1996). *Creativity : Flow and the Psychology of Discovery and Invention*. New York: Harper Perennial.

Csikszentmihalyi, M. (2012). The importance of challenge for the enjoyment of intrinsically motivated, goal-directed activities. *Personality and Social Psychology Bulletin 38*. 34-42.

Csikszentmihalyi, Mihaly and Csikszentmihalyi, Isabella Selega, eds. (1988). *Optimal Experience: Psychological studies of flow in consciousness*. Cambridge: Cambridge University Press.

David A.(1990). Seamands, Healing Grace. 윤종석 역. **치유하시는 은혜**. 서울: 두란노.

Davidson, J. C., & Caddell, D. P. (1994). Religion and the meaning of work. *Journal for the Scientific Study of Religion, 33*,135-147.

Dawis, R. V. (1992). The individual differences tradition in counseling psychology. *Journal of Counseling Psychology.* 39: 7-19.

Diener, E. (1984). Subjective well-being, *Psychological Bulletin, 95,* 542- 575.

Diener, E.(1994). Assessing subjective well-being: Progress and opportunities. *Social Indicators Research 31,* 103 157.

Diener, E.(1996). 'Subjectivewell-being and personality', in D. Barone, M. Hesen and V. Van Hasselt (eds.), Advanced Personality. New York: Plenum Press.

Diener, E., & Biswas-Diener, R.(2002). Will money increase subjective well-being? A literature review and guide to needed research. *Social Indicators Research, 57,* 119-169.

Diener, E., Emmons, R. A., Larsen, R. J. & Griffin, S.(1985). The Satisfaction with Life Scale. *Journal of Personality Assessment 49,* 71 75.

Douglas, C. A., & Moreley, W. H (2001). *Executive coaching: An annotated bibliography.* Greensboro, NC: Cetre for Creative Leadership.

Downey, Michael (1997). *Understanding Christian Spirituality.* New Jersey: Paulist Press.

Droll, D. M.(1984). "Forgiveness: Theory and research" (Unpublished doctoral dissertation, University of Nevada-Reno), 13-18.

Dunkin, Michael J., & Biddle, Bruce J.(1984). *The Study of Teaching.* New York: Holt, Rinehart & Winston.

Dweck, C. S. (1975) The role of expectations and attributions in the alleviation of learned helplessness. *Journal of Personality and Social Psychology, 36,* 674-685.

Eckhardt, C. L., Kassinove, H., Tsytsarev, S. V., & Sukhodolsky, D. G.(1995). A Russian version of the state-trait anger expression inventory: Preliminary data. *Journal of Personality Assessment, 64(3),* 440-55.

Eduardo Ghiotto (1991)."Lectio Divina in the Monastic Community." *Allance International Monasticism Monastic Bulletin, 51,* 39-40.

Ellinger, A., & Keller, S. (2003). Supervisory Coaching Behavior, Emplyoee Satisfaction, and Warehouse Employee Performance: A Dyadic Perspective in the Distribution Industry. *Human Resource Development Quarterly 14(4),* 435.

Elliot, A. J., & Sheldon, K.M. (1998). Not all personal goals are personal: Comparing autonomous and controlled reasons as predictors of effort and attainment. *Personality and Social Psychology Bulletin, 24*, 546-557.

Emmons, R. A., & McCullough, M. E. (2003). Counting blessings versus burdens: An experimental investigation of gratitude and subjective well-being in daily life. *Journal of Personality and Social Psychology, 84(2),* 377-389.

Enns, P. (1989). *The Moody Handbook of Theology.* Chicago: Moody Press.

Enrigh, R. D., Gassin, E. A., & Wu, C. (1992). Forgiveness: A development view. *Journal of Moral Education, 2,* 99-114.

Enright, R. D. Santos, M., & Almabuk, R. (1989). The adolescent as forgiver. *Journal of Adolescence, 12,* 95-110.

Enright, Robert D. (2002). *Helping Client Forgive.* Washington: American Psychological Association, 39-40.

Erich Fromm, (1956). *The Art of Love.* New York: Harper & Row.

Feldman, D. C., & Moore, D. (2001). Career coaching: what HR professionals and managers need to know. *Human Resource Planning, 23(2),* 26-35.

Fitzgibbons, R. P.(1986). The cognitive and emotive use of forgiveness in the treatment of anger. *Psychotherapy, 23,* 629-633.

Foa E.B., & Riggs, D.S. (1993) : Posttraumatic stress disorder and rape. In Review o Psychiatry. eds by Oldham JM, Riba MB, Tasman A. American Psychiatric Press.

Fournies, F. F. (1987). *Coaching for improved work performance.* New York: Liberty Hall Press.

Froh, J. J., Sefick, W. J., & Emmons, R. A. (2008). Counting blessing in early adolescents: An experimental study of gratitude and subjective well-being. *Journal of School Psychology, 46(2),* 213-233.

Garman, A. N., Whiston, D .L., & Zlatoper, K. W (2002). Media perceptions of executive coaching and the formal preparation of coaches. *Consulting Psychology Journal: Practice and Research, 52,* 201-205.

Glaser, E. M. (1958). Psychological consulting with executive: A clinical approach. *The American Psychologist, 13(8),* 486-489.

Greiner, L., & Metzger R. (1983). *Consulting to management.* Englewood Cliffs, New Jersey: Prentice-hall.

Groome, T. H. (1998). *Educating for life.* Allen, Texas: Thomas More, 85-86.

Hall, D. T., Otaza, K. L., & Hollenbeck, G. P. (1999). Behind closed doors: what really happens in executive coaching. *Organizational Dynamics, 27(3)*, 39-53.

Hart, D., & Matsuba, M. (2007)."The development of pride and moral life. The self-conscious emotion. *Theory and research, 34*, 114-133.

Heslin, P. A., Vandewalle, D., & Larham, G. P.(2006). Keen to help? Manger's implicit person theories and their subsequent employee coaching. *Personnel Psychology, 59*, 897-902.

Hotek, D. R. (2002). Skills for the 21st century supervisor: what factor personnel think. *Performance Improvement Quarterly, 15(2)*, 61-83.

Iso-Ahola, S. (1980). *The Social Psychology of leisure and recreation.* Dubuque, I. A. : Brown Company Publishing.

Jean Leclercq (1961). *The Love of Learning and the Desire for God.* New York: Fordham University Press, 71-73.

John Alan L. (1973). *Colours of love: an exploration of the ways of loving.* Toronto: New Press.

John Alan L. (1988). *"Love styles". In Barnes MH, Sternberg RJ. The Psychology of love.* New Haven, Conn: Yale University Press. 38-67.

John, R., & Stott, W. (1992). *The Contemporary Christian: Applying God's Word to Today's World.* Downers Grove: Inter Varsity, 132.

Johson, W. B., & Ridley, C. R.(1992). Sources of fain in christian counseling and psychotherapy. *The Counseling Psychologist, 20*, 159-175.

Jones, Stanton L.(1986). *Psychology and the Christian Faith.* Grand Rapids: Baker.

Kabat-Zinn, J. (1993). Mindfulness meditation health benefits of an ancient buddhist practice. In, *Mind-Body medicine*, 259-76.

Kabat-Zinn, J. (2012). *Mindfulness for Beginners: Reclaiming the Present Moment and Your Life.* Audio CD, Sounds True.

Kendall, P. C. (2002). *Coping Cat therapist manual.* ardmore, PA: Workbook, 100-110.

Kenneth L. (2006). Soul Friend. San Francisco: Morehouse Publishing.

King, L. A., & Napa, C. K.(1998).What makes a life good? *Journal of Personality and Social Psychology, 75*, 156-165.

Kirby, A. (2005). Coaching changes lives and provides value for money at Bradford Council. *Human Resource Management International Digest*, *13(6)*, 12-14.

Koenig, H. G., & Cohen, H. (2002). *The link between religion and health*. New York: Oxford University Press.

Kristof, K. M.(2005). Study: Money can't buy happiness, security either. *Los Angeles Times*, CI.

Lambert, N., Fincham, F. D., Stillman, T. L., & Dean, L. R. (2009). More gratitude, less materialism: The mediating role of life satisfaction. *Journal of Positive Psychology*, *4*, 32-42.

Lane, R. E.(2000). *The loss of happiness in market democracies*. New Haven: Yale University Press.

Lazarus, R. S.(1991). *Emotion and adaptation*. New York: Oxford University press.

Leimon, A., Moscovici, F., & McMahon, G. (2006). *Essential Business Coaching*. Routledge, Taylor & Francis Group, 13.

Len Sperry (2002). *Transforming Self and Community*. Collegeville, Minnesota: Liturgical Press.

Les Carter & Frank M. (1997). *The Choosing to Forgive*. New York: Workbook, Thomas Nelson Inc.

Lochman, J. E.(1989). Cognitive-Behavioral Intervention with Aggressive Boys: Three Year Follow-up Effects. *Paper presented to the American Psychological Association*, Atlanta, Georgia.

Lochman, J. E., & Dodge, K. A.(1994). Social-Cognitive processes of severely violent, moderately aggressive, and nonaggressive boys. *Journal of Consulting and Clinical Psychology*, *62(2)*, 366-74.

Loyd, A., & Johnson, B.(2011). *The Healing Code 6 Minutes to Heal the Source of Your Health, Success, or Relationship Issue*. 이문영 역. **힐링코드: 평생 병 걱정 없이 사는 하루 6분의 비밀**. 서울: 시공사.

Luskin, F. (2005). *Forgive for good: A proven Prescription for health and happiness*. san francisco : Harper One, 23-42.

Lyubomirsky, S., & Heidi S. L. (1999). A Measure of Subjective Happiness: Preliminary Reliability and Construct Validation. *Social Indicators Research*, *46(2)*, 137-155.

Lyubomirsky, S. (2001). Why are some people happier than others? The role of cognitive and motivational processes in well-being. *American Psychologist, 56,* 239-259.

Lyubomirsky, S., & Ross, L.(1990). Cognitive strategies to enhance happiness: Choosing to be happy. working paper, *Department of Psychology,* Stanford University.

Lyubomirsky, S., & Ross, L.(1997a). *Changes in attractiveness of elected, rejected, and precluded alternatives: A comparison of "happy" and "unhappy" individuals.* manuscript submitted for publication.

Lyubomirsky, S., & Ross, L.(1997b). Hedonic consequences of social comparison: A contrast of happy and unhappy people. *Journal of Personality and Social Psychology 73.* 1141-1157

Lyubomirsky, S., King, L., & Diener, E. (2001). The benefits of frequent positive affect. *Psychological Bulletin, 131,* 803-855.

MacMinn, Mark R., & Phillips, Timothy R.(2001). *Care for the Soul.* Downers Grove, IL.: InterVarsity Press.

Martin E. P., Seligman, Rashid Tayyab., Acacia C. P. (2006). Positive Psychotherapy. *American Psychologist,* 774-788.

Martin Seligman, M. E. P., & Csizentmihaly, M. (2000). Positive psychology: An introduction. *American Psychologist, 55(1),* 5-14.

Matthew M., & Martha D.(2002). Patrick Fanning. 임철일 역. **효과적인 의사소통을 위한 기술.** 서울: 커뮤니케이션북스.

Mauger, P. A. (1992). The measurement of forgiveness: Preliminary research. *Journal of Psychology and Christianity, 11(2),* 170-180.

May, Gerald (1982). Will and Spirit: *A Contemplative Psychology.* San francisco: Harper.

Mayer, G.(1998). *'hdy' The Dictionary of Classical Hebrew.* Sheffield: Sheffield Academic Press, 427-428.

McCarty, Shaun S. (1995). "Basics in Spiritual Direction," *in Handbook of Sprituality for Ministers.* New York: Paulist.

McCullough, L. & Meltzer, D. (2001). "Differences in male/female response patterns on alternative-format versions of FCI items." Proceedings of the 2001 Physics Education Research Conference. 103-106. S. Franklin, J. Marx, & K. Cummings, Eds. NY: Rochester.

McCullough, L. (2001). A Pipeline in Need of Patching: The Steady Drain of Female Potential from Physics. March 2001 Newsletter of the National Society o Black Physicists.

McCullough, L. (2002). Women in Physics: A Review. *The Physics Teacher 40(2)*, 23-42.

McCullough, L. (2006). Science News in the Science Classroom. *Journal of College Science Teaching 36(3)*, 30-33.

McCullough, M., Kimeldorf, M., & Cohen, A. (2008). An adaptation for altruism? The social causes, social effects, and social evolution of gratitude. *Current Directions in Psychological Science 17(4)*, 281-285.

McCullough, M. (2001).Vengefulness: Relationshipswith forgiveness, rumination, wellbeing, and the big five. *PSPB 27(5)*, 601-610.

Mccullougy, M. E., & Worthinton E. L. (1994). Encouraging clients to forgive people who have hurt them: Review, critique, and research prospectus. *Journal of Psychology and Theology, 22*, 3-20.

McLean, G. B., Yang, C., Kuo, A. Tolbert & Larkin, C.(2005). Development and initial validation of an instrument measuring managerial coaching skill. *Human Resource Development Quarterly vol. 16(2)*, 157

Michel F. (2002). Histoire du bonheur. 조재룡 역(2007). **행복의 역사**. 서울: 열린 터.

Morganett, R. S.(1990). Skills for Living: *Group Counseling Activities for Young Adolescents*. Circle Pines, M N: Research Press.

Morretti, M. M., & Higgins, E. T. (1990). Relating self-discrepancy to self-esteem: The contribution of discrepancies beyond actual-self ratings. *Journal of Experimental Social Psychology, 26*, 108-123.

Mroczek, D. K., & Spiro, A., Ⅲ.(2005). Change in life satisfaction during adulthood: Findings from the Veterans Affairs Normative Aging Study. *Journal of Personality and Social Psychology, 88*, 189-202.

Myers, C. G., & Diener, E. (1995). Who is happy?. *Psychological Science, 6*, 10-19.

Nagle, J. (2010). Between Traumaand Healing: Tourism and Neoliberal Peace Building in Divided Societies. *Journeys, 11(1)*, 29-49.

Nathaniel Branden. (1994). *Six Pillars of Self-Esteem*. New York: Bantam.

Nigro, N. (2002). *The Everything coaching and mentoring book*. Adams Media Corporation

Nolan, M. L., & Nolan, S. (1992). Religious Site as Tourism Attractions in Europe. *Annals of Tourism Research, 19,* 68-74.

Northouse, P. G. (2000). *Leadership: Theory and Practice.* Thousand Oaks, C.A: Sage.

Novaco, R. W. (1994). Anger as a risk factor for violence among the mentally disordered. In J. Monahan & H. J. Steadman (Ed.). *Violence and Mental Disorder.* Chicago: The University of Chicago Press.

Novaco, R. W.(1986). *Anger as a clinical and social problem.* N Y: Academic Press.

Oates, W. (1973). *The Psychology of Religion.* Waco: Word Books.

Padovani, M. H.(1988). *Healing wounded emotions: Overcoming life's hurts.* Mystic: Twenty-Third Publication, 34-41.

Patton, J. (1985). Is Human Forgiveness Possible? *A pastoral Care Perspective.* Nashville, TN: Abingdon Press, 42.

Paul David T. (2007). Instruments in the Redeemer's Hands. 황규명 역. **치유와 회복의 동반자**. 서울: 디모데.

Peterson, C., & Vaidya, R. S. (2001). Explanatory style, expectations, and depressive symptoms. *Personality and Individual Differences, 31,* 1217 1223.

Prabhu, G. (1986). As We Forgive: Interhuman forgiveness in The Teaching of Jesus. *Concilium, 184,* 12-21.

Quinn, J. B. (1988). *Beyond rational management.* San Francisco: Jossey-Bass.

Rathunde, K., Whalen, S., & Csikszentmihalyi, M., (1993). *Talented teenagers: The roots of success and failure.* New York: Cambridge University Press.

Redshaw, B. (2000). Do we really understand coaching? How can we make it work better?. *Industrial and Commercial Training, 32(3),* 106-108.

Resisman, J. M. (1981). *Adult friendships,* New York: Academic Press.

Ringer, G. (2007). Healthy Spaces, Healing Places: Sharing Experiences of Wellness Tourism in Oregon, USA. *Journal of Selective Tourism, 1(1),* 29-39.

Rinschede, G. (1992). Form of Religious Tourism. *Annals of Tourism Research, 19,* 51-53.

Robert, D. E. (2002). *Helping Client Forgive.* Washington: American Psychological Association, 39-40.

Roth, B., & Creaser, T. (1997). Mindfulness meditation based stress reduction: experience with a bilingual inner city program. *The Nurse Practitioner, 22(3),* 150-75.

Ruth Silo(2008). *The genius education of the Jews.* 권혁철 역. **유태인 천재교육**. 서울: 나라원.

Satir, V. (1972). *Peoplemaking.* Palo Alto, CA: Science and Behavior Books.

Scheier, M. F., & Carver, C. S. (1985). Optimism, coping, and health: Assessment and implications of generalized outcome expectancies. *Health Psychology, 4,* 219-247.

Scheier, M. F., Carver, C. S., & Bridges, M. W. (1994). Distinguishing optimism from neuroticism (and trait anxiety, self-mastery, and self-esteem): A reevaluation of the Life Orientation Test). *Journal of Personality and Social Psychology, 67,* 1063-1078.

Scheier, M. F., Carver, C. S., & Bridges, M. W. (2001). Optimism, pessimism, and psychological well-being. In E. C. Chang (Ed.), Optimism and pessimism: *Implications for theory, research, and practice* (189-216). Washington, DC: American Psychological Association.

Scheier, M.F., & Bridges, M.W. (1994). Person variables and health: Personality predispositions and acute psychological states as shared determinants for disease. *Psychosomatic Medicine, 57,* 255-268.

Scheier, M.F., & Carver, C.S. (1992). Effects of optimism on psychological and physical well-being: Theoretical overview and empirical update. *Cognitive Therapy and Research, 16,* 201-228.

Schulz, R., Bookwala, J., Knapp, J. E., Scheier, M. F., & Williamson, G. M. (1996). Pessimism, age, and cancer mortality. *Psychology and Aging, 11,* 304-309.

Seligman, M. E. P. (1991). *Learned optimism.* Knopf: New York.

Seligman, M. E. P. (2002). *Authentic happiness.* New York: Free Press.

Seligman, M. E. P., Parks, A.C., Steen, Tracy (2005). A balanced psychology and a full life. In Huppert, A. Felicia, Baylis, N., Keverne, B. (Eds.), *The science of well-being* (275 284). Oxford: University Press.

Seligman, M., Steen, T., Park, N., & Peterson, C. (2005). Positive psychology progress. *American Psychologist, 60(5),* 410-421.

Senior, J. (2007). Life coaching: Origins, direction and potential risk why the contribution of psychologists is needed more than ever. *The Coaching Psychologist, 3(1),* 19-22.

Sheldon, K. M., & Kasser, T.(1995). Coherence and congruence:Two aspects of personality integration. *Journal of Personality and Social Psychology, 68,* 531-543.

Snyder, C. R. (2006). Shane J Lopez Positive Psychology: The Scientific and Practical Explorations of Human Strengths. *SAGE Publications, 14,* 624.

Sperry, Len(2002). *Transforming Self and Community: Revisioning Pastoral Counseling and Spiritual Direction.* The Liturgical Press.

Stairs, J.(2000). Listening for the Soul: *Pastoral Care and Spiritual Direction.* Minneapolis: Fortress.

Steel, F. (1975). *Consulting for organizational change.* University of Massachusetts Press.

Stern, L. R. (2004). Executive coaching: A working definition. Consulting *Psychology Journal: Practice and Research, 56,* 154-162.

Sternberg, R. J. (2004). "A Triangular Theory of Love". In Reis, H. T.; Rusbult, C. E. Close Relationships. New York: Psychology Press.

Sternberg, R. J. (1986). Liking versus Loving. *Psychological Bulletin,* 341.

Sternberg, R. J. (1997). "Construct validation of a triangular love scale". *European Journal of Social Psychology 27 (3),* 313 335.

Sternberg, R. J.(2007). "Triangulating Love". In Oord, T. J. The Altruism Reader: Selections from Writings on Love, *Religion, and Science.* West Conshohocken, PA: Templeton Foundation.

Stevens, J. H. (2005). Executive coaching from the executive's perspective. *Consulting Psychology Journal : Practice and Research, 57,* 274-285

Stowell, S. (1986). Leadership and Coaching. University of Utahm Ph, D. Disseration.

The Educational Psychology Study Group. (1990). Must a Christian require repentance before forgiving?. *Journal of Psychology and Christianity, 9,* 16-19.

Thomas K. (2006). *Open Mind, Open Heart.* Bloomsbury Academic.

Thomas M. (1986). Opening the Bible. *Collegeville : Liturgical Press,* 34-72.

Trainer, M. (1981). Forgiveness: Intrinsic, role-expected, expedient, in the context of divorce. Unpublished doctoral dissertation, University of Boston, 105-118.

Trindis, H. T. (1996). The psychological measurement of cultural syndromes. *American Psychologist, 51,* 407-415.

Waltre C. K. (1993). Toward Old Testament Ethice. 홍옥표 역. **구약성경 윤리.** 서울: 생명의 말씀사.

Watkins, P. C. (2004). Gratitude and subjective well-being. In R. A. Emmons & M. E.McCullough (Eds.), The Psychology of gratitude, New York: Oxford University Press, 167-192.

Watkins, P. C., Scheer, J., Ovnicek, M., & Kolts, R. (2006). The debt of gratitude: Dissociating gratitude and indebtedness. *Cognition and Emotion, 20(2),* 217-241.

Watkins, P. C., & K. Woodward., Stone, T., & Kolts, R. L. (2003). Gratitude and happiness: Development of a measure of gratitude, and relationships with subjective well-being. *Social Behavior and Personality, 31(5),* 431-452.

Weinstein, N. D.(1989).Optimistic biases about personal risks. *Science, 246,* 1232-1233.

Wells, A. J.(1988). Self-esteem and optimal experience. In M. Csikszentmihalyi.(Eds.), Optimal experience :Psychological studies of flow in consciousness (327-341). New York : Cambridge University Press

Wengle, H. (1986).The psychology of cosmetic surgery: A critical overview of the literature 1960-1982. Part Ⅰ. *Annals of Plastic Surgery, 16,* 435-443.

Wilson, W. (1967). Correlates of avowed happiness. *Psychological Bulletin, 67(4),* 294-306.

Worthington, Everett L. (2003). *Forgiving and reconciling: Bridges to wholeness and hope.* Downers Grove, IL: Intervarsity Press, 78-102.

Zajonc, R. B., & McIntosh, D. N.(1992). Emotions research: Some promising questions and some questionable promises. *Psychological Science 3,* 70-74.

찾아보기

인명

권석만 / 83, 89, 130, 294, 309
김상균 / 34
김지영 / 89

류태영 / 340

박경애 / 84

심수명 / 215

양정하 / 18
오윤선 / 25
오인경 / 31
이만홍 / 27
이승철 / 16
이영돈 / 165
임도희 / 18

전병재 / 100
정원식 / 340, 341, 342

최창국 / 226
최혜경 / 150

허성준 / 226

Abraham Lincoln / 171
Abraham Maslow / 23
Albert Einstein / 256
Albert Schweitze / 51, 129
Alfred Binet / 177
Anton Boisen / 24
Antonio Salieri / 250

Badley P. Holt / 173
Billy Graham / 338

Carl G. Jung / 23
Carl Rogers / 23
Christopher Peterson / 50, 51, 109

Daniel Coleman / 177
David A. Snowdon / 160
David Breslow / 126
David Lykken / 57
Davison Rockefeller / 60
Dawis / 22
Dean Ornish / 239
Dick Tibbits / 170
Donald Clifton / 106

Ed Diner / 43
Erich Fromm / 154
Everett Washington / 165
Franklin Roosevelt / 360
Frederic Skinne / 23

Gary Collins / 25
Gary R. Collins / 263
George E. Vaillant / 102

Hans Selye / 204
Hobart Mowrer / 25
Howard Gardner / 177

Immanuel Kant / 52
Itzhak Fried / 121

Jacques Lacan / 63
James H. Fowler / 248
James McNulty / 167
Jampolsky, Lee / 170
Jesse Owens / 113

Jim McNulty / 167
Joel Sonnenberg / 94
John. B. Watson / 23
Jon Kabat-Zinn / 190, 221

Nelson Mandela / 158, 198
Nicholas A. Christakis / 248
Norman Cousins / 122

Lisa Gibson / 169
Lyubomirsky, Sonja / 43

Mayo Clinic / 170
Michael Tietze / 123
Meharabian, A. / 273
Margaret Munnerlyn Mitchell / 251
Martin Seligman / 50, 52, 89, 109
Michael Plant / 13
Mihaly Csikszentmihalyi / 50, 82

Oprah Gail Winfrey / 158

Parsons / 23
Paul Tournier / 170

Rabindranath Tagore / 161
Reinhold Niebuhr / 62
Rick Warren / 113
Robert D. Enright / 163, 172
Robert Sternberg / 141, 143, 144
Rovert Lynd / 120
Russell Cowell / 358

Sean Horan / 168
Sandra M. Schneiders / 173
Seward Hiltner / 25
Sigmund Freud / 23
Stevan Vincent / 251
Susan Grajek / 141

Thomas Alva Edison / 256
Thomas J. Leonard / 29

Viktor Frankl / 73

Wilhelm Weller / 160
Wilhelm Wundt / 22
Wolfgang Amadeus M. / 250

내용

격차이론 / 66, 67, 68
광대무변 / 78
국제코치연맹 / 29, 31
근육이완법 / 212
글로블린 / 122
글루코코르티코이드 / 231

내재적 동기 / 65, 194
노르에피네프린 / 231

다이돌핀 / 132
데라퓨오 / 19
도인법 / 182
도파민 / 231, 315
디아코니아 / 195

라파 / 18

메디테이션 / 181
목표이론 / 64, 65, 66
묵상기도 / 27, 183, 184, 185,
        187, 188, 189

백거이 / 78
벤조디아제핀 / 262, 264
본질적 목표 / 75

사회책임투자 / 107
상향적 비교 / 67
상호적 친구관계 / 308
생존경쟁 / 197

세로토닌 / 212, 231, 238
소문만복래 / 122
수평적 비교 / 67
수혜적 친구관계 / 308
심계항진 / 264

아드레날린 / 209, 216
알로페시아 / 60, 61
애착 / 295, 339
약육강식 / 197
어머니 학교 / 339
에프네피린 / 122
엔돌핀 / 124, 132, 212
엔케팔린 / 124
연합적 친구관계 / 308
영성지도 / 22, 26, 27, 28, 37, 38
영신수련 / 26
오피오이드 / 231
외재적 동기 / 194
욕망충족이론 / 63
웰빙 / 13, 15, 16, 17
이신칭의 / 48
임마누엘 운동 / 24
임어당 / 129

자가혈피부재생술 / 355
자기개방 / 102, 310
자기수용 능력 / 102
자기이해 / 102, 177
적응이론 / 68
적자생존 / 197

전인치유 / 20, 21
접근지향적 목표 / 75, 76
제로섬 게임 / 78
졸로푸트 / 238
좌탈입망 / 182, 183

컨템플레이션 / 181
켈의 법칙 / 303
코르티졸 / 122
코요테 / 13, 14
코티졸 / 209
쾌락 적응 / 64
쿨리지 효과 / 155

테라피라 / 18
펜테크닉 / 126

편도체 / 230, 241
포로소티 / 155
프뉴마티코스 / 176
프로테제 / 35
필라테스 / 182

하향적 비교 / 67
한국코치협회 / 30, 35, 36, 37
행복의 조건 / 58, 102
헤브라이즘 / 45, 47
헬레니즘 / 45
헬리콥터 부모 / 334
환난상휼 / 192

저 자 소 개

오 윤 선
(ysoh@bible.ac.kr)

학력
한국성서대학교
건국대학교 대학원(M.A)
총신대학교 신학대학원(M.Div)
Washington Baptist University(Th.B)
Washington Baptist Theological Seminary(M.R.E)
명지대학교 대학원(Ph.D)
Minnesota Theology Graduate School(D.C.C)
Regent University, school of Psychology & Counseling
　　　　　(Doctoral Program in Supervision)

주요경력
한국복음주의 기독교상담학회장 역임
미) Regent University 초빙교수 역임
중) 人民大學校 초빙교수 역임
현) 한국성서대학교 대학원 상담학교수
현) MBC '생방송 오늘 아침' 상담자 전문가
현) KBS '굿모닝 대한민국' 상담자 전문가
현) 극동방송 '청소년 우리 꿈' 진행자
현) 기독교감독상담자 · 가족 감독상담자 · 청소년 감독상담자

상담 · 심리관련 저서
교육의 심리학적 이해(도서출판 다락방, 2000)
기독교 상담윤리(두란노출판, 1997)
기독교 상담학(공저)(한국가정상담연구소, 2004)
가정상담학(공저)(CLC, 2006)
청소년 이해와 상담(예영&P, 2006)
기독교 상담심리학의 이해(예영B&P, 2007)
청소년 이젠! 이해 할 수 있다(예영B&P, 2007)
숨은 눈물 닦아주기(공저)(장로교회출판, 2008)
인간의 심리학적 이해(예영B&P, 2009)
사람은 어떻게 변화되는가(공역)(생명의 말씀사, 2009)
청소년 세대진단과 이상행동치료(예영B&P, 2010)
말씀묵상을 통한 청소년 분노조절(예영B&P, 2011)

힐링과 행복코칭

저자 · 오윤선

초판 1쇄 찍은날 · 2014년 3월 5일
초판 1쇄 펴낸날 · 2014년 3월 10일

펴낸이 · 조석행
디자인 / 편집 · 차순주
펴낸곳 · **예영 B&P**
등록번호 · 가제 제 17-217호(1998. 9. 24)
주소 · 131-804 서울시 중랑구 용마산로 122길 12(망우동 354-43) 2층
T.02)2249-2506 F.02)2249-2508

총판 · 예영커뮤니케이션
T.02)766-7912 F.02)766-8934

ISBN 978-89-90397-47-8   93180

값 20,000원